Die Pfälzer in Bayern

Die Pfälzer in Bayern

Chronik einer lebendigen Beziehung
1950–2000

Herausgegeben vom
Vorstand des Landesverbandes der Pfälzer in Bayern e. V.
in Zusammenarbeit mit der
Verlagsanstalt »Bayerland« Dachau

Redaktion
Hubert Wagner

Verlagsanstalt »Bayerland« Dachau

Abbildungen auf dem Buchumschlag:

(Vorderseite links)   Viersäulensaal der Pfälzer
Weinprobierstube
(Foto: Peter Bornemann,
München)

(Vorderseite rechts) Bronzelöwe vor dem Portal
zur Pfälzer Weinprobierstube
in der Münchner Residenz
(Foto: Peter Bornemann)

(Rückseite) Portal mit Eingang zur Pfälzer Weinprobierstube in der Westfassade der Residenz
(Foto: Peter Bornemann)

(Fond) Weinberge im Ranschbachtal, Pfalz (Foto:
Karlheinz Schmeckenbecher, Landau)

Verlag und Gesamtherstellung:
Druckerei und Verlagsanstalt »Bayerland« GmbH
85221 Dachau, Konrad-Adenauer-Straße 19
Koordination:
Agentur 131
81371 München, Daiserstraße 34

© Druckerei und Verlagsanstalt »Bayerland« GmbH
85221 Dachau, 2000
Printed in Germany · ISBN 3-89251-299-X

Inhalt

Zum Geleit

Als nach dem Zweiten Weltkrieg die Besatzungsmächte 1949 Deutschland die Souveränität zurückgaben, regte sich allenthalben politisches Leben. Für die bayerische Landespolitik war es keine Frage, daß die Pfalz, die seit 1816 zu Bayern gehört hatte, wieder als achter Regierungsbezirk zum Stammland zurückkehren sollte. Drei Jahre zuvor war sie auf französisches Geheiß dem neu geschaffenen Land Rheinland-Pfalz eingegliedert worden. Ein Bayern-Pfalz-Ausschuß wurde gegründet, links des Rheins entstand der Bund Bayern und Pfalz, der seine Zeitschrift »Stimme der Pfalz« ins Leben rief, die Pfälzer in Bayern schlossen sich zu einem Landesverband zusammen, der Bayerische Landtag setzte einen Pfalz-Ausschuß ein, außerdem gründeten Parlaments- und Regierungsmitglieder den Bund der Pfalzfreunde und nicht zuletzt entstand die Pfälzer Weinprobierstube in der Residenz München. Alle Aktivitäten waren jedoch vergeblich. Die Pfälzer hatten an politischen Neugliederungsfragen kein Interesse, die Bewältigung des Alltags war ihnen wichtiger. Und so scheiterte das Volksbegehren von 1956 an zu geringer Beteiligung.

Heute, 50 Jahre später, können sich nur noch wenige an die Ereignisse von damals erinnern; mehr und mehr geraten sie in Vergessenheit. Landesverband und Bund der Pfalzfreunde bestehen aber weiterhin, ebenso die Zeitschrift »Stimme der Pfalz« und die Pfälzer Residenzweinstube, und sie haben voller Frische ihre Jubiläen begangen. Fünf Jahrzehnte des Bestehens dieser Institutionen nahm der Landesverband zum Anlaß, nachzuforschen. Das Wichtigste und das Interessanteste, was die Recherchen hervorgebracht haben, sollte festgehalten werden, um es vor dem Vergessenwerden zu bewahren. So entstand das vorliegende Buch.

Freilich war weiter auszuholen als bis 1949/50, denn die pfälzisch-bayerischen Beziehungen reichen zurück bis in das 13. Jahrhundert, wie der goldene Pfälzer Löwe neben den weißblauen Rauten im bayerischen Staatswappen beweist. Die Vielfalt wechselseitiger Begegnungen erstaunt. So ausführlich wie hier ist sie noch nie dargestellt worden. Für die jüngst vergangenen fünf Jahrzehnte ist aus der Fülle des Materials das ausgewählt worden, was die treffendsten Schlaglichter auf diese Zeit wirft oder

was wissenswerte, erläuternde oder auch nur unterhaltsame Aspekte enthält. Naturgemäß nimmt dabei die »Resi«, die Pfälzer Weinstube in der Residenz, einigen Raum ein, denn sie ist die Einrichtung, mit der die Menschen in München am häufigsten und am spürbarsten konfrontiert werden. Und das hoffentlich noch lange.

Alles in allem ist aus der Arbeit an diesem Buch ein Kompendium entstanden, über dessen Reichtum an Details die Bearbeiter selbst gestaunt haben. Es gewinnt seine Anschaulichkeit nicht zuletzt durch viele Illustrationen. Bilder vermögen bekanntlich vieles besser zu sagen als Worte.

So bleibt nur noch, allen zu danken, die am Zustandekommen dieser »Festschrift« beteiligt waren: den Redaktoren, den Autoren, den Sponsoren; dem Verlag für ansprechende Gestaltung und dem Landesverband der Pfälzer in Bayern, der den größten Teil der finanziellen Last zu tragen hat. Es bleibt außerdem der Wunsch, daß Leser wie Betrachter sagen: »Es hat sich gelohnt.«

Hans von Malottki
München, im Juli 2000

Rudolf Reiser
Die Beziehung Bayern–Pfalz

Vom Eheversprechen zur Partnerschaft

Als Anfang der 20er Jahre des 13. Jahrhunderts Herolde im Heiligen Römischen Reich (später: Deutscher Nation) zur Vermählung der pfälzischen Universalerbin Agnes und des bayerischen Kronprinzen Otto einladen, wird ein Fest vorbereitet, das heute noch nachhallt. Zu bestaunen an der Münchner Mariensäule, in den Hofgartenarkaden, im Englischen Garten, auf den Altdorfer-Bildern in Regensburg, im Jagdschloß Grünau bei Neuburg, in der ehedem fürstbischöflichen Sommerresidenz Ismaning und in der beliebten Pfälzer Weinprobierstube in der Münchner Residenz!

Damals vor fast 800 Jahren gratulieren Bischöfe und Bänkelsänger, Gaukler und Grafen der 21jährigen Braut und ihrem um fünf Jahre jüngeren Ehegefährten nicht nur zu ihrem Lebensbund, sondern auch zu einer Vereinigung zweier blühender Reichsländer. Der spätere Spruch »Bayern und Pfalz – Gott erhalt's« spiegelt sich in dem Eheversprechen von damals wider. Agnes und Otto sind 31 Jahre verheiratet, Bayern und Pfalz halten es immerhin 732 Jahre zusammen aus, manchmal freilich ist man arg zerkracht und böse zerkriegt. Es fließen Tränen und viel Blut.

Damals in der ersten Hälfte des 13. Jahrhunderts ist noch alles ganz anders. Beide Länder mischen fleißig in der deutschen Politik mit. Stauferkaiser Friedrich II. jagt gerade in seinem geliebten Süden mit Falken. Zu Hause nimmt als Reichsverweser Ottos Vater Ludwig (»der Kelheimer«) eine fast königsgleiche Position ein. Mag er sich ärgern über Staufer und Steuern, sein Sohn Otto genießt mit Agnes von der Pfalz im Heidelberger Schloß die junge Ehe in vollen Zügen.

Bis sie 1231 die Nachricht von der Ermordung Ludwigs in Kelheim erreicht! Nun regiert Otto über die Pfalz und Bayern. Um die Personalunion zu dokumentieren, übernimmt er den Pfälzer Löwen in sein Wappen. Bayerns Löwe brüllt also schon lange vorher in der Pfalz.

Dort werden auch die ältesten Kinder des Herrscherpaares Agnes und Otto geboren. Tochter Elisabeth soll einmal deutsche Königin werden (Heirat 1246 mit Konrad IV. in Vohburg an der Donau), Sohn Ludwig der Ahnherr aller heute noch lebenden Wittelsbacher.

Dann die erste Trübung am pfälzisch-bayerischen Himmel! Schon 1255 beginnt die Zeit der unglückseligen Landesteilungen. 1274 wird Ottos Enkel Rudolf geboren, der einmal beleidigt in die Pfalz ziehen soll, acht Jahre später Ludwig, der nachmalige Kaiser Ludwig der Bayer. 1329 bestimmt er im Hausvertrag von Pavia, daß die Pfalz und die Oberpfalz (»Oberes Fürstentum«) einerseits und das Herzogtum Bayern andererseits eigene Territorien und von zwei Wittelsbachern zu regieren sind. Endet eine dieser Linien, dann tritt die andere in deren Rechte.

Über die politische Harmonie und die vielen Dissonanzen in der pfälzisch-bayerischen Symphonie ließen sich viele Kritiken schreiben. Große Teile sind langweilig und lästig. Wen interessieren heute noch die Eifersüchteleien, Erbansprüche und erbärmlichen Eskapaden der Wittelsbacher?

Sie führen Kriege gegeneinander, schlagen sich die Köpfe ein, mißhandeln ihre eigenen Frauen und Untertanen. Doch trotz aller Schattenseiten, Bayern und Pfalz wachsen über die Jahrhunderte hinweg zu einem politischen Block und Begriff zusammen wie wenige Länder in Europa.

Auffallend ist zunächst, daß ausgerechnet in der Frühzeit der pfälzisch-bayerischen Beziehungen die äußerst seltenen Affensagen in beiden Metropolen auftauchen. Mag es Zufall sein oder nicht, neben dem Löwen des Herrschers steht in München und Heidelberg der Affe als Spiegel- oder Abbild des Volkes. »Über den Neckar gienge eine künstliche Brücke, so zum Wahrzeichen hatte einen Affen«, liest man in der Heidelberger Chronik. Über ihn reimt ein Pfälzer:

»Was thust du mich hie angaffen?
Hast du nicht gesehen den alten Affen
Zu Heydelberg? sieh dich hin und her,
Da findest zu wol meines gleichen
mehr.«

In Amberg geboren, in Heidelberg bestattet: König Rupprecht von der Pfalz. Rechts seine Frau Elisabeth von Nürnberg. Epitaph in Heidelberg.

Ebenso ins Auge des Volkes schaut jener Affe, der im Alten Hof zu München aus der Wiege einen Wittelsbacherprinzen gegriffen hat und auf das Türmchen schleppte. Eine alte Sage berichtet, von hoch oben habe das Tier mit dem Säugling im Arm auf die zitternden Leute heruntergeschaut. Nach einiger Zeit stieg der Affe brav wieder herab und legte den kleinen Prinzen in das Bettchen zurück. Das sind aber nur Aphorismen. Als wirkliches Bindeglied zwischen Bayern und Pfalz spielt die Oberpfalz eine überragende Rolle. Hier entwickelt sich Amberg neben Heidelberg zur zweiten Residenz, hier wohnt der jeweilige pfälzische Kurprinz als Statthalter dieses Teiles der Pfalz. Ein prächtiges Schloß

und mächtiges Mauerwerk im idyllischen Amberg sind die Ursache dafür, daß man bald von der »festesten Fürstenstadt« im ganzen Reich spricht.

Geboren wird hier in Amberg am 5. Mai 1352 auch Rupprecht (von der Pfalz), der einmal Elisabeth, die Schwester des Nürnberger Burggrafen, heiraten, 1400 zusammen mit dem Mainzer Erzbischof den König Wenzel absetzen und sich daraufhin zum deutschen König wählen lassen wird. Zum zweitenmal nach Kaiser Ludwig dem Bayern steht damit also ein Wittelsbacher an der Spitze des Reiches.

Schon 1401 sammelt Rupprecht für seinen Romzug in Augsburg ein Heer, mit dem er unverzüglich über die Alpen

marschiert. Da ihm aber die Unterstützung der italienischen Städte und eines Teiles der deutschen Fürsten fehlt, kommt er nicht recht weit. So platzt sein Traum von der Kaiserkrone, die er in Rom empfangen wollte. Entmutigt trifft er Anfang Mai 1402 in München ein. Während sich König Rupprecht in Italien herumschlägt, versucht sein Sohn Ludwig III., den abgekanzelten und nunmehr in Prag residierenden Wenzel auch militärisch zu bezwingen. Doch hinter den Mauern der Goldenen Stadt gelten eiserne Durchhalteparolen.

Verheiratet ist Ludwig seit 1401 mit der englischen Königstochter Blanca. Als Brautschatz verehrt ihr der Vater, König Heinrich IV. von England (Begründer des Hauses Lancaster), eine Goldkrone mit Saphiren, Rubinen und Smaragden. Dieses Juwel (»Pfälzer Krone«) gelangt 1782 nach München, wo es heute noch aufbewahrt wird, in der Schatzkammer der Residenz.

Zurück zu den Partnern Bayern und Pfalz, deren Prinzessinnen und Prinzen gerne Herzlichkeiten und Ringe wechseln und dann mehr oder weniger ehern zusammenhalten. Um der Chronistenpflicht Genüge zu tun, dazu nur drei Sätze: Ludwigs Bruder, der um fünf Jahre jüngere Johann (»der Oberpfälzer«), heiratet Beatrix von Bayern-München. Der jüngste Bruder Otto ehelicht Johanna von Bayern-Landshut. Ludwigs Urenkel Philipp verbindet sich mit Margarete von Bayern-Landshut.

Als der Vater der Landshuterin, Herzog Georg der Reiche, 1503 stirbt, erheben Philipp und Margarete sofort Anspruch auf das Erbe und führen einen barbarischen Krieg gegen die Verwandten in

München. Er wird nach dem Motto des bayerischen Landsknechtführers Kaspar Winzerer »Der Brand ziert den Krieg wie das Magnificat die Vesper« bis zur letzten Konsequenz realisiert. Am Ende siegen die Münchner unter Herzog Albrecht IV., der das alte bayerische Land südlich der Donau für alle Zeiten einigt (1506).

Alles Namen und Fakten, die uns heute nicht mehr allzuviel sagen! Doch auch die Menschen kommen zusammen, vor allem die Händler und Fuhrknechte. Die Reichsstadt Regensburg liefert feine Stoffe nach Heidelberg. Umgekehrt überflutet die Pfalz das Partnerland mit köstlichem Rebensaft. So schreibt der Nürnberger Gelehrte Johann Cochläus im ersten Geographiebuch der Welt (1515) über die Pfalz: »Das weinreiche Land schickt nach Nürnberg sogar in jeder Woche sehr viel Wein hinüber.« Zusammen ist man stark. Davon profitieren Wollwirker, Winzer und auch die Wittelsbacher – letztere vor allem im Erbfalle! Durch die Regelung von Pavia minimiert sich die Möglichkeit, von einem anderen Fürsten des weiten Reiches geschluckt zu werden. Ein Wittelsbacher beerbt den anderen, der pfälzische den bayerischen und umgekehrt. 1777/78 soll sich nach dem Aussterben der altbayerischen Wittelsbacher diese Regelung erstmals bewähren.

Mit der Zeit wächst und gedeiht der Stammbaum Wittelsbach so üppig, daß immer neue Zweige sprießen. Viele davon sterben aber über kurz oder lang wieder ab. Schuld daran ist einzig und allein die Tatsache, daß zuviele männliche Nachkommen in den geistlichen Stand treten. Das zeigt sich besonders

In Freising und Ismaning geachtet: Bischof Rupert von der Pfalz.

deutlich an der großen Familie des oben erwähnten Philipp und seiner Margarete aus Landshut. Fünf ihrer Söhne werden Bischöfe, drei in Freising, je einer in Regensburg und Speyer.

1492 schlägt ein Pfälzer Seitentrieb erstmals in altbayerischer Erde Wurzeln. In diesem Jahr besteigt nämlich Rupert von der Pfalz (von der Linie Simmern-Sponheim) den Bischofsstuhl von Regensburg. Drei Jahre später wird sein Cousin Ruprecht Oberhirte in Freising. Dessen Nachfolge tritt wieder ein Pfälzer an: Philippus, Sohn von Philipp und Margarete, reich und geistreich zugleich. Als er 1499 nach Freising kommt,

beginnt eine Kulturblüte ohnegleichen. »Hat in der Residentz zu Freising viel Zimmer, unnd Gang mit den Marmorsteinern Seulen, unnd schönen Brunnen von springenden Wassern, sampt vortrefflichen grossen Kellern aufgeführet«, schreibt Matthäus Merian.

Weiter holt sich Bischof Philippus aus Brixen Wasserbauspezialisten, die das oft gefährliche Isarufer sichern. Dann beginnt er am Freisinger Domberg mit dem Bau der Brauerei, die mit ihrem dunklen Bier den oft mühsamen Alltag der Untertanen erhellt.

Genauso wichtig: »Philippus, der 46. bischof, hat auch das schloß Ißmaning auferbauet«, lesen wir in der Bischofschronik. Es handelt sich um jene heitere Schloßanlage zwischen München und Freising, die heute noch Menschen aus nah und fern fasziniert. 1530 läßt sie der Pfälzer einem Pfleger mit dem Auftrag übergeben, »Garten, Äcker und Wiesen, dergleichen die Viehvorräte und das Bettgewand, das Seine Gnaden jetzt oben haben oder später hinauf tun werden, fleißig zu warten«. Die Pfalz steht also an der Wiege dieses herrlichen Landsitzes.

Diese Sommerresidenz erwirbt 1816 wieder ein Pfälzer, besser gesagt eine Pfälzerin: Auguste Amalie, Tochter des in Mannheim geborenen ersten bayerischen Königs Max I. Joseph. Die Ausmalungen des Schlosses in ihrer Zeit gehören zu den Kostbarkeiten der deutschen Kunstgeschichte. Doch davon später.

Ein jüngerer Bruder des Freisinger Bischofs Philippus, Iohannes von der Pfalz, leitet die Diözese Regensburg. Als er 1507 an die Donau kommt, ist er erst

Lebenslust im Bad des Regensburger Bischofshofs: Mit großer Wahrscheinlichkeit malt Altdorfer den Oberhirten der Donaustadt, den Pfälzer Iohannes, mit seinem Liebchen.

Doch man versteht sich auch wieder. So sind sich die Regensburger und der Pfälzer einig, als es 1518 um die radikale und brutale Vertreibung der Juden geht. Oft sitzt man zusammen bei einem guten Tropfen. »Hat ein rath (Rat) den pischof auff die trinkstuben geladen, herrlich wider geschenckt, da(ra)n er sich erlich geletzt het«, notiert der Regensburger Geistliche Leonhard Widmann in sein Tagebuch.

Natürlich begegnet dem Pfälzer oft der Maler Albrecht Altdorfer, der im Rat der Reichsstadt Regensburg sitzt und Stadtbaumeister ist. Und dieser schafft für den hohen Geistlichen ein Kunstwerk von europäischer Bedeutung. Im Bade seines Bischofshofs, wo sich Iohannes gerne mit Leib und Seele den hübschen Mädchen widmet, soll das lustige Treiben des Kirchenmannes und seiner Angebeteten dokumentiert werden. Altdorfer ziert sich offensichtlich nicht lange und malt die Realität. Ein Mädchen erscheint im kostbaren Renaissancekleid und mit modischem Hut. Wir sehen weiter eine hübsche Badmagd mit kostbarer Kanne und großen, skeptischen Augen und eine Dame, die einen Becher hochhält. Die vierte Frau hat einen reichen, fast protzigen Goldschmuck auf dem Kopf und um den Hals. Am bekanntesten ist aber die Badende, die eben nackt dem warmen Wasser entstiegen ist und sich von ihrem Liebhaber (Iohannes?) umarmen läßt. Iohannes wird mehrfach porträtiert. Um 1525 malt Hans Wertinger den Bärtigen in einem schwarzen Prachtkleid. Um den Hals ziert ihn eine Goldkette, die Finger beider Hände schmücken kostbare Ringe. Auf dem Kopf trägt das

19 Jahre alt. Ein lebenslustiger Jüngling, der oft tief in das Weinglas schaut und sich niemals höhere Weihen geben läßt! Während sich die Weihbischöfe um die Seelen der von der Hölle bedrohten Menschen kümmern, befindet er sich ständig im siebten Himmel.

Mehrere Chronisten berichten von seinem beispiellosen Sünden- und Pfründenregister. 1514 beispielsweise gibt es einen Riesenskandal, als ein Domherr

eine junge Regensburgerin verehrt und begehrt, die ihn aber nicht erhört. Da er wie ein Rasender die Tür ihres Hauses einschlägt, wird er von der Stadtpolizei ergriffen. Sofort protestiert Iohannes gegen die Verhaftung und verlangt die Freilassung seines Kumpans im Regensburger Venusberg. Weil die Stadt nicht zu Kreuze kriecht, belegt sie der Bischof von der Pfalz ganz einfach mit dem Bann.

Oberhaupt der Diözese Regensburg einen schwarzen Hut. Im Hintergrund eine phantastische Landschaft (Bild heute im Germanischen Nationalmuseum Nürnberg.)

Weil Iohannes weiß Gott kein Vorbild für Christgläubige ist, breitet sich die protestantische Lehre auch in seinem Bistum wie ein Steppenfeuer aus. Bereits 1522 unterweist ein protestantischer Prediger die Bewohner der Stadt Weiden. Neumarkt und Amberg bitten den Pfalzgrafen um die Erlaubnis, vom Glauben des Papstes abfallen zu dürfen.

Genauso schlimm: 1525 flieht der Dominikanerprior in Regensburg mit der Äbtissin eines nahen Klosters. Zwei Jahre später brennt ein Minorit mit dem Klosterschatz durch. Gestohlen hat Bischof Iohannes wahrscheinlich nicht, dafür aber einen enormen Schuldenberg hinterlassen. Vier Jahre nach seinem Tod (1538) tritt seine Residenzstadt zum Protestantismus über.

Und auch seine Heimat Pfalz vollzieht die Wandlung. Schon der Neffe des Iohannes, Ottheinrich, fällt seit 1534 schrittweise vom alten Glauben ab. Sein Vater, der soeben erwähnte Ruprecht, war von 1495 bis 1498 Bischof von Freising. Dann lernte er die bildhübsche Elisabeth von Bayern-Landshut kennen und lieben, die ihm 1502 besagten Ottheinrich in die Wiege legte. Und zwar in Amberg!

Ottheinrich regiert zunächst das extra für ihn geschaffene Herzogtum Pfalz-Neuburg. 1529 heiratet er (wahrscheinlich in München) die gleichaltrige Susanne, eine Tochter des Bayernherrschers Albrecht IV. und der Kaisertochter Kunigunde.

Erster protestantischer Kurfürst der Pfalz: der in Amberg geborene und in Neuburg residierende Ottheinrich

Der Blick des Ambergers ist auf das Schöne und schöne Frauen gerichtet, das von ihm in Auftrag gegebene Schloß Grünau (bei Neuburg) widmet er seiner Susanne. Ansonsten ist das Wasserschloß eine in Stein gehauene Einladungskarte zu rauschenden Festen und vergnügten Liebesnächten nach erfolgreicher Jagd! Nach dem alten Glaubensverständnis wäre eine Kapelle mit Beichtstühlen dringend notwendig. Doch auf sie kann man nach Luthers Lehre beruhigt verzichten.

Doch keine Bange, im Neuburger Hauptschloß Ottheinrichs gelten wieder andere Grundsätze. Dort sorgt ein Pfarrer für das Seelenheil des Besitzers, der seine Schloßkapelle zu den bedeutendsten protestantischen Kirchenräumen Deutschlands ausstaffieren läßt. Hans Bocksberger malt darin den ersten deutschen Freskenzyklus großen Stils der neuen Lehre.

Doch bald muß Abschied von der Donau genommen werden. 1556 wird Ottheinrich der erste evangelische Kurfürst der Pfalz. Kinderlos, so bedauern die Anhänger Luthers, stirbt er kurz darauf (1559) in Heidelberg. Wir stellen fest: Ein erstes und festes Fundament des evangelischen Glaubens im heutigen Bayern setzt ein Pfälzer.

Ottheinrichs Nachfolger wird 1559 Friedrich III. von der Pfalz, dessen Familie die Reformation in der Heimat enorm stärkt. Sein Sohn Ludwig VI. läßt als Statthalter der Oberpfalz nichts auf Luther kommen. In Amberg wird 1574 sein Sohn Friedrich IV. geboren, ein populärer Herr, Neugründer von Mannheim. Seine Politik gegen die katholischen Habsburger soll das Land einmal arg strapazieren. Sohn Friedrich V. schockiert dann mit seinem politischen und religiösen Glaubensbekenntnis die Katholiken. Doch vorher genießt er noch sechs Jahre ungetrübten Glücks. Als er 1613 als 17jähriger in London die gleichaltrige Elisabeth Stuart heiratet, beneiden ihn die Adeligen Europas. Die Braut ist eine Tochter König Jakobs I. von England und Enkelin der berühmten Maria Stuart, deren Beichtvater Ninian Winzet übrigens nach Bayern flüchtet und in Regensburg Asyl und letzte Ruhe findet.

Aber damit nicht genug! Elisabeth Stuart gehört zu den schönsten und charmante-

sten Damen der damaligen Welt. Allgemein wird ihr Liebreiz gerühmt. »Queen of hearts« nennt man sie deswegen. Wer mit ihr spricht, bemerkt ihren gesunden Menschenverstand. Der ritterliche Umgang bedeutet ihr mehr als Religion und Konfessionsgezänke.

Der große Krieg zwischen Bayern und Pfalz

Als sich Friedrich V. dann 1619 zum böhmischen König wählen läßt, haben die Protestanten im Kurfürstenkollegium die Mehrheit. Das heißt: Der nächste Kaiser wird nicht mehr der katholischen Kirche angehören. Im Reich ist also die Hölle los. Als der Satan in diesem ganzen Spiel wird Friedrich V. angesehen, dem der bayerische Herzog Maximilian, ebenso ein Wittelsbacher, kurzerhand den Krieg erklärt.

Damit begeht er eine klare Verletzung des Völkerrechts und auch des deutschen Rechts! Immerhin werden die vom Kaiser verliehenen Privilegien mißachtet. Friedrich V. war legal auf Böhmens Thron berufen worden. Die erste deutsche Journalistenpersönlichkeit, Georg Greflinger, ein gebürtiger Regensburger, läßt daran keinen Zweifel, wenn er meint: »Dann es war den Evangelschen Ständen in diesem Königreich (Böhmen) aus Kayser Rudolffs Händen Ein Freiheits-Brief ertheilt, in der Religion Und Freyheit frey zu seyn, den auch Matthiens Krohn In seinen Würden ließ.« Mit Matthien meint Greflinger übri-

Der Regensburger Geschichtsschreiber Greflinger (links) prangert das der Pfalz widerfahrene Unrecht an.

gens Kaiser Matthias, den Nachfolger Rudolfs II.

Als Friedrich V. gewählt war, so berichtet Greflinger weiter, zog er »sehr prächtig von dem Rheyn Auf Prag zu seiner Kröhn«. Dies wiederum mißfällt dem Kaiser in Wien, noch mehr aber dem Herzog in Bayern. Sein Heer, in dem sich auch der große französische Philosoph Descartes befindet, besiegt den Pfälzer 1620 in der Schlacht am Weißen Berg. Doch der »Bruderkrieg« schlägt voll auf die Bayern zurück. Die schwerste Krise der pfälzisch-bayerischen Freundschaft und Partnerschaft ist ausgebrochen!

Im bis dahin brutalsten Krieg besetzt Tilly dann 1621 die Pfalz. Greflinger ist empört: »Graff Tylli gieng zum Necker, Besiegte Heydelberg und wurde zum Erschrecker Der gantzen Unter-Pfaltz und an den halbem Reyhn.« Unendliches Leid wird damit eingeläutet. Der bayerische Herzog Maximilian zwingt den dortigen Menschen die katholische Religion auf, verbietet ihnen sogar auszuwandern und löst die Universität Heidelberg, Prunkstück der deutschen Wissenschaft, auf. Die fürstlichen Bücherschätze – die berühmte Bibliotheca Palatina – läßt er nach Rom schaffen und dem Papst als Siegerbeute überreichen.

In ebensolcher Weise geht Maximilian gegen die andere Pfalz, die Oberpfalz, vor. Alle Bewohner dort haben ihrem protestantischen Bekenntnis abzuschwören und katholisch zu werden. Historiker sollen später feststellen, daß die Oberpfälzer innerhalb eines einzigen Jahrhunderts fünfmal ihren Glauben wechseln mußten.

Zieht 1632 als Sieger in München ein: Friedrich V. von der Pfalz, spöttisch »Winterkönig« genannt

Die »Demontage« der Pfalz erreicht bereits 1623 ihren ersten Höhepunkt. Ihr wird nämlich in Regensburg die Kur genommen und auf Maximilian von Bayern übertragen. Das ist zuviel für das protestantische Europa. Unaufhaltsam wächst die Bereitschaft zur Gegenwehr, zur Hilfe für Gott und Pfalz.

Vom Norden her überflutet dann tatsächlich ein gewaltiges Schwedenheer, von Frankreich unterstützt, das Reich. 1632 schlägt König Gustav Adolf in der Schlacht bei Rain souverän den bayerischen Feldherrn Tilly, der an seinen Wunden stirbt, und überquert den Lech. In seinem Gefolge: Friedrich V. von der

Pfalz, den man wegen seiner Niederlage am Weißen Berg zwölf Jahre zuvor spöttisch »Winterkönig« (regierte in Böhmen nur im Winter 1619/20) nennt.

Diese Niederlage wird den Bayern jetzt gründlich heimgezahlt. Noch 1632 marschiert Friedrich V. an der Seite des Schwedenherrschers in München ein. Endlich kann er die so prachtvolle Hauptstadt seiner Vorfahren und Vettern sehen. Nachdenklich schreitet er durch die Residenz, die man für das »achte Weltwunder« hält.

Doch dann wieder der grausame Alltag! Nur gegen die Bezahlung einer ungeheuren Summe Geldes wird die Metropole der Katholiken verschont. Und weil man den Betrag nicht ganz zusammenkratzen kann, müssen Geiseln gestellt werden. Aber das ist nicht alles. Ein Großteil der altbayerischen Dörfer geht in Flammen auf. Der »Bruderkrieg« im Hause Wittelsbach schlägt Wunden, die lange nicht heilen.

Aber Maximilian muß noch eine andere Niederlage hinnehmen. 1632 ist endlich die Pfalz wieder frei. Der leidgeprüfte »Winterkönig« kann in seine Heimat zurück. Schon malt er sich eine glänzende Zukunft aus. Da stirbt er plötzlich im Alter von 36 Jahren in Mainz. Die »Queen of hearts« trauert um ihren liebenswürdigen Gatten. Sie soll ihn um 30 Jahre überleben und ihre letzte Ruhe in London finden. Man muß es den Pfälzern neidlos lassen: Ein solches Traumpaar auf dem Thron bleibt den Bayern bis zum Ende der Monarchie versagt.

Doch zurück zu diesem Krieg, der noch 16 lange Jahre dauern soll! In der bayerischen Geschichtsschreibung wird die

Schuld an dieser Katastrophe gerne den Protestanten gegeben – also auch der Pfalz, etwa nach dem Motto: Die hätten nur katholisch bleiben und nicht auch noch den böhmischen Königsthron besetzen sollen. Die Frage, ob nicht der Einmarsch des Bayern in Böhmen ein klarer Angriffskrieg ist, wird gar nicht erst gestellt.

Auch dem bayerische Kurfürst Maximilian stellt sich diese Frage nicht. Er wähnt sich im Recht, auch als sein Land am Boden liegt, auch als 1633 die Schweden Regensburg einnehmen, eine der am stärksten befestigten Städte im südlichen Reich. Alles wundert sich. Wie kann so etwas passieren?

In Regensburg jedoch hält man das Andenken des verstorbenen »Winterkönigs« und seines Glaubensbekenntnisses hoch. Und so verstummen die Gerüchte nicht, wonach man es den protestantischen Kriegern aus dem europäischen Norden leicht gemacht habe. Der Andechser Abt Maurus Friesenegger drückt das so aus: »Großen Teils als Schuld der ketzerischen Bürger, die die Gegenwehr versagten.« Die Folge: »Das verursachte wieder Schröcken in ganz Baiern.«

Dies bestätigt auch Maximilians Hofmusikus Johann Hellgemayr. »Ist das Pair landt foller Soldaten«, schreibt er klagend und anklagend in sein Tagebuch und fährt fort: »Sy hausen Das Gott mechde sich iber uns erbarmen, gar Pese laidt.« In seiner ausweglosen Situation leistet der neue bayerische Kurfürst Maximilian ein Gelöbnis, »ein gottgefälliges werk anzustellen«, wenn wenigstens München und Landshut einer Zerstörung durch die Schweden entgehen. Tatsächlich ist in

beiden Städten kein größerer Schaden zu beklagen, so daß der Wittelsbacher sein Gelübde erfüllen kann. Er gibt unverzüglich nach der Entwarnung den Befehl für die Errichtung der Münchner Mariensäule.

Die vier Unwesen, die von den vier Putti am Säulensockel bekämpft werden, so liest man in vielen Stadtführern, symbolisieren den Hunger, den Krieg, die Pest und den Unglauben. Doch kann man diese vier Unwesen auch als Maximilians Erzfeinde im Dreißigjährigen Krieg interpretieren. Sie spiegeln sozusagen einen Teil der Geschichte dieses brutalen Waffenganges wider.

Haupteilige dieser Zeit sind Maria und Michael. Die Gottesmutter auf der Mariensäule gilt als Beschützerin des Landes. Sankt Michael ist der kräftige Krieger, dem man die Bekämpfung des Protestantismus überläßt. So ist zugleich der Bau der nahen Michaelskirche zu verstehen. Der Erzengel, der Luzifer in die Hölle stürzt, besiegt auch das Luthertum und die Feinde des katholischen Teils des Reichs, glaubt man in Bayern. Die vier Putti unter der goldenen Madonna auf der Mariensäule sind als Engelsgehilfen des heiligen Michael zu verstehen. Sie ähneln ihm mit ihren Schwertern und in ihrer Rüstung. Doch wen bekämpfen sie an der Mariensäule? Die Antwort: Maximilians vier Hauptfeinde im Dreißigjährigen Krieg! Einer davon ist natürlich die Pfalz. Dargestellt auf dem Münchner Marienplatz von ihrem Wappentier, dem Löwen! Er liegt vor dem siegreichen Putto auf dem Boden, zerstört und unfähig, sich unter dessen scharfem Schwert noch einmal zu erheben und die katholische Lehre aber-

mals anzugreifen. Mit dem Drachen ist der Schwedenkönig Gustav Adolf gemeint. Schon nach der griechischen Mythologie bewacht der Drache im Norden Europas Gold und Bernstein (Herodot). Auf die Schweden geht auch das ganze Monument im Herzen Münchens zurück. Weiter verkörpert der vom dritten Putto bekämpfte Gockel das mit Schweden verbündete Frankreich. Der gallische Hahn! Die Schlange schließlich kann nur das Kurfürstentum Sachsen und sein berühmtestes Landeskind Luther symbolisieren.

Als dann 1648 die Waffen endgültig schweigen, hat niemand so recht gesiegt, am allerwenigsten der bayerische Kurfürst. Eigentlich muß man ihn den großen Verlierer nennen. Sein Erzfeind, der Protestantismus, erhebt sein Haupt kühner denn je. Allerdings bleibt nach den Bestimmungen des Westfälischen Friedens die Oberpfalz bayerisch und damit katholisch. Auch seine Kurwürde kann Maximilian behalten. Doch was ihm gar nicht gefällt: Seine pfälzische Konkurrenz erhält eine achte Kurstimme. Und noch etwas kann er gar nicht schätzen: Sollte seine Linie aussterben, fällt sein gesamtes Stammland an die protestantische Pfalz zurück. Die Oberpfalz und der katholische Glaube dort und zu Hause sind somit keineswegs sicher für Zeit und Ewigkeit.

So ganz und gar nicht traurig zieht deshalb nach dem Westfälischen Frieden der Sohn des »Winterkönigs«, der nunmehr 31jährige Karl Ludwig, in seine Heidelberger Geburts- und Residenzstadt ein. Dort soll er kurz darauf Vater der bekannten Elisabeth Charlotte (»Liselotte von der Pfalz«) werden.

Eine Maßnahme macht ihn besonders populär. Er fördert das pfälzische Brauwesen. Billiges und süffiges Bier soll neben dem heimatlichen Wein ein Volksgetränk werden. Nichts symbolisiert mehr die ausgestreckte Hand in Richtung Bayern!

Mit weisen Männern und schönen Frauen zur Normalität

Nur ganz mühsam entwickeln sich die Beziehungen zwischen Bayern und der Pfalz nach dem furchtbaren Krieg wieder. Das ändert sich auch nicht, als 1651 der starrköpfige Maximilian in München stirbt. Er weiß zu Lebzeiten genau, die Zukunft seiner Dynastie ist alles andere als rosig. Seine zwei Söhne sind erst 15 und 13 Jahre alt. Ihr Schicksal interessiert natürlich Kurfürst Karl Ludwig von der Pfalz ganz besonders.

Als er 1649 zum Nürnberger Friedensmahl erscheint, mit dem die 30 Jahre währenden Feindseligkeiten auch offiziell beendet werden sollen, schlägt dem Sohn des »Winterkönigs« und der »Queen of hearts« eine unglaubliche Sympathiewelle entgegen. Der große Joachim von Sandrart porträtiert ihn damals. Neben dem beliebten Kurfürsten der Generalissimus Ottavio Piccolomini und der Pfälzer Cousin Karl Gustav von Zweibrücken-Kleeburg, der 1654 König aller Schweden werden soll. Das Bild, im Nürnberger Rathaus gemalt, zeigt die Stadt heute noch stolz her.

Nach seiner Abreise aus Nürnberg studiert Karl Ludwig im Heidelberger Schloß mit großer Aufmerksamkeit die Briefe aus München. Es könnte ja sein, daß er doch noch in den Besitz Alt-

bayerns und der Oberpfalz kommt. Da wird ihm 1652 gemeldet: Der Münchner Kurfürst Ferdinand Maria heiratet die Savoyerin Henriette Adelaide. In der Folge erfährt er aber auch, daß sich trotz priesterlicher Fürbitten einfach kein Kindersegen einstellen will.

Die These eines Diplomaten, die Münchner Ehe sei von Anfang an ohne »rechte eiferige affection« gewesen, mag Karl Ludwig nicht so recht glauben. Er hört nämlich auch, daß Henriette Adelaide unbarmherzig auf die Erfüllung der ehelichen Pflichten ihres Mannes bestehe. Freilich habe das zur Folge gehabt, daß er jetzt mager und matt sei. Als dann 1662 die Meldung eintrifft, Henriette Adelaide habe nach zehnjähriger Ehe endlich einen Sohn und Kurprinzen geboren, geht in Heidelberg ein Wunschtraum zu Ende. Als Dankeschön für den Buben Max Emanuel, den späteren Türken- und Frauenhelden der deutschen Geschichte, schenkt Ferdinand Maria seiner Ehefrau das Schloß Nymphenburg. Und wieder eine Ironie der ganzen Geschichte: Gerade in Nymphenburg halten sich die beiden markantesten Pfälzer der kommenden Generationen, Karl Theodor und Max Joseph, besonders gerne auf.

Kaum sind die Hochämter und Taufzeremonien beendet, bekommt den Buben in der Wiege einer der großen Pfälzer jener Zeit zu sehen: das in Speyer als Sohn eines Pastors geborene Universalgenie Johann Joachim Becher. Er kennt halb Europa und ist seit kurzem mit der Mainzer Juristentochter Maria Veronika verheiratet. Schon 1658 wollte ihn der bayerische Kurfürst als Wirtschaftsminister gewinnen, doch der gefeierte Arzt,

Ökonomiefachmann, Mathematiker, Pädagoge und Physiker lehnte ab. 1664 sagt Becher endlich zu, und man erwartet wahre Wunderdinge von ihm. Er richtet unverzüglich ein Laboratorium ein. Als Hofmedikus sorgt er sich um die Gesundheit der Wittelsbacher, was Henriette Adelaide aber gar nicht so gern hat. Sie läßt sich lieber von ihrem Galan, dem Hofarzt Stefano Simeoni, untersuchen. Böse Zungen behaupten gar, von ihm stammten die kurfürstlichen Kinder.

Wie dem auch sei, für Kurbayern entwirft Becher, immerhin der führende Merkantilist in Deutschland, ein Programm, mit dem man schnell zu wirtschaftlicher Prosperität zu gelangen hofft. Er fordert den Bau von Fabriken, die Errichtung einer Handelskompanie Bayern, ein Einfuhrverbot für Fremderzeugnisse und die Gründung einer eigenen Bank. Und das verwegenste Projekt: Ganz in der Nähe des heutigen New York will er eine bayerische Kolonie gründen.

Doch bald muß Becher feststellen, daß er auf dem falschen Dampfer sitzt und vieles über Bord werfen muß. Kurbayern ist nämlich in keiner Weise reif für die Ideen dieses Pfälzers, gegen dessen Pläne sich wachsender Widerstand aus allen Teilen der Bevölkerung abzeichnet. Nur eines bleibt: Becher kann in der Au die erste Seidenmanufaktur errichten. Henriette Adelaide ist ganz begeistert von der feinen und reinen Seide, dem Edelmetallbrokat und den üppigen Borten, die jenseits der Isar produziert werden.

Wenn in der Seidenherstellung auch arge Rückschläge zu verzeichnen sind, so darf man doch nicht vergessen, Becher legt den Grundstock für ein Gewerbe, das München im Jahrhundert darauf berühmt macht. Noch Lorenz Westenrieder, der große Stadthistoriker, schreibt 1782: »Die Au ist übrigens ein sehr gewerbiger, und munterer Ort, dessen Industrie der Stadt wohl zustatten kömmt. Hier nahmen die wollenen und darum sogenannten Auerstrümpfe, und manche andere Fabrike ihren Anfang.« Und in Halle erscheint im gleichen Jahr ein Buch, in dem über München zu lesen ist: »Die Tuch-, Seiden- und Tapetenfabriken sind vor den übrigen die bekanntesten.«

Von der Auer Seidenmanufaktur zur Modestadt München ist gewiß keine klare Linie zu zeichnen. Andererseits ist aber festzuhalten, daß ein Pfälzer an der Isar auf erste Tuchfühlung mit schicken Miedern und Schleiern geht.

Doch Becher bekleidet noch eine andere Stellung. Er ist auch eine Art Forschungsminister. Was er in seiner Münchner Zeit in Buchform vorlegt, erhebt ihn nicht nur zum ersten wirklich bedeutenden Wissenschaftler und Wissenschaftspublizisten der Bayernmetropole, sondern zum überregionalen Gelehrtentypus. In der Stadt der Nobelpreisträger, Universitäten und Max-Planck-Institute ist man sich heute kaum bewußt, daß ausgerechnet ein Pfälzer mit dem Primat der Religion und Theologie im Wissenschaftsbereich aufzuräumen beginnt.

Der Weg von damals bis heute ist gewiß steinig, aber es wird einmal ein Anfang mit der Rationalität gemacht. In München arbeitet Becher unter anderem an seiner »Physica subterranea«, in der er die elementaren Kräfte der Natur und

ihrer Vorzüge aufzeigt. Das ist natürlich ein direkter Affront gegen den Aberglauben der Altbayern, alle Probleme ließen sich mit Wallfahrt und Rosenkranz lösen.

Als Becher 1670 von München nach Wien aufbricht, hinterläßt er eine Lücke, die Bayern für lange Zeit aus dem Wissenschaftsbereich ausgrenzt. Einsam und verlassen setzt er nach seinem Scheitern am Kaiserhof seine Forschungsreisen fort. Erst 47jährig stirbt der große Pfälzer 1682 in London.

Ein Blick zurück in seine Heimat! Dort stellt Kurfürst Karl Ludwig die arg heruntergekommene Universität Heidelberg wieder her, die bald zu einem Magnet für die Gelehrten des Reichs wird. Sein größter Coup gelingt ihm 1661 mit der Berufung des besten deutschen Verfassungsjuristen, Samuel Pufendorf. Dieser weilt lange in München, wo er sich fleißig in die Bibliothek vertieft und so das Material für seine umfassende Verfassungsgeschichte (»De statu imperii Germanici«) sammelt.

Von der Isar reist er dann an die Donau, nach Regensburg zum Immerwährenden Reichstag. »Hier konnte ich leicht mit einem Blick das Wesen der deutschen Verhältnisse erfassen und feststellen, welch loses Band das Reich zusammenhält«, behauptet er. Mit diesem Satz soll er einmal ganz berühmt werden.

Und Karl Ludwig beruft noch einen zweiten Spitzenjuristen nach Heidelberg: Reinhold Blum aus Hamburg. Dieser Mann ist so gelehrt, daß ihn der Landesherr sogar zum Vizekanzler ernennt. In Heidelberg lernt Blum auch seine spätere Frau kennen, von der es heißt, sie sei die Liebenswürdigkeit in Person.

Beide will denn auch bald ein anderer Pfälzer in seine Dienste stellen, König Karl X. von Schweden, der aus der Seitenlinie Zweibrücken-Kleeburg stammt. Er läßt bei Blum nachfragen, ob er als königlicher Gesandter für ihn zum Immerwährenden Reichstag geht. Blum sagt zu, und der Vetter in Heidelberg, Karl Ludwig, macht das Beste daraus und beauftragt ihn auch mit der Wahrnehmung der kurpfälzischen Rechte. Ausgerechnet vom Pfälzer Gesandten in Regensburg haben wir nun eine der besten Beschreibungen der Zustände am Reichstag. Da seine Ehefrau Heidelberg nicht sofort verlassen will oder kann, kommt es zu einem Briefwechsel mit ihr, der weitere Aufschlüsse bietet. So schreibt er am 11. September 1672 an die Gattin: »Ich vernehme, daß die Abgesandten nit vil zu schaffen haben, und ein fröhlich Leben führen.« Im Monat darauf: »Es verlautet, daß einige Weiber, bey denen Abgesandte logirt haben, wild worden sind, dafür ich einen Abschew trage.«

Regensburg gehört zwar im 17. Jahrhundert noch nicht zu Bayern, doch es wird vom Münchner Kurland umschlossen. Schon der heutige Stadtteil Stadtamhof am nördlichen Donauufer ist bayerisch. Daß die Stadt einmal Sitz der Regierung der Oberpfalz werden wird, kann damals freilich noch niemand wissen.

Und Kurfürst Karl Ludwig trauert ein Leben lang dem Verlust dieser Oberpfalz nach. Um das Land doch noch unter sein Zepter zu bringen, das weiß er, braucht er starke Partner. Die Alternative Frankreich oder Österreich löst er ganz einfach auf und bandelt mit beiden an. Dem Kaiser in Wien macht er politische Konzessionen, dem französischen König gibt er seine Tochter Liselotte zur Schwägerin. Und dieser Pfälzerin in Paris verdanken wir wieder exzellente Schilderungen der großen Gesellschaft. So berichtet sie 1686 über das traurige Los der Münchnerin Maria Anna, der ersten Tochter von Ferdinand Maria und Henriette Adelaide. Sie heiratet als 20jährige den Dauphin, und Liselotte schreibt: »Sie ist unglücklich, und ob sie schon ihr bestes tut, dem König zu gefallen, … wird sie täglich übel traktiert und muß ihr Leben mit Langeweil und Schwangersein zubringen.« Über ihre Münchner Neffen berichtet sie despektierlich: »Vatert sichs bei ihnen, so werden sie den Grisetten brav nachlaufen.«

Der Wunsch Karl Ludwigs, einmal Kurbayern samt Oberpfalz zu beerben, erfüllt sich nicht. Im Gegenteil! Als er 1680 stirbt, mangelt es ihm selbst an der notwendigen Succession. Die Pfalz fällt somit an den katholischen Zweig Neuburg. Und in dem hübschen Donaustädtchen geboren wird 1661 einer der schillerndsten Kurfürsten der Pfalz: Karl III. Philipp, katholisch, aber gegen protestantische Landeskinder liberaler als andere.

Er ist der Bauherr des Mannheimer Schlosses, an dem auch die Brüder Asam aus Altbayern mitwirken. Weiteres Kunstjuwel soll die dortige Jesuitenkirche werden. In ihr malt Egid Quirin Asam bis zu seinem Tode 1750. Entgegen seinem ausdrücklichen Wunsch bestattet man ihn nicht in seiner Münchner »Asamkirche«, sondern in Mannheim. Ein seltener Fall, daß ein prominenter Kurbayer seine letzte Ruhe in pfälzischer Erde findet.

Als einer der wenigen Altbayern in der Pfalz gestorben und bestattet: Egid Quirin Asam

Und da gibt es noch eine Verbindung zu Bayern – besser gesagt, zu Karl III. Philipps Mätresse Violanta aus der Augsburger Linie der Thurn und Taxis. Die verführerische Frau fühlt sich von Anfang an in dem Mannheimer Prachtschloß mit den 1500 Fenstern wohl und kennt jeden Winkel, besonders gut die Geheimtreppe, die von ihrem Gemach zum Schlafzimmer des Kurfürsten führt. Bei den nächtlichen Wanderungen trifft Violanta alle Vorsichtsmaßnahmen, um ja nicht gesehen zu werden. Offensichtlich bringt das aber nicht den gewünschten Erfolg. Letztlich verraten auch mehrere illegitime Schwangerschaften die heimlichen Begegnungen.

1729 beendet nun plötzlich Karl III.

Philipp das Versteckspiel und heiratet seine um 22 Jahre jüngere Geliebte. Den Hofberichten zufolge trifft ihr nunmehriger Ehemann ohne die Zustimmung seiner Violanta keine wichtige Entscheidung. Insbesondere der Habsburgerkaiser Karl VI. weiß das und besticht die Dame. In einer seiner Denkschriften liest man »Gedancken, wie der Churfürst zu Pfalz, so annoch innerlich gut österreichisch seye, zur garantie der pragmatischen Sanction zu vermögen, dann wie die bey Selbigen alles vermögende Gräfin von Taxis, auch dessen übrige Ministri zu gewinnen seyen«.

Am Schluß der Intrigen und Irritationen fällt die Entscheidung dann so ganz anders aus. Das Pfälzer Paar bleibt bayerisch gesinnt und nicht österreichisch. Karl III. Philipp unterstützt Anfang der 40er Jahre den Münchner Kollegen Karl Albrecht bei dessen kühnem Griff nach der Kaiserkrone, was freilich letztendlich zum Ruin des Bayernlandes führt. Die Habsburger lassen sich nämlich den Entzug der Kaiserwürde und weitere Prestigeverluste nicht gefallen und verheeren ihr westliches Nachbarland auf brutale Art.

Der seltene Fall in der deutschen Geschichte: Eine Hilfe stürzt ins Verderben. Und nochmals soll man in München kurz vor dem Finale stehen. Das allerdings bewußt und zudem sehr geschickt von einem Pfälzer inszeniert wird.

Regentschaft der »Kutten und Unterröcke«

Die nachgeborenen Söhne mit Bischofsstühlen zu versorgen, diesen Kardinalfehler machten schon die Pfälzer, als sie noch katholisch waren. Jetzt muß die altbayerische Linie in München daran glauben.

Von den zwei Söhnen des bayerischen Kurfürsten Ferdinand Maria wird einer (Joseph Clemens) Erzbischof und Kurfürst von Köln. Der andere, Max Emanuel, hat fünf über das Knabenalter hinauswachsende Söhne, drei davon werden Bischöfe. Deren Bruder Karl Albrecht, jener unglückliche Kaiser, bringt es nur noch zu einem einzigen männlichen Nachkommen (Max III. Joseph), und diesem bleibt jeglicher Kindersegen versagt. Die altbayerische Linie ist somit bei seinem Tod (in der Silvesternacht 1777) erloschen.

Jetzt tritt der Erbfall ein. Nächster bayerischer Kurfürst ist Karl Theodor von der Pfalz, dem plötzlich ganz Altbayern gehört. Im wahrsten Sinne des Wortes zieht er 1778 mit Pauken und Trompeten in München ein. In seinem Gefolge reisen nämlich die besten Mitglieder seines weltberühmten Mannheimer Orchesters mit.

An erster Stelle der 1731 in Mannheim geborene Johann Christian Cannabich, ein Stamitzschüler, der mit seinen Kompositionen sogar Mozart beeinflußt. Dieser schließt mit ihm während eines Mannheim-Aufenthalts im Herbst 1777 Freundschaft und schreibt dem Vater Leopold nach Hause: »Ich bin alle Tage bei Cannabich.« Kurz darauf lobt Mozart die Heimatstadt dieses Musikers: »Gott Lob und Dank, daß ich wieder in meinem lieben Mannheim bin.«

Ebenso berühmt wie Cannabich ist Peter Winter, 1754 in Mannheim geboren, ein grandioser Violinist. Seine in München komponierten Opern werden an den großen europäischen Häusern gespielt. Zunächst »Helena und Paris«, dann »Das unterbrochene Opferfest«, die mit Abstand bedeutendste und beliebteste Oper zwischen »Zauberflöte« und »Freischütz«. Dieses Musikdrama wird unentwegt gespielt bis 1900! Cannabichs und Winters berühmteste Schülerin ist Regina Lang (verheiratete Hitzelberger). Dieses zartbesaitete Geschöpf der Oper ist so schön und frohgestimmt, daß sie sogar Napoleon nach Paris verpflichten will. Doch sie gibt ihm einen Korb.

Den Dreiklang der nach München übersiedelten Komponisten vollendet schließlich Franz Paul Grua. Er ist 1753 in Mannheim geboren, schreibt vorzügliche Kirchenmusik (über 200 Messen, Offertorien, Psalmen usw.) und wird mit seiner einzigen Oper »Telemaco« weithin berühmt.

So spielt München schnell die erste Geige im Konzert der Musiktheater nördlich der Alpen. Neidlos schreibt schon 1778 der britische Schriftsteller William Wraxall über Karl Theodor: »Seine Orchester und seine Oper sind neben den Musiken zu Neapel und Turin das beste von der Art in Europa.« Neben den berühmten Musikern folgen aber auch Küchen- und Kellermeister, Pagen, Professores und Beamte dem neuen Bayernherrscher. »Nach und nach«, so schreibt der bekannte Historiker und Münzexperte Johann Goswin Widder (1734 in Bad Dürkheim geboren) im August aus Mannheim, »wird also die Stadt München einen beträchtlichen Zuwachs von Pfälzern erhalten.« Widder selbst folgt dem Hof nur widerwillig. »Werde ich mich in Güte nicht bequemen, die Pfalz auf ewig zu verlaßen«, läßt er dem Münchner Hof wissen. Nicht einmal gegen klingende Münze ist der Numismatiker 1790 von seiner Heimreise nach Mannheim abzuhalten.

Im Treck südwärts reist auch ein zweijähriger Knabe mit: Simon Klotz, 1776 in Mannheim geboren. Er befindet sich in der Obhut der Eltern, die es mit ihrem Landesherrn nach München zieht. Später soll er zu denen gehören, die dem sich langsam abzeichnenden Klassizismus in Bayern zum Durchbruch verhelfen. Ebenfalls auf dem Weg an die Isar ist Kasimir Haeffelin, der große Theologe! Er wird 1737 in Minfeld bei Kandel geboren, avanciert schnell zum theologischen Berater des neuen Kurfürsten, ein gewiefter Diplomat im Kirchenbereich, von dem wir noch hören werden!

Doch nun zum obersten Pfälzer selbst: Karl Theodor, der heute noch stolz von der Neckarbrücke auf die schöne Heidelberger Stadt blickt! Er ist erst ein paar Stunden in der Bayernresidenz, da will er schon sein neues Land gegen die österreichischen Niederlande eintauschen. Entsprechende Angebote unterbreiten ihm die Habsburger in Wien, die ihr großes Gebiet nach Westen hin erweitern wollen.

In einer Art erster Rate tritt der Wittelsbacher das Straubinger Land sofort an die Habsburger ab, die darauf einen juristisch begründeten Anspruch erheben. Nach dem Einmarsch der österreichischen Truppen organisiert sich aber in Bayern unverzüglich der Widerstand gegen den beginnenden Ausverkauf der Heimat. Zentrum dieser Opposition sind die Herzogin Maria Anna, die Witwe des letzten legitimen Enkels Max Emanuels, sowie das Haus Zweibrücken, das um sein Erbe fürchtet.

Den großen Tausch verhindert aber einzig und allein der Preußenkönig Friedrich II. Er ist weniger ein Freund der Bayern, obwohl er das Land einmal »irdisches Paradies« nennt, er will vielmehr einen zu großen Machtgewinn der mit ihm verfeindeten Österreicher verhindern. In Bayern wird Friedrich der Große daraufhin populärer als der eigene Landesherr.

So bringen diese Tauschpläne dem Kurfürsten die Niederlande kein bißchen näher, entfernen ihn aber gänzlich von seinen Untertanen, die ihm seinen »Landesverrat« die ganze Regierungszeit über nicht vergessen.

Das ist aber nicht alles. »Unter Carl Theodor«, so schreibt der Reiseschriftsteller Carl Julius Weber später, »kam noch der Hofadel, die Käuflichkeit der Civil- und Militär-Stellen, kostbare Günstlinge, natürliche Kinder und Kunstliebhaberei.« Und weiter: »Wer dachte da an das Wohl des Staates? Kutten und Unterröcke waren die Räder der Staatsmaschine.«

Während der neue Bayernregent in Mannheim seine Gespielinnen aus der Unterschicht holte, so eine Bäckerstochter und eine Schauspielerin (die ihm beide auch Nachwuchs schenkten), karessiert er in München die Adelsfräuleins, wie die attraktive Gräfin Josephine von Törring-Seefeld und die Baroneß Elisabeth Schenk von Castell.

Unvergessen in der Pfalz: der pfälzisch-bayerische Kurfürst Karl Theodor (auf der Neckarbrücke in Heidelberg)

In München wechseln sich also Haß und Liebe ab wie Sturm und Sonne. Leider beziehen die Menschen den Haß bald auf alles Pfälzische und ungerechterweise auch auf die Oberpfalz. Sechs Jahre nach dem Einzug Karl Theodors in München meint der entsprungene Mönch Johannes Pezzl: »Unbeschreiblich ist der Nationalhaß der Baiern gegen die Oberpfälzer, oder Pfälzer, wie die Baiern es sprechen, so daß der Name Pfälzer beinahe ein Schimpfnamen ist.« Dann eine Woge der Entgleisungen: »Soviel weis ich, daß die Pfälzer in ihren Sitten sich sehr von den Baiern unterscheiden; es sind kleine Pürschgens, die entsetzlich viel Eitelkeit haben, unerträgliche Schwätzer …«

Und wenn die Haßparolen noch so widerhallen, in München herrschen auch tolerante Strömungen. Ja, sogar ausgesprochene Freundschaften zwischen Einheimischen und Fremden entwickeln sich. Dies zeigt sich sehr deutlich ein Jahr nach Pezzls Buch. Anfang 1785 geschieht nämlich in der Stadt etwas Entsetzliches. Es geht um das Liebespaar Fanny von Ickstatt, eine geistreiche Freiin und Dichterin, und Leutnant Franz Vincenti vom pfälzisch-zweibrückischen Regiment. Beide treffen sich heimlich am Kaisergrab in der Frauenkirche und in Konzerten. Auf Billetdoux teilt sie ihm mit, wo ihr Platz ist. »Ein Blick der Liebe sage dir, wie sehr ich bin Deine Fanny«, läßt sie ihn einmal wissen.

Doch die Mutter des Mädchens ist gegen diese Liaison. Sie will vielmehr eine standesgemäße Heirat. In ihrer Verzweiflung weiß Fanny keinen anderen Ausweg mehr, als sich vom Nordturm der Liebfrauenkirche zu stürzen. »Weiblicher

In Mannheim geboren, in München zur Berühmtheit gelangt: Wilhelm Kobell, von der Mannheimerin Franziska Schöpfer porträtiert

Werther« wird sie daraufhin genannt. Ganz München ist in Aufregung, aber noch viel mehr die Pfalz.

Das in Mannheim erscheinende »Pfalzbairische Museum« (abonniert und gelesen in ganz Deutschland) überstürzt sich mit Schilderungen des Vorfalls und widerspricht 1786 energisch der Selbstmordthese: »Fanny von Ickstatt – eine Selbstmörderin! so lästern Broschüren um ein Allmosen, Lieder der Bänkelsänger, hungrige Journalisten in Kellern und Dachstuben, die auf Pasquillen passen wie auf Raub die Nachtvögel, ihre Nachbarn. Kaum war das Schicksal der Fanny bekannt, da gebaren die Märkte Schrift-

chen voll Gift, wie Wüsten die Schlangenbruten.«

Solche Geschichten lenken natürlich vom Alltag ab, auch von Karl Theodor, dem man freilich nur gerecht wird, wenn man seine positiven Seiten ebenfalls erwähnt. Er holt Mozart an das Residenztheater, wo am 29. Januar 1781 »Idomeneo« uraufgeführt wird. Die Aufklärer danken dem Kurfürsten weiter für die von ihm verfügte Öffnung der Hofbibliothek und der Gemäldesammlung. Und der Englische Garten, den Karl Theodor anlegt und zum »Amusement« der Münchner freigibt, ist sein bleibendes Geschenk an seine Residenzstadt, ebenso der Hirschgarten und manches andere.

Im gleichen Jahr, in dem das Ende der Romanze von Fanny und Franz so ausführlich beschrieben wird, erblickt in Straßburg Ludwig, der nachmalige zweite bayerische König, das Licht der Welt. Zwei Jahre später folgt ihm sein Schwesterlein Auguste Amalie. Von beiden wird noch ausführlich zu sprechen sein.

1790 erscheint dann in Amsterdam das Büchlein eines bayerischen Untertanen namens Geiger, der noch schärfer als Pezzl mit Karl Theodor, der Pfalz und Bayern abrechnet. Wir lesen über den Mannheimer Bürger: »Ist ein Gemisch vom Franzosen und Juden, mit welch lezterm er auch sogar viel Aehnliches im Sprachklang hat; tändelnd, leichtsinnig, prahlerisch, üppig, wollüstig, weichlich, zaghaft, listig und betrügerisch.«

Weiter berichtet er, daß sich Karl Theodor unter der Fuchtel seines Beichtvaters Frank befinde. »Dieser Mann steht mit dem Kurfürsten in einem stillschweigenden Akkorde; vermöge dessen er ihm alle

Ausschweifungen gegen das sechste Gebot vergiebt: wenn der Fürst dafür sonst thut, was er haben will.« Fazit: »Die Pfaffen und das Pfaffenwesen haben sich nirgends in Teutschland so sehr eingenistet, und üben nirgends unumschränktere Gewalt aus, als hier (in München).«

Doch das ist auch wieder nur die halbe Wahrheit! Gleichzeitig schwingt sich München zu einer der bedeutendsten Kunststädte in Europa auf. Um und nach 1790 arbeitet die 1763 in Mannheim geborene Franziska Schöpfer hier, eine begnadete Miniaturmalerin, Kupferstecherin und Lithographin. Wie leuchten ihre Porträts der Königinnen Karoline, Therese und Auguste Amalie und der gefeierten Sopranistin Regina Hitzelberger in unsere Zeit!

Zu ihren Meisterporträts gehört auch das Wilhelm Kobells (1766 in Mannheim geboren), der 1792 München mit seiner Anwesenheit beehrt und ein Leben lang hier bleibt. Er präsentiert uns auf seinen Bildern bayerische Bauern, Jäger, Mädchen, Reit- und Stallknechte, Fuhr- und Hofleute und die hübsche Landschaft zwischen München und dem Tegernsee wie kein zweiter in dieser Zeit. Seine Szenen gehören zum Höhepunkt eines jeden Besuchs der Neuen Pinakothek. Kein geringerer als Goethe lobt Kobells »Nettigkeit des Pinsels und Reinheit des Colorits«.

Im Jahr darauf folgt sein Onkel Franz Kobell (1749 in Mannheim geboren), ebenfalls ein glänzender Maler und Zeichner und ebenfalls von Goethe geschätzt. Und wieder kurz darauf abermals ein neues Kobell-Gesicht! Wilhelm schließt seinen Vater Ferdinand Kobell

Ein Mädchen, Leopoldine von Habsburg, sorgt dafür, daß Bayern weiter in den Händen der pfälzischen Wittelsbacher bleibt.

(1740 in Mannheim geboren) in die Arme, den Bahnbrecher der zukünftigen Landschaftsmalerei.

Als er 1793 in München ankommt, suchen gerade wieder einmal die Franzosen die Pfalz heim. Sie zünden die Homburger Residenz des Herzogs Karl von Zweibrücken (Bruder des ersten Bayernkönigs Max I. Joseph) an, die total abbrennt, darunter auch der Serail des wollüstigen Bauherrn.

1794 feiert der bayerische Kurfürst Karl Theodor seinen 70. Geburtstag. Im gleichen Jahr stirbt seine ungeliebte Frau Elisabeth Auguste, von Geburt selbst eine Pfälzerin (aus der Linie Pfalz-Sulz-

bach). Ihr gemeinsamer Sohn ist längst gestorben. Und so wird über den Erbfall immer mehr gesprochen. In Wien sind die Würfel bereits gefallen. Nach dem Tod des Pfälzers wird Bayern militärisch besetzt. Doch das könnte Krieg bedeuten, und so macht der Kaiser dem Kurfürsten eine Ehe mit einer Habsburgerin schmackhaft. Dann nämlich hätte man für die Besetzung einen echten Trumpf in der Hand.

Als Kandidatin empfiehlt man dem bayerischen Pfälzer die 17jährige Habsburgerin Marie Leopoldine, die Karl Theodor dann auch tatsächlich heiratet. Vom Kaiser erhält sie die recht eindeutige Direktive, schnell einen Sohn zur Welt zu bringen. Kann der greise Gemahl dazu nicht die Voraussetzung schaffen, wäre es angebracht, sich mit anderen Männern einzulassen. So lautet die Anordnung, die man dem Mädchen mit auf den Weg nach München gibt. Der Plan ist raffiniert. Gelingt er, sind die Wittelsbacher vom Haus Zweibrücken von der Erbfolge vorerst ausgeschlossen. Die Vormundschaft über das Kind und die Erziehung würden die Habsburger selbst in die Hand nehmen und in dieser Zeit Bayern dem österreichischen Territorium Schritt für Schritt einverleiben. Doch mit der jungen Frau verspekuliert man sich in Wien. Zur Heirat ist Marie Leopoldine mehr oder weniger gezwungen worden. Über die Details ihres Ehelebens entscheidet nur sie allein. Und sie hintertreibt das ganze schmutzige Spiel mit solcher Hartnäckigkeit, daß bald die Hofburg berichtet, die Kurfürstin habe »wenig Neigung, für succession zu sorgen«.

Da stirbt am 16. Februar 1799 Karl

Ein Mannheimer verhilft Bayern zu Weltruhm

Beliebt wie wenige: der in Mannheim geborene erste Bayernkönig Max Joseph (Denkmal in Bamberg)

Einflußreich wie wenige: der in Heidelberg geborene General und Diplomat Wrede (Denkmal in der Münchner Feldherrnhalle)

»Der Anfang der neuen Regierung ist, in großen und kleinen Rücksichten, das Widerspiel der alten«, schreibt ein sächsischer Hofmeister, der 1799 in München weilt. Nachfolger Karl Theodors ist der von ihm gehaßte Vetter aus Zweibrücken, der am 12. Mai 1799 als Kurfürst Max IV. Joseph in München einzieht und mit frenetischem Beifall begrüßt wird. Der nunmehr 45jährige Mannheimer hat im Nu die Herzen seiner Untertanen erobert.

Und auch er bringt ein großes Gefolge mit. Voran marschieren die zwei wichtigsten Generäle, die im Zeichen der aufziehenden Napoleonischen Kriege einmal eine Schlüsselrolle einnehmen sollen: der 1767 in Heidelberg geborene Karl Philipp Wrede und Bernhard Deroy, der 1743 in Mannheim das Licht der Welt erblickt.

Ersterer, ein gelernter Jurist, reorganisiert die bayerische Armee, nimmt an mehreren Kämpfen teil, rückt 1811 zum General der Kavallerie auf und besiegelt 1813 den Abfall Bayerns von Napoleon im österreichischen Ried, was dem Land das politische Überleben erheblich erleichtert. Für seine Verluste in der Heimat, die auf Beschlagnahmungen der Franzosen zurückzuführen sind, wird er mit Ellingen in Franken entschädigt. Wrede ist in München heute bekannt durch sein Denkmal (von Ludwig Schwanthaler) in der Feldherrnhalle. Schaut der gebürtige Pfälzer da manchmal nicht etwas sehr neidisch auf die Pfälzer Weinprobierstube zu seiner Rechten?

Theodor in München. Sofort wird die nunmehr 23jährige Witwe offiziell gefragt, ob sie von dem Verstorbenen ein Kind erwarte. Sie könnte »ja« sagen, denn sie ist tatsächlich schwanger. Die Habsburger haben dies auch spitz bekommen und hoffen, daß ihr eigenes Familienmitglied ihnen jetzt hilft, aus der verworrenen Rechtslage doch noch Kapital schlagen zu können.

Marie Leopoldine sagt aber standhaft »nein« und gibt offen zu, daß das Kind unter ihrem Herzen von einem ihrer Kavaliere sei. Die Konsequenz: Bayern bleibt Bayern, das nunmehr abermals einem Pfälzer zufällt!

Und weiter in unserer Geschichte! Wredes Kompagnon Deroy stammt aus einer kurpfälzischen Generalsfamilie, er kommandiert 1792 die Festung Mannheim und organisiert in Bayern die Armee völlig neu. 1805 wird er Befehlshaber aller bayerischen Truppen unter Bernadotte. Wie bei Wrede stellen sich auch bei Deroy viele Enttäuschungen ein, vor allem gelingt es ihm 1809 nicht, den Tiroler Volksaufstand niederzuschlagen. 1812 dann kehrt er vom Rußlandfeldzug nicht mehr heim. Den Münchnern heute ist er aus einem ganz anderen Grund als Wrede bekannt: An der nach Deroy benannten Straße steht das Finanzamt.

Und noch ein bedeutender Mann folgt Max Joseph nach München: Friedrich Zentner, 1752 in Straßheim bei Heppenheim als Bauerssohn geboren, in Mannheim und Heidelberg ausgebildet. 1777 wird er auf einen juristischen Lehrstuhl an der Universität Heidelberg berufen. Sein größtes Verdienst ist die Ausarbeitung der bayerischen Verfassung von 1818. Fünf Jahre später ernennt ihn Max Joseph zum Justizminister. Hochgeachtet stirbt Zentner 1835 in München. In seinem letzten Lebensjahr sieht ihn noch der Königsberger Dichter August Lewald, der über ihn schreibt: »Dieser wunderliche Greis ist fast immer im Theater; er fehlt in keinem Concerte, und öffentliche Bälle besucht er noch, wenn das Gedränge selbst am Stärksten ist.«

Wir sind da schon mitten in der Ära Ludwigs I., der zwei Pfälzern seine umfassende Bildung verdankt. Beide kommen schon 1799 nach München, so der 1752 in Walldorf bei Heidelberg geborene Joseph Anton Sambuga, der Religionslehrer des Kronprinzen. Und wer noch wichtiger ist: Kunstlehrer Philippe Leclerc, 1755 in Zweibrücken geboren. Er ist ein phantastischer Maler, dessen Landschaftsbilder gefragt sind (heute hängen einige in der Neuen Pinakothek). Daß er dem Kronprinzen die Augen für das Schöne in Kunst und Natur öffnete, gibt der Schüler einmal selbst zu.

Was ist aber das alles gegen den genialen Karl Fischer (1782 in Mannheim geboren), der 1808 an die Akademie der Bildenden Künste nach München berufen wird! Sein Vater ist Kanzler des Fürsten von Bretzenheim, des illegitimen

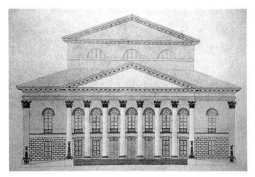

Das Nationaltheater in München. Skizze des in Mannheim geborenen Architekten Karl Fischer.

Lieblingssohnes Karl Theodors. Fischer soll einmal für München die Grundzüge der Stadterweiterung festlegen, die dann über ein Jahrhundert Geltung haben. In der Bayernmetropole baut der gebürtige Mannheimer 36 Häuser (die meisten inzwischen zerstört), darunter das Prinz-Carl-Palais und das Nationaltheater, eine der schönsten Opern der Welt. Viel zu früh stirbt der Architekt aus der Pfalz. Nur 38 Jahre wird er alt.

Zu Beginn seines Schaffens trifft – genau im Jahr 1813 – ein 26jähriger Mann in München ein, der verteufelt und in den Himmel gehoben wird und einmal das deutsche Finanzwesen von Grund auf umwälzen soll. Die Rede ist von dem 1787 in Leimen geborenen Simon Eichthal, der die Klosterbesitzungen in Ebersberg übernimmt. Er unterstützt zunächst die Sammlertätigkeit des Kronprinzen Ludwig, dann den Bau der Arkaden am Hofgarten.

Eichthal, das ist der Erzfeind der »Bauernleger«, die mit ihren Tricks das Landwirtschaftsgewerbe in ihrer gewinnsüchtigen Hand haben. Ihnen legt er das Handwerk mit der Gründung der ersten

privaten Aktienbank Deutschlands (»Bayerische Hypotheken- und Wechselbank«), mit der die Geldaufnahme eine seriösere Basis als früher erhält. – Nur am Rande: Aus Leimen stammt auch Boris Becker, der sich heute in München so wohl fühlt.

Über all diesem Personentransfer dürfen wir natürlich abermals nicht die Hauptperson vergessen: Max Joseph, der 1806 erster bayerischer König wird. Mit seiner Kloster- und Kirchenpolitik (Säkularisation), seinen zwei Verfassungen (1808 und 1818), seinem Vertrauen zum Politgenie Graf Maximilian Montgelas (1817 auf Betreiben Ludwigs gestürzt), seiner unglaublichen Popularität, dem Einzug des Postregals der Thurn und Taxis und der Gleichberechtigung der Protestanten schafft er ein Bayern, wie es territorial zum allergrößten Teil heute noch besteht.

Unter dem strahlenden Licht des gebürtigen Mannheimers Max Joseph setzt im Land eine Kulturblüte ein, die bis heute unser Leben prägt. Er ist natürlich nicht immer die auslösende Persönlichkeit, aber unter ihr schnuppern Wissenschaftler, Erfinder, Philosophen und Ärzte Morgenluft wie nie zuvor.

Eine kurze Liste nur der unauslöschbaren Glanzlichter in der Regierung dieses großen Königs: 1800 erfindet Georg Friedrich Reichenbach die Kreisteilungsmaschine, 1801 wird die längste aller Grundlinien (München–Aufkirchen bei Erding) in der Geschichte der Landvermessung gezogen. 1804 wird erstmals in Deutschland eine verbindliche Vorschrift für den Turnunterricht festgelegt. Und weiter: 1805 erstes Beamtenrecht in Deutschland, 1806 Begründung der

Grönlandforschung durch Karl Ludwig Giesecke, 1807 erste gesetzlich vorgeschriebene Pockenschutzimpfung der Welt und erste Aufhebung der Binnenzollschranken in Deutschland, 1808 freiwillige Verabschiedung einer Verfassung nach den Grundsätzen der Französischen Revolution.

1809 funktioniert in München der erste Telegraph der Welt (von Samuel Sömmering gebaut). Um 1812 folgt die Herstellung des ersten schlierfreien Glases in Benediktbeuren, 1813 die Aufnahme von Frauen in die Akademie der Bildenden Künste in München, 1814 durch Joseph Fraunhofer die sensationelle Entdeckung der nach ihm benannten Linien im Sonnenspektrum.

Dann wieder eine Überraschung: 1817 gelingt dem Hofer Johann Wolfgang Döbereiner als erstem Wissenschaftler der Welt die systematische Ordnung der chemischen Elemente, 1822 erfolgt die Auslieferung der ersten Druckmaschinen Deutschlands in Würzburg durch Friedrich Koenig, 1824 wird die erste deutsche Hängebrücke in Nürnberg gebaut.

Das alles sind Topereignisse. Doch darüber hinaus gibt es noch etwas zu vermelden, was gerne vergessen wird. Max Joseph bringt nicht nur seinen Sohn Ludwig (den nachmaligen König) mit nach München, sondern auch sein Töchterlein Auguste Amalie. Beider Kinder Mutter Auguste ist schon 1796 gestorben. Sie war ein vielgefeierter Blond-

»Die schöne engelhafte Prinzessin von der Pfalz«: Auguste mit ihren Kindern Ludwig (der spätere König Ludwig I.) und seinem Schwesterlein Auguste Amalie

schopf: »Die schöne engelhafte Prinzessin von der Pfalz, die personifizierte Güte«, nennt sie drei Jahre vor ihrem Tod die preußische Königin Luise.

Ein genauso mädchen- und märchenhaftes Wesen ist ihre Tochter Auguste Amalie. »Eine der schönsten Jugendgestalten, das heilige Wesen kindlicher Unschuld«, nennt sie 1804 die kurländische Schriftstellerin Elise von der Recke.

1806 wird nun diese junge Wittelsbacherin gezwungen, den Stiefsohn Napoleons, Eugen Beauharnais, zu heiraten. Der Korse über das Himmelswesen, das er auch selbst gerne gehabt hätte: »Ist eine der schönsten und vollkommensten Vertreterinnen ihres Geschlechts.« Die französische Hofdame d'Avrillon, die der Braut in München beim Ankleiden hilft, staunt über die »vollkommene Figur« ihres Schützlings aus dem Hause Wittelsbach.

Nach einem glänzenden Fest wird Auguste Amalie dann »Kaiserliche Hoheit«. Der Reporter der »Allgemeinen Zeitung« ist untertags dabei und schreibt: »Ich sah die Königstochter, eines der schönsten weiblichen Geschöpfe, in dem vollen Glanze ihrer Würde und ihrer Unschuld.« Und weiter lesen wir: »Wer wagt es, den edlen Anstand der schönen Braut, ihre einfache, aber reiche Kleidung, ihre hohe jungfräuliche Schüchternheit zu beschreiben!«

Mit ihrer Hochzeit wird Auguste Amalie Vizekönigin von Italien. Trotz dieser Standeserhöhung mag sie den ständig auf Krieg und Sieg setzenden Schwiegervater Napoleon und seinen Anhang nicht so besonders. Endlich, nach seinen Niederlagen, darf sie zurück nach Bayern, zum guten Vater Max. Und ihr Mann Eugen

Die bayerischen Rauten. Heute noch überall in der Pfalz präsent (wie hier in Heidelberg).

begleitet sie, sehr zum Ärger von Kronprinz Ludwig, der ja sein Schwager ist. Kaum in München baut sich das Paar das ehedem fürstbischöfliche Schloß zu Ismaning in eine respektable Sommerresidenz um. Nach dem Tod des Mannes (1824) entstehen dann die heutigen Wand- und Deckenbilder, die letzten pompejanischen Malereien großen Stils in Deutschland.

Mindestens einmal läßt sich Schloßherrin Auguste Amalie in ihrer Villa im Norden Münchens selbst abbilden. Inmitten kaiserlicher Insignien (sie ist ja »Kaiserliche Hoheit«) erscheint sie als lebenslustige Tänzerin – ganz als ein Kind der Pfalz.

Ihr Schloß ist heute ein wahres Kleinod, eine Erinnerung an Pompeji und Paris, an die Pfälzer Schloßherrin und ihre Familie, deren Mitglieder in Brasilien und Schweden genauso zu Hause sind oder waren wie in Rußland und Italien, Portugal und Frankreich.

Memories of Heidelberg

Max I. Joseph sieht ein Leben lang die Pfalz als seine Heimat an. Auch wenn die große Politik diese Perle in deutschen Landen zu einem Spielball gemacht hat! Daß die Franzosen 1689 Schloß und Stadt Heidelberg mit der gesamten Pfalz zerstörten, gehört zu den ganz dunklen Kapiteln der europäischen Geschichte.

*Schwiegertochter des Kaisers Napoleon und
Schönheitskönigin: Auguste Amalie von der Pfalz.
Fresko in ihrer Sommerresidenz Ismaning.*

Das Bacchanal im Blauen Saal des Schlosses Ismaning erinnert dessen Besitzerin Auguste Amalie an das weinreiche Heimatland ihrer Vorfahren.

So beeindrucken den Leser noch heute die Klagen eines Chronisten aus dem Jahr 1693: »Hat also dieser die Türcken an Grausamkeit übertreffende Feind mit dem so Edlen Land der Pfalz und insonderheit dessen Haupt der so uralten Churfürstlichen Residentz Stadt Heydelberg gemacht ein solches Erbärmliches Thränen würdiges Ende.«

Trotz allem ist die Politik des Pfälzers Max Joseph zwischendurch französenfreundlich ausgerichtet. Der gebürtige Mannheimer weiß nämlich ganz genau, daß die Österreicher, ihre Panduren und Paladine im 18. Jahrhundert mehrmals genauso brutal in Bayern hausten.

Wie gefährlich die Zeiten sind, zeigt sich schon 1803 beim Reichsdeputationshauptschluß in Regensburg. Die rechtsrheinische Pfalz (200 000 Quadratmeilen, 600 000 Untertanen) geht von einem Tag zum andern verloren, großteils an Baden und Hessen-Darmstadt. Mit Würzburg, Bamberg, Augsburg, Freising und Teilen von Eichstätt und Passau sowie vielen Abteien und Reichsstädten erhält der Wittelsbacher zwar einen größeren Zuwachs (288 000 Quadratmeilen, 855 000 Untertanen), doch der Schmerz des durchschnittenen Bandes zum Geburtsland ist dadurch nicht beseitigt.

Doch Max Joseph bleibt ein kleiner Hoffnungsschimmer. Die pfälzischen Karten werden nämlich nach den Napoleonischen Kriegen neu gemischt. Und so setzt auf dem Wiener Kongreß ein hartes Pokerspiel um die Pfalz ein. Bevollmächtigter Bayerns ist der Heidelberger Wrede, der neben vielen anderen Ansprüchen (Fulda, Mainz, Frankfurt, Wetzlar, Hanau usw.) den gesamten

Neckarkreis mit Heidelberg und Mannheim fordert. Der Pfälzer merkt aber sehr schnell, daß er dafür keine Zustimmung erhält. Das sei unerfüllbar, poltert zum Beispiel Zar Alexander I.

Indiskutabel ist das Ansinnen Wredes auch für den Freiherrn vom Stein (Preußen). Sein heute noch interessantes Statement lautet: »Bayerns Forderungen sind nicht allein übertrieben hinsichtlich der Bevölkerung, sondern sie sind verderblich hinsichtlich der militärischen, politischen und Handelsverhältnisse Deutschlands im Ganzen und des südlichen insbesondere. Erhält Bayern durch den Besitz von Hanau, Frankfurt, Mannheim das Land zwischen Rhein, Neckar und Main und den Lauf dieser beiden Flüsse, so schneidet es Deutschland entzwei, trennt den Süden vom Norden, umschließt Württemberg und Baden, fängt die Verbindungen des nördlichen Deutschlands mit dem Rhein namentlich mit Mainz auf. Im Besitz von Mannheim und der Mündung des Neckars hält es einen der Hauptübergänge des Rheins, der es mit Frankreich in Berührung setzt – da Landau von Mannheim nur vier Stunden entfernt ist.«

Dieser perfekt inszenierten Argumentation des Freiherrn vom Stein kann Wrede nur mit Platitüden entgegnen. In einer der wichtigsten Situationen der bayerischen Geschichte, so urteilt der oft auf Geheimmission geschickte Architekt Leo Klenze, habe Wrede versagt. Der von Ludwig I. so geschmähte Montgelas hätte da ganz anders und erheblich erfolgreicher taktiert.

Und so bleibt für Klenze der Pfälzer Wrede zwar »ein tüchtiger Soldat, aber ein sehr schlechter Diplomat«. Er allein

habe es zu verantworten, daß Bayern an der blauen Donau auf keinen grünen Zweig kommt, vielmehr »sehr hinters Licht« geführt wird.

Geblieben ist Max I. Joseph somit am Ende des Wiener Kongresses nur die linksrheinische Pfalz, in der schon viele Parolen der Französischen Revolution auf fruchtbaren Boden gefallen sind. Über sie heißt es denn auch in den Instruktionen, die Wrede vom König erhält: »Das linke Rheinufer ist gegen früher in seinem fiskalischen Werte zurückgegangen, da die Franzosen das Enregistrement mit seinen Gebühren abgeschafft, die Domänen veräußert, die Feudalrechte beseitigt und private Güter, deren Wiederherstellung der Staat übernehmen muß, eingezogen haben.« Mit anderen Worten: Auf den linken Rheinstreifen kann das rechtslastige Königreich Bayern verzichten!

Schließlich bemächtigt man sich doch der zugewiesenen Lande. Kurz umschrieben: Bayern erhält den linken Nordteil der oberrheinischen Tiefebene, den Pfälzer Wald, das Pfälzer Bergland und den Westrich. Das heißt, Speyer, Landau, Neustadt, Kaiserslautern, Zweibrücken, Homburg, Landstuhl, Winnweiler und Kusel gehen nunmehr im achten Regierungsbezirk des Königreichs Bayern auf.

Hauptstadt wird Speyer, eine Stadt, auf die man wirklich stolz sein könnte. Schon zu Beginn des 7. Jahrhunderts wirkte dort ein Bischof (früher als in Bayern). Der Dom am Rheinufer ist die größte romanische Kirche der gesamten Christenheit. König Konrad II. legte um 1030 selbst den Grundstein. An keinem Ort in Deutschland fanden so

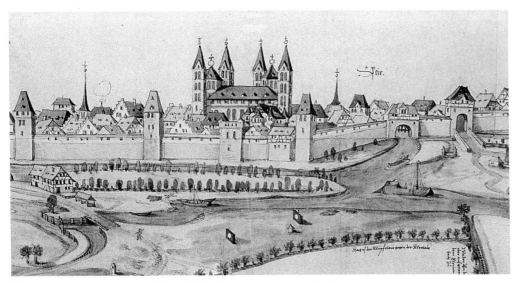

Speyer mit der größten romanischen Kirche der gesamten Christenheit

viele römische Kaiser und deutsche Könige ihre letzte Ruhestätte: Konrad II., Heinrich III., die mehrfach vom Papst gebannten Kaiser Heinrich IV. und Heinrich V., der in Bamberg von einem Wittelsbacher ermordete Philipp von Schwaben, Rudolf von Habsburg, Adolf von Nassau, Albrecht I. Die Gruft, in der sie liegen, ist eine nationale Gedenkstätte höchsten Ranges.

Aber Speyer ist mehr, viel mehr! Am Ende des 15. Jahrhunderts wirkte hier der Humanist Jakob Wimpheling als Domprediger. In den Reformationswirren trafen sich hier die Stände zu zwei Reichstagen (1526 und 1529, daher Protestation, Protestanten). Von 1526 bis 1689 tagte in Speyer das Reichskammergericht. In dieser Zeit lenkte der Rat der Stadt die Politik der »Städtebank« auf den diversen Reichstagen. Alles in allem: Ein Ort erster Klasse!

Doch in Bayern kann man das gar nicht so recht schätzen. Max I. Joseph hat sein Heidelberg verloren und trauert ihm nach, ebenso seiner Geburtsstadt Mannheim. Als hier am 23. März 1819 der aus Wunsiedel stammende und am Regensburger Gymnasium ausgebildete Karl Ludwig Sand den reaktionären Dichter August Kotzebue ermordet und im Jahr darauf deswegen in Mannheim hingerichtet wird, spricht man an der Isar schon vom »Ausland« Baden.

Und so beginnt ein neues Kapitel in der deutschen Geschichte. Bayern und die linksrheinische Pfalz bilden für 130 Jahre eine politische Einheit. Reibereien können naturgemäß nicht ausbleiben. Gesetze aus München werden aus purem Trotz mehrfach kritisiert und nicht beachtet.

Nach langen Verhandlungen kann für die zerrissenen Landesteile endlich 1821 ein Konkordat geschlossen werden. Hauptbeteiligter auf bayerischer Seite ist der bereits erwähnte Haeffelin aus der Pfalz, der schon 1803 als bayerischer Gesandter nach Rom versetzt wurde und 1818 auf Betreiben Max I. Josephs zum Kardinal aufstieg.

Nach diesem Konkordat kehrt nicht nur »die alte schöne Zeit der Wallfahrten, des Kapuzinerbettels« wieder, wie Karl Ritter von Lang spöttelt. Der Oberhirte von Speyer erscheint nunmehr selbstverständlich zu den bayerischen Bischofskonferenzen, die gewöhnlich in Freising stattfinden. Später holt man die Münchner Erzbischöfe gerne vom Bischofsstuhl in Speyer. So Bettinger und Faulhaber vor dem Ende der Monarchie 1918, Wendel und Wetter danach!

Rosige Zeiten für die Maler der Pfalz

Trotz aller politischen Wirren schätzen viele Pfälzer wieder und weiter die guten Verbindungen zu Bayern, insbesondere zu München. Speziell die Maler bekennen diesbezüglich Farbe. Schon Anfang der 20er Jahre wandern Carl Rottmann, Heinrich Jakob Fried und Heinrich Bürkel durch die Tore der Bayernmetropole. Alle drei frischen mit ihren leuchtenden Farben, ihren ausgezeichneten Bildern und ihrer Trinkfestigkeit das alte Band zwischen Bayern, der linksrheinischen und dem verlorenen Teil der Pfalz auf. Wer kennt heute den großen Landschaftsmaler Rottmann nicht? 1797 in Heidelberg-Handschuhsheim geboren, zunächst vom Vater unterrichtet, findet Rottmann als junger Mann schnell Eingang in die Münchner Gesellschaft, wohnt bei seinem Onkel Friedrich Sckell, dem Architekten des Schwetzinger und

Ein begnadeter Maler: der Heidelberger Carl Rottmann, der es in München zu Weltruhm bringt

Ein König von Gottes Gnaden: Ludwig I., der Pfälzer, der München zur Weltstadt ausbaut

Jahre 1840 bis 1848, die unsere Stadt mit so regem Leben füllten, so herrliche Feste, so viele Genüsse boten und aus den entferntesten Weltteilen alles in ihre Mauern lockte, was nur auf Können und Wissen Anspruch machte.«

Mit Carl Rottmann zieht Anfang der 20er Jahre auch Heinrich Jakob Fried (1802 in Queichheim bei Landau geboren) in München ein, um sich an der Münchner Akademie zu immatrikulieren. Schon acht Jahre später kehrt er in die Pfalz zurück, gibt dort den lithographischen Zyklus »Erinnerungen an die Vorzeit« heraus, marschiert dann nach Rom und schließlich wieder nach München. Phantastisch seine Burgen der Pfalz und wildromantischen Szenen Italiens! 1840/41 erscheint in der Stadt Landau seine zweibändige Gedichtsammlung »Efeuranken«.

Gleichzeitig mit Fried ist Heinrich Bürkel (1802 in Pirmasens geboren) in München. Bei seiner Motivsuche stößt er immer wieder auf das Landleben in Bayern und Italien. Seine Bilder prägen das Biedermeier und führen den Stadtmenschen wirksam die Lebenslust und -kunst der Bauern und ihrer feschen Töchter, der Händler und Hirten, Jäger und Sennerinnen vor Augen.

Kurz nach dem Tod des ersten Bayernkönigs Max I. Joseph (1825) und der Thronbesteigung seines Sohnes Ludwig erscheint der später so erfolgreiche Architekt Gottfried Neureuther. Er wird 1811 in Mannheim als Sohn eines Malers geboren, läßt sich 1826 als Schüler der Münchner Bauakademie eintragen, geht 1836 nach Rom und wird 1857 Professor am Münchner Polytechnikum. Zu seinen Hauptwerken gehören

des Englischen Gartens. 1826 bildet er sich in Italien fort, dann geht es immer wieder auf Reisen.

Seine Bilder sind heute weltbekannt. Die Hofgartenarkaden erhebt er mit seinen Wandbildern zu einer der Hauptattraktionen der Stadt. Oft mit ihm beisammen ist sein Bruder Leopold (1812 in Heidelberg geboren). Er gleicht sich in Arbeit und Stil dem Älteren so sehr an, daß man heute bei einigen Bildern nur schwer urteilen kann, von wem sie wirklich sind.

Carl Rottmann, der Weitgereiste, fühlt sich in München äußerst wohl. Seine Tochter Silvia heiratet den Maler Anton Teichlein und schreibt spannende Memoiren. Daraus nur ein Satz: »Die

die Akademie der Bildenden Künste hinter dem Münchner Siegestor, die Technische Universität und die Bahnhöfe in Würzburg, Schweinfurt und Aschaffenburg.

1829 bringt Daniel Fohr (1801 in Heidelberg geboren) heitere Farben nach München. Er ist der Bruder des berühmten Carl Philipp Fohr, der kurz in München studierte, aber dann nach Rom ging, wo er mit dem bayerischen Kronprinzen Ludwig über Romantik und Rebensaft, Vergangenheit und Zukunft diskutierte.

Der um sechs Jahre jüngere Bruder Daniel Fohr ist gerne mit dem Maler Christian Morgenstern beisammen, besucht immer wieder die Rottmanns und das Oberland. Seine Bilder vom Hintersee bei Berchtesgaden und vom Chiemgau gehören zu den Meisterleistungen der damaligen Malerei.

Als Daniel Fohr 1829 wie ein Geblendeter durch das schöne München bummelt, trifft er seinen ebenfalls gerade angekommenen Landsmann Johann Martin Bernatz (1802 in Speyer geboren). Doch dessen Karriere verläuft so ganz anders. Er malt zwar auch die Klosteridyllen in Bayern, doch dann zieht es ihn nach Ägypten, später sogar nach Abessinien, wo er im Auftrag der englischen Regierung »Äthiopische Szenen« malt. Gerne kehrt er aber immer wieder nach München zurück, wo er 1878 auch stirbt.

Und noch zwei Heidelberger treffen in der Bayernmetropole ein: Bernhard Fries (Jahrgang 1820), der jüngere Bruder von Ernst Fries (Jahrgang 1801), der schon 1820 kurz in München weilte und 1829 hierher zurückkehrte. Dann wurde er allerdings 1831 als Hofmaler nach Karlsruhe berufen, wo er aber nicht glücklich wurde.

Bruder Bernhard, der sich 1835 in München niederläßt, hat dagegen nicht viel zu bereuen. Er weist mit seinen Bildern, die bisweilen das naturalistische Genre verlassen, in die Zukunft, die ihm und seinem politischen Denken mehr als vielen anderen gehört. 1848 entpuppt er sich als »Demokrat«, als Gegner des Gottesgnadentums König Ludwigs I. und dessen schöner Sünderin Lola Montez. Als dann dem kühlen Denker der Boden zu heiß wird, flieht er aus München. Erst 1854 kann er zurück. 25 Jahre sollen ihm hier noch in Frieden und Freiheit vergönnt sein.

Der Zustrom Pfälzer Künstler ist ungebrochen bis zum Revolutionsjahr 1848. Vier Jahre vorher wird die Ankunft von Louise von Lüneschloß (1804 in Mannheim geboren) gemeldet. Ihr Vater ist kurpfälzischer Oberleutnant und Besitzer von Herrenchiemsee. Verheiratet ist sie mit dem Maler Christian Morgenstern. Leider stehen ihre Bilder im Schatten seines Schaffens.

Zwei Jahre später zieht Cäsar Willich durch das Karlstor. Er ist 1825 in Frankenthal geboren und läßt sich in Berlin ausbilden. Seine Spezialität sind bizarre Landschaften, nackte Göttinnen und Grazien, hübsche Amazonen und Nymphen. Auch er gehört zu den revolutionären Geistern, der im kritischen Moment 1848 aus München entweicht. Eines seiner Meisterwerke: Eine junge, rassige Zigeunerin, die Rechte am Dekolleté, in der erhobenen Linken ein Tamburin (heute Pfalzgalerie Kaiserslautern).

Schließlich meldet sich noch jemand ganz Besonderes in München an: der Bildhauer Konrad Knoll (1829 in Bergzabern geboren). Er studiert bei dem berühmten Johann Halbig, fertigt Plastiken für das Rathaus in München, eine Kaiserbüste (Wilhelm I.) für die Walhalla und die Bronzebüste Ludwigs I. für die Glyptothek an. Mit dem Fischbrunnen auf dem Marienplatz (Schauplatz des Metzgersprungs im Fasching und des Geldbeutelwaschens am Aschermittwoch) gelingt ihm sicher sein Meisterstück.

Der Zustrom der Pfälzer Maler und Bildhauer ist schon enorm und beleuchtet sicher die Mentalität der Menschen dies- und jenseits des Rheins. Doch von dorther wandert noch eine so ganz

andere Spezies ein, zum Beispiel Arnold Zenetti (1824 in Speyer geboren). Er soll in jungen Jahren (1850) Stadtbauingenieur in München werden. Als solcher fordert und fördert er in Amt und Würden in erster Linie zukunftsorientierte Bauten (Vieh- und Schlachthof, Nördlicher Friedhof, Schulen am Anger und in der Au).

1844 läßt sich auf Schloß Pöring bei Landsberg am Lech der Freiherr Karl August von Leoprechting (1818 in Mannheim geboren) nieder. Er ist der Verfasser des fesselnden Buches »Bauernbrauch und Volksglaube in Oberbayern«. Darin lesen wir vom Feuerbaum und Trudenfuß, vom Postillion und seinem Roß und dem Wetterlästerer. Eine heute versunkene Welt hat damit Leoprechting in unsere Zeit herübergerettet.

1845 promoviert in München der Rechtshistoriker Konrad Maurer (1823 in Frankenthal geboren). Er arbeitet sich zum führenden Islandexperten des Jahrhunderts vor, gilt als Skandinavienfachmann und publiziert die damals so beliebten isländischen Volkssagen. Sein Vater ist Georg Ludwig Maurer, Sohn eines reformierten Pastors. Maurer ist politisches »Urgestein« der Pfalz, von dem noch die Rede sein wird.

Der ungeliebte Topos links des Rheins

All die Künstler aus der Pfalz erinnern Ludwig I. fast täglich an den Verlust des ehemaligen Kurlandes rechts des Rheins. Als er 1810 in Heidelberg eintrifft und »in den Hallen des Schlosses« flaniert, gedenkt er in Gedichtform der einstigen

Besitzungen. »Dem Fremdling sind sie zugefallen, Jahrhunderte der Väter Sitz«, jammert er. Und fügt hinzu: »Die Sehnsucht, die wird nicht gestillt.«

Diese Sehnsucht quält ihn übrigens auch, als er 1817 erstmals einer jungen Heidelbergerin, der er in München rein zufällig begegnet, in die Augen schaut. Helene Hahn (1799 oder 1800 am Neckar geboren), die »der höchsten Raserei der Liebe fähig ist«, wie sich ihr nachmaliger Freund ausdrückt, verzaubert den Kronprinzen.

Dieses sehr viel reisende und reizende Wesen stammt aus einer großen Gelehrtenfamilie. Ihr Bruder ist der Germanist Karl August Hahn, Schwager der Philosoph und Hegelschüler Hermann Hinrichs. Helene lernt im Umgang mit Ludwig auch dessen Vater Max I. Joseph kennen, der sich trotz seiner 61 Jahre sofort in das zauberhafte Mädchen aus Heidelberg verliebt. Bevor es aber zum Zwist im Hause Wittelsbach kommt, setzt sich das bürgerliche Ziel fürstlicher Begierden schnell nach Wien ab.

Und noch eine Pfälzerin betört den leicht entflammbaren Ludwig: Karoline Bauer, 1807 in Heidelberg geboren. Sie war einst die Geliebte des Prinzen Leopold von Coburg, der sie verließ und verstieß, als er König von Belgien wurde. »Als hübsches Spielzeug« habe sie sich empfunden, klagt sie. Als dann König Ludwig I. der Bauer den Hof macht, ist sie schon eine weltberühmte Schauspielerin, die mit ihrer Kunst auch das Münchner Publikum begeistert.

Frauen, Feste und Festung von Heidelberg sind es, die Ludwig seine ganze Regierungszeit über nicht vergißt. »Oft«, so schreibt Klenze, »hatte mir der Kron-

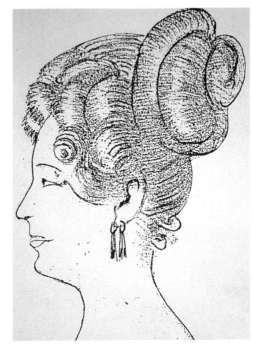

Königliche Mätresse aus Heidelberg: Karoline Bauer

prinz über seinen Lieblingswunsch, den altbayerischen Theil der Pfalz dießseits des Rheins einst wieder zu erhalten gesprochen.« Und der Architekt fährt fort: » Oft sprach er mir über den Plan, in diesem Falle in Heidelberg auf dem Schloßberge – und zwar auf der Terraße östlich gegen den Neckar – eine Villa im italienischen Style durch mich erbauen zu laßen, und ich mußte selbst bei einer Reise in jene Gegenden die Dimensionen dieser Terraße vermeßen, um jederzeit zum Entwurfmachen bereit zu seyn.«

Die Planungen Ludwigs gehen aber weiter. Dem Münchner Hofbibliothekar läßt er ausrichten: »Wenn er es darf, ohne Jemand etwas davon zu sagen, er die Doubletten der Hofbibliothek doch nicht verkaufen möge, damit dermaleinst wiederum eine Bibliothek in Manheim zu errichten, der ich, wenn ich das Leben erhalte, wohl Manheim wieder erhalte.«

Als Ludwig dann 1825 den Königsthron besteigt, betreibt er aktiv die Rückgewinnung der alten Pfalz. Er schickt sogar Klenze nach Berlin, um die Meinung der Preußenresidenz zu erkunden. Zu ihm sagt er: »Es sei nemlich von Rußland und Östreich von Neuem in den Conferenzen von Münchengrätz und Linz das Prinzip anerkannt worden, daß uns die Rheinpfalz gebühre.«

Klenze soll weiter den Berlinern mitteilen: »Wenn man Frieden wolle, so möge man Bayern von dem Rheinkreise losmachen, welcher in Bayerns Hand stets unruhig und aufgeregt bleiben müßte.«

Damit ist die Katze aus dem Sack. Ludwig fürchtet die revolutionären Menschen in der ihm gehörenden linksrheinischen Pfalz. Und das mit Recht, wie sich herausstellen wird!

Als 1830 die Julirevolution ausbricht, die Polen gegen die zaristische Tyrannei aufbegehren und in München die Studenten auf die Straße gehen, sieht Ludwig die Monarchie gefährdet. Drahtzieher der wirklich nicht harmlosen Revolte in seiner Residenzstadt ist Daniel Pistor aus Bergzabern. Ein Pfälzer also! Sofort ordnet der König einschneidende Gegenmaßnahmen an. Die Presse wird streng zensiert.

Dagegen wendet sich aber einer der profiliertesten deutschen Journalisten: Dr. Philipp Jacob Siebenpfeiffer (aus Lahr). Mit seinen beiden Blättern »Rheinbayern« und »Der Bote aus dem Westen« agiert er von Homburg aus gegen König und Krone in Bayern.

Dr. Philipp Jacob Siebenpfeiffer, der große Redakteur und Revolutionär der Pfalz

Johann Wirth, der Oberfranke in der Pfalz, ist Mitbegründer des Preßvereins

1818 gedacht werden. Doch Siebenpfeiffer ruft zu einer Protestkundgebung auf, die zunächst von der Regierung in Speyer verboten, dann aber nach heftigen Einsprüchen doch erlaubt wird. Der Freiheitsfunke ist für König Ludwig so bedrohlich, daß er das Land mit einer ungeheuren Verhaftungswelle überzieht. Zu den Rebellen der Pfalz gesellt sich auch der populäre Geistliche Johann Heinrich Hochdörfer. Nicht einmal mehr die Kirche Gottes steht geschlossen hinter dem Gottesgnadentum König Ludwigs I.

Aber die Polizei des Königs funktioniert (noch). »Pfarrer Hochdörfer und Dr. Pistor sollen sich nunmehr ebenfalls in gefänglicher Haft befinden«, schreibt die »Augsburger Abendzeitung« im Juni 1832. In der »Speyerer Zeitung« liest man gleichzeitig: »Gestern fand die bereits erwähnte Revue über die nach dem Rheinkreise neu gekommenen Truppen statt.«

Der königstreue Pfälzer Wrede, der schon auf dem Wiener Kongreß versagt hat und jetzt im Juni mit 8500 Soldaten den Rhein überquert, hält eine flammende Rede gegen die Freiheitsbestrebungen seiner Landsleute. Anschließend läßt er eine ministerielle Resolution verlesen. »Daß die Regierung den Unordnungen steuern will, kann keinerlei Tadel finden.«

Neben der Peitsche gebraucht jetzt Ludwig auch Zucker, um die Pfälzer zu beruhigen. Er betreibt die Wiederherstellung des Domes in Speyer, läßt das nach ihm benannte Ludwigshafen neu anlegen und gibt bei Edenkoben die Villa »Ludwigshöhe« in Auftrag – einen Palazzo mit pompejanischen Motiven, die ihn an

seine Liebesnächte in Neapel, auf Ischia und in Rom erinnern sollen!

Doch von so viel Ludwigsnamen halten die Pfälzer nicht viel. Der Revolutionsgedanke beherrscht das Denken der Menschen links des Rheins – und nicht ihr König. Der Aufstand 1848 wächst und wächst, ohne daß der Wittelsbacher dies so richtig würdigt. Als dann auch noch die Münchner gegen die königliche Mätresse Lola Montez protestieren, eskaliert der Sturm der Entrüstung zu einem Orkan, wie ihn Bayern noch nicht erlebte.

In letzter Sekunde will Ludwig die Katastrophe durch eine ungewöhnliche Entscheidung stoppen. Er beruft den 1790 in Erpolzheim bei Bad Dürkheim/Pfalz

Noch heftiger aber reagiert der aus Zweibrücken stammende Advokat Friedrich Schüler. Er verurteilt den Prunk des Königs, die ungerechten Steuern. Zusammen mit dem in Hof/Oberfranken geborenen Johann Wirth gründet man einen Preßverein.

Als dann im März 1832 der Bundestag in Frankfurt die liberalen Blätter in der Pfalz verbietet und München den Preßverein aufhebt, zeigt sich ein wunderbares Selbstverständnis der Pfalz. Das Appellationsgericht Zweibrücken spricht den in die Pfalz übergewechselten und angeklagten Wirth frei und rehabilitiert den Preßverein.

Im Mai dann das Hambacher Fest! Ursprünglich soll der Verfassung von

Von König Ludwig I. erbaut: die Villa »Ludwigshöhe« bei Edenkoben

geborenen Juraprofessor Georg Ludwig Maurer, Staats- und Regentschaftsrat des noch nicht volljährigen Königssohns Otto von Griechenland und Schöpfer der griechischen Verfassung, in die Regierung (»Ministerium der Morgenröte«). Eine schillernde Entscheidung in mancherlei Hinsicht: Einmal ist Maurer einer von nur vier Pfälzern, die zwischen 1806 und 1918 ein Ministerium in München leiten. Das wirft ein Schlaglicht auf den tatsächlichen Wert der Pfalz! Weiter wird erstmals in der langen bayerischen Geschichte ein Protestant Regierungsmitglied. So gefährlich beurteilt Ludwig I. jetzt plötzlich die Situation. Im katholischen Lager Altbayerns schreit dies alles natürlich zum Himmel.

Doch Maurer ist ein wahrer Meister der Taktik. Er weiß zu gut, daß im Land so ziemlich alles aus dem Lot ist und setzt noch einen drauf. Er verfügt nach dem Motto »Not kennt kein Gebot«, daß »den Nonnen die Ablegung der ewigen Gelübde erst in reiferem Lebensalter gestattet ist«.

Nach den Klosterjungfrauen muß er mit der königlichen Geliebten Lola fertig werden. Soll er ihr die bayerische Staatsbürgerschaft (Indigenat), so wie Ludwig I. es will, geben oder nicht? Maurers zweite Meisterleistung: Er unterschreibt, warnt den König aber eindringlich, davon Gebrauch zu machen.

Der Monarch könnte in seiner Münchner Residenz heulen wie ein Schloßhund, als der Minister pünktlich wie ein Maurer seine Justizreform vorlegt. Die wichtigsten Erlasse: Mündlichkeit bei Prozessen, in denen sich auch Analphabeten überzeugend verteidigen können, weiter Vereinfachung des Instanzenweges, dann unbedingte Bestellung von qualifizierten Untersuchungsrichtern und Staatsanwaltschaften.

Das ist aber noch nicht alles! Eine Amnestie öffnet die Kerker der bayerischen und pfälzischen Freiheitshelden. 15 Jahre und mehr schmachteten ehrenwerte Bürger, die nach der Julirevolution 1830 nur ihre Meinung sagten oder auf die durch die Verfassung garantierten Rechte hinwiesen und sie für sich beanspruchten, in den Festungen der Pfalz und Bayerns.

Dies alles ist den Bürgern jetzt aber viel zu wenig. Sie drohen trotz Militär- und Polizeiaufgebot, die Residenz zu erstürmen. Ohne tatkräftige pfälzische Unterstützung, so sagen die Zeitgenossen, wäre es nicht möglich gewesen, Ludwig I. im März 1848 zur Abdankung zu zwingen. Als neuer König besteigt sein Sohn Maximilian II. den Bayernthron, der aufs Jahr genau 70 Jahre später endgültig aus dem Land verschwindet. Altbayern beruhigt sich damit wieder langsam. Als dann kurz darauf der Maler Anselm Feuerbach (1829 in Speyer geboren) eintrifft, spürt er nur noch wenig vom Märzgewitter. Er streift wie ein Träumender durch die Stadt. Seine Eindrücke teilt er seiner Stiefmutter Henriette mit.

Einmal schreibt er: »Ich finde auf der Pinakothek in Rubens und van Dyck und namentlich Murillo, alles, aber auch alles, was ich brauche, über jedes kann

In Speyer geboren, in München studiert: der große Maler Anselm Feuerbach

später versammeln sich die Vertrauensmänner der pfälzischen Gaue in Kaiserslautern und beschließen die Bildung einer provisorischen Revolutionsregierung. Damit ist das Band Bayern–Pfalz durchschnitten.

Doch das scharf gedrillte Militär steht auf der Seite der gekrönten Häupter. Und so macht sich ein bayerisches Armeekorps unter der Leitung des Generals Theodor von Thurn und Taxis auf den Weg in die Pfalz. Mit Hilfe der preußischen Truppen wird der Aufschrei nach Freiheit und Gerechtigkeit schließlich blutig beendet.

Wieder sind die Partner links des Rheins einerseits und zwischen Inn und Iller andererseits länger getrennt. Nur noch wenige Maler finden – im schroffen Gegensatz zu früher – den Weg in die verhaßte Hauptstadt an der Isar. Zu ihnen zählen Theodor Pixis (1831 in Kaiserslautern geboren), Carl Happel (1819 in Heidelberg geboren) und Karl Gugel (1820 in Bergzabern geboren). Nicht unbedingt Künstler allerersten Ranges!

Die Pfalz – »eine große Summe von Vorzügen«

Weitgehend Funkstille zwischen Bayern und Pfalz herrscht praktisch während der gesamten Regierungszeit des dritten Bayernkönigs Maximilian II. Zu den ganz wenigen Menschen aus der Pfalz, die München mögen, gehört eine Mitarbeiterin der »Gartenlaube«, Rosalie Braun-Artaria (1840 in Mannheim geboren). Sie zieht 1861 mit ihrem Mann hierher und schreibt: »Das war nun freilich eine andere Luft und ein anderes Leben! Schon auf der kurzen Hochzeits-

In Mannheim geboren, in München zu Hause: die Schriftstellerin Rosalie Braun-Artaria

ich Aufschluß haben.« Dann im Fasching 1849: »Es sind zwei Abende, die tanze ich flott durch, und dann habe ich noch eine süße Erinnerung an München, weiter nichts. Das junge Blut hat eben Freude daran.«

Letztendlich ist aber der große Maler enttäuscht von der Bayernmetropole. Aus Venedig schreibt er nach seiner Abreise an die Stiefmutter: »In München war mir's unheimlich, es ist eine geistige Luft da, die ich nicht vertrage.«

Und auch viele andere Pfälzer vertragen diese Luft nicht. Sie wollen weg von der bayerischen Politik. Die Stimmung ist so aufgebracht, daß die Kreisregierung sich im Mai 1849 in die Festung Germersheim zurückziehen muß. Wenige Tage

reise hatte ich das heitere, gemütliche München lieb gewonnen und brauchte kaum acht Tage, um mich ganz heimisch darin zu fühlen.« Erst im Jahr 1865, seit Jahresfrist regiert Ludwig II. in München, läßt sich wieder einer der bedeutenden Pfälzer in München blicken: der 1808 in Oggersheim geborene Maler Eduard Heuss. Er wurde berühmt durch ein großes Altarbild in Sacré Cœur am Montmartre in Paris und durch Porträts von Kollegen. Ihm folgt 1869 Wilhelm Trübner (1851 in Heidelberg geboren), der zunächst nur ein halbes Jahr bleibt, freilich öfter zurückkehrt.

In dieser Zeit sieht man auch einen berühmten Dichter in München, den 1839 in Speyer geborenen Martin Greif,

In Speyer geboren, in München zum Dichter gereift: Martin Greif

rende Abt von St. Bonifaz in München, Daniel Haneberg. Er besteigt dort nach einer Entscheidung des bayerischen »Märchenkönigs« Ludwig II. den Bischofsstuhl. Vorher lehnte er Berufungen nach Trier und Eichstätt ab.

Von den wenigen bildenden Künstlern, die zwischen dem deutsch-französischen Krieg und dem rätselhaften Tod Ludwigs II. im Starnberger See nach München wechseln, sind zu nennen: Carl Johann Becker-Gundahl (1856 in Ballweiler geboren), der in St. Anna und St. Maximilian malt; dann August Dieffenbach (1858 in Mannheim geboren); Georg Flad (1853 in Heidelberg geboren); Theodor Kleehaas (1854 in Germersheim geboren), auf dessen Alpen- und Schwarzwaldbilder die US-Amerikaner ganz versessen sind, weiter Julius Exter (1863 in Ludwigshafen geboren) und Carl Blos (1860 in Mannheim geboren), der ein hinreißendes Bild seiner Gattin malt (Neue Pinakothek).

Auch der Zustrom anderer Pfälzer hält sich in Grenzen. In Nürnberg freilich nimmt Alexander Wacker (1846 in Heidelberg geboren) seine Arbeit auf. Die »Dr. Alexander Wacker-Gesellschaft« für elektrochemische Industrie in Burghausen soll einmal Weltgeltung erlangen.

Aus Edenkoben stammt ein anderer Mann von Welt. Der Physiker Eugen Lommel (Jahrgang 1837) geht 1886 nach München, wo er sich in die Optik vertieft und mit der »Lommelschen Dispersionsformel« berühmt wird.

Fast gleichzeitig mit ihm treffen der Etruskerforscher Gustav Herbig (1868 in Kaiserslautern geboren) und die Dichterin Anna Flora Croissant-Rust ein. Die 1860 in Bad Dürkheim geborene Dichte-

In Edenkoben geboren, in München als Spitzenphysiker tätig: Eugen Lommel

rin ist in der Bayernmetropole zunächst als Sprach- und Musiklehrerin tätig und legt 1887 ihre erste Novelle (»Das Kind«) vor. Bekannt in ganz Deutschland wird sie mit ihrer »Münchner Arbeiter-Novelle«, die sie »Feierabend« nennt. 1895 folgt sie ihrem Mann nach Ludwigshafen, kehrt aber dann wieder an die Isar zurück, wo sie ein Werk nach dem anderen publizieren kann. Ihre Handlungen spielen oft in der Rheinpfalz, in München, Tirol und Amberg in der Oberpfalz.

Wir sind mit der Dürkheimerin bereits mitten in der Prinzregentenzeit und in der Ära, in der ein Pfälzer ganz besonderen Formats die Geschicke Münchens prägt. Wilhelm Georg Borscht, 1857 in

der eigentlich Friedrich Frey heißt. Seine Gedichte lieben und loben die Zeitgenossen. Und auch seiner Wahlheimat macht er Komplimente. »Spätherbst im Gebirge« gehört zu seinen bekanntesten Versen:

»Im Hochwald herrscht Verlassenheit,
Sein Laub ist halb verblichen,
Die Berge sind schon angeschneit,
Der Sommer ist entwichen.

Wohl schimmert noch ein lichtes Grün
Auf winterlichen Hängen
Und spätgeborne Dolden blühn,
Die hin zur Sonne drängen.«

Nach Speyer drängt der seit 1854 amtie-

Das erste Münchner Stadtoberhaupt, das der Bayernmetropole den Weg in die Moderne weist: der in Speyer geborene Borscht

In Mannheim geboren, in München und New York gefeiert: die Opernsängerin Berta Morena

Münchner Messewesens zu bezeichnen. Für die Bebauung der Theresienhöhe macht er 11 Millionen Mark locker. 1908 kann er das Neue Rathaus einweihen und drei Jahre später den von ihm gegründeten Tierpark Hellabrunn, den ersten Geo-Zoo der Welt.

Mit besonderem Eifer nimmt sich Borscht der sozialen Frage an. Er erstellt ein Programm zum Bau von Arbeiterwohnungen und gründet einen »Verein zur Verbesserung der Wohnungsverhältnisse«. So gut er kann, gräbt er den Miethaien das Wasser ab. Mieten, die bis zu 30 Prozent des Einkommens verschlingen, sind für ihn moralisch und politisch unvertretbar.

Und noch ein Mann trifft ein, der politisch etwas bewegt. 1893 tritt Julius Blaul (1853 in Frankenthal geboren) in das Kultusministerium ein und initiiert als hoher Beamter die Gleichberechtigung der naturwissenschaftlichen und technischen Fächer an den Schulen. Dann macht er sich für die Gründung der Oberrealschulen stark, gegen die sich Kaiser Wilhelm II. so vehement ausspricht.

In das Bayerische Landesvermessungsamt wird 1895 Gustav Clauß (1871 in Landau geboren) aufgenommen. Er setzt in Deutschland das Basismeßverfahren mittels Drahtmessung durch, wofür er überschwengliches Lob aus halb Europa erhält. Dieses Verfahren stellt er in seiner Schrift »Längenbestimmung einer neuen Grundlinie für das bayerische Landesdreiecksnetz« (in der Bayerischen Akademie der Wissenschaften veröffentlicht) so überzeugend dar, daß er überall dort, wo es noch unbekannt ist, um Rat gefragt wird.

Speyer geboren, wird 1888 zunächst rechtskundiger zweiter Bürgermeister, 1893 rückt er auf die erste Stelle in der Landeshauptstadt vor. Seine Leistungen sind wirklich ordentlich, ja außerordentlich.

Zunächst weist er in seiner langen Amtszeit (bis 1919) München den Weg in die moderne Industriegesellschaft und in das technische Zeitalter. So hebt er die Luftfahrtlehrabteilung auf dem Oberwiesenfeld aus der Taufe, aus der sich dann der ehemalige Airport auf dem heutigen Olympiagelände entwickelt. Unter ihm wird in München auch die erste Flugmaschinenfabrik Deutschlands handelsgerichtlich eingetragen (1898).

Weiter ist Borscht als der Vater des

Dann ist dreier Mannheimer zu gedenken: Sepp Herberger (Jahrgang 1897), Xaver Fuhr (Jahrgang 1898) und Berta Morena (Jahrgang 1877). Ersteren kennt heute praktisch jeder Deutsche. Sein größter Triumph war 1954 der Endspielsieg der deutschen Elf bei der Fußballweltmeisterschaft in der Schweiz! Seine Mannschaft besteht in der Überzahl aus Spielern des 1. FC Kaiserslautern, die als Bayern geboren werden. Dazu kommen noch Karl Mai (Spielvereinigung Fürth) und Max Morlock (1. FC Nürnberg). München bereitet den fünf Spielern aus Kaiserslautern und den zwei Franken einen überwältigenden Empfang.

Ein Jahr jünger als Herberger ist der Maler Xaver Fuhr, der im Dritten Reich als »entartet« gilt und immer eigene Wege geht. Er wird 1946 Professor an der Münchner Akademie der Bildenden Künste und stirbt 1973 in Regensburg.

Im Geburtsjahr dieses Meisters gibt Berta Morena ihr Debüt als Agathe (»Freischütz«) im Münchner Nationaltheater (15. Oktober 1898). Ihr regelmäßiges Engagement bei den Wagner-Festspielen im Prinzregententheater und ihre Gastrollen an der Metropolitan Oper in New York machen sie zu einer international gefeierten Operndiva.

Die Morena wird gerade als Agathe gefeiert, da erscheint im Franz'schen Verlag in München das »Geographisch-Historische Handbuch von Bayern« des »königlichen Professors« Wilhelm Götz. Wir lesen darin Loblied auf Loblied über die Pfalz. »Verbreitet ist die Neigung, den Namen dieses Landes durch bestimmte Beifügungen zu schmücken, indem man die *heitere,* die *sonnige,* die *malerische* Pfalz als einen zusammengehörigen Begriff behandelt. Dies allein schon hat einige Beweiskraft dafür, daß unserem rheinischen Gebiete eine große Summe von Vorzügen des Aussehens durch die Natur gewährt oder außerdem infolge des Waltens seiner Bewohner erworben sei.«

Den Frühling in der Pfalz, das wird man nie vergessen, fährt der »königliche Professor« in seiner Huldigungsadresse fort. »Gewiß übt hier der Zauber des Frühjahrs mit den Lebensfarben seiner mancherlei Blüten und allen Formen frischgrüner Blätter im reichbepflanzten Flachlande und an den Vorstufen der begrenzenden Höhen einen unübertrefflichen Reiz aus, welcher durch jährliche

Wiederkehr nimmermehr Einbuße erleidet.«

Das neue Jahrhundert: Der Maler Hans Purrmann (1880 in Speyer geboren) studiert in München, unter anderem bei Franz Stuck. 1905 kommt der große Philosoph Ernst Bloch (1885 in Ludwigshafen geboren) am Bahnhof München an. Er will weg von zu Hause, weg vom verhaßten Gymnasium. Ihn drängt es »zu Atelierfesten, in die große Musik, in die zwei Pinakotheken, zu schönen Studentinnen und Schauspielerinnen«. Dann das Bekenntnis: »Auf einer Bank an der Isar habe ich zuerst geküßt; auf dem schönen altfränkischen Sofa in meinem Zimmer, während eines Gewitters, lag ich zuerst bei ihr.« Else heißt das Mädchen. Beide heiraten in Garmisch und ziehen dann nach Heidelberg. Viele Episoden verbinden Bloch und die Bayernmetropole. »Heimat ist nur, wo Unserer Frauen Türme ragen«, bekennt er.

Und schon 1908 wird Johannes Hoffmann (geboren 1867 in Ilbesheim) in den Bayerischen Landtag in München gewählt. Er soll einmal der zweite bayerische Ministerpräsident Bayerns werden. Wir kommen auf ihn zurück.

1909 wechselt Franziskus Bettinger (1850 in Landstuhl geboren) seinen Bischofsstuhl in Speyer mit dem in München. Am Rhein wird der Unterfranke Michael Faulhaber zum Bischof geweiht.

Dann gehen in Europa die Lichter aus. 1914 – Erster Weltkrieg, Bettinger wird bayerischer Feldpropst. Sein Nachfolger drei Jahre später ist Faulhaber, der in Speyer seine Ansicht über das Völkermorden in Buchform verkündet. Nur

zwei Zitate: »Eisenpillen bringen Bluterneuerung.« Und: »Nach meiner Ueberzeugung wird dieser Feldzug in der Kriegsethik für uns das Schulbeispiel eines gerechten Krieges werden.«

Bewahrung und Bewährung

Nach der Niederlage 1918 schaut man von München aus bange in die Pfalz. Die Franzosen besetzen sie und wollen sie nach allem, was man weiß, nie wieder hergeben. Jedoch sollte man nicht vorschnell rechten über solche Absurditäten unserer Nachbarn. Der letzte bayerische König Ludwig III. hatte sich nämlich von einem Sieg über Frankreich das ganze Elsaß als neunten bayerischen Regierungsbezirk versprochen.

Aus der Traum! Am 7. November 1918 wird der Bayernkönig als erster deutscher Potentat von seinem Thron gestürzt. Bayern wechselt vom Königreich zum Freistaat, erster Ministerpräsident wird der Berliner Kurt Eisner. Und er beruft den Pfälzer Johannes Hoffmann, einen Volksschullehrer aus Kaiserslautern, zum Kultusminister. Zusammen baut man nun einen Freistaat auf, der die Feudalrechte der Vergangenheit beseitigen soll. Für das katholische Bayern besonders wichtig ist die von Hoffmann angestrebte Trennung von Kirche und Staat. Dazu ein Beispiel: Niemand kann sich heute mehr vorstellen, daß bis 1918 der Ortspfarrer als Dienstvorgesetzter die Lehrer beaufsichtigt, maßregelt und ihnen das Leben oft zur Hölle macht. Damit ist jetzt unter dem Pfälzer Schluß.

Doch Hoffmann geht noch weiter. »Der

obligatorische Religionsunterreicht muß heraus«, fordert er und setzt dies auch durch. In einem Hirtenbrief kontert Kardinal Faulhaber, daß der Erlaß des Pfälzers »vor dem Richterstuhl Gottes schwerer wiegt als der Blutsbefehl des Herodes«.

In dieser Zeit (nach der Ermordung Eisners) ist Hoffmann schon Ministerpräsident. Er strebt auch jetzt keine revolutionäre Politik an, wie ihm böse Zungen immer wieder nachsagen, sondern lediglich eine »praxisbezogene Reformpolitik«. Daß er mit den 1919 übel hausenden Räten kommunistischer Prägung nichts zu tun haben will, beweist seine Flucht von München nach Bamberg, wo er die Exilregierung (bis zum Sommer 1919) leitet und von wo er mit der ersten demokratischen Verfassung Bayerns zurückkehrt.

Nach dem Berliner Kapp-Putsch 1920 tritt Hoffmann zurück, weil die SPD nicht bereit ist, ihn im so wichtigen Kampf gegen die militärischen und paramilitärischen Gruppen in Bayern zu unterstützen. Ein großer und integerer Pfälzer tritt von der politischen Bühne ab.

Es sind trostlose Zeiten. Alles hungert, die Pfalz leidet unter einer brutalen Besatzung. Und auch das gehört zur Chronik: In Kaiserslautern wird 1920 Fritz Walter geboren, einer der ganz Großen und Sympathischen auf dem Fußballrasen.

Drei Jahre später tritt Adolf Linnebach (1876 in Mannheim geboren) die Stelle des technischen Leiters der drei Münchner Staatstheater an. Unter ihm geht der Vorhang auf für die Doppelstockbühne in Oper und Schauspiel. Und dafür erhält er

Vom Volksschullehrer zum bayerischen Ministerpräsidenten: der Pfälzer Johannes Hoffmann

Ovationen wie die Stars auf dieser Neukonstruktion.

Dann eilt Hermann Anschütz-Kaempfe (1872 in Zweibrücken geboren) an die Isar, der Erfinder des Kreiselkompasses. Auf seinen Expeditionen in die Arktis stellt er fest, wie sehr bei den Tauchbootfahrten unter dem ewigen Eis ein Gerät fehlt, das auch in einem von Eisenwänden umschlossenen Raum die Richtung anzeigt. Anschütz-Kaempfe vertieft sich dermaßen in die Materie, daß er endlich nach vielen Experimenten der gesamten Schiffahrt mit seinem Kreiselkompaß zu neuen Ufern verhilft. Als der Erfinder 1931 in München stirbt, gehört er zu den bekanntesten Menschen der Erde.

Im Jahr vorher übrigens erblickt ein Knabe das Licht der Welt, der zwei Generationen später ebenfalls zu den bekanntesten Männern der Welt zählen wird: Helmut Kohl (1930 in Ludwigshafen-Oggersheim geboren), ein Mann der gerne von seinen vielen München-Aufenthalten erzählt und um den es in unseren Tagen nicht mehr still werden will. Die Dreißiger: Es herrscht schon wieder einmal Endzeitstimmung in Deutschland! 1933 gehen abermals die Lichter aus in Europa. Und dann wird es noch finsterer als 1914. Ludwig Siebert (1874 in Ludwigshafen geboren), an den noch heute Glasfenster in einer Lindauer Kirche erinnern, wird nach einer scham- und gnadenlosen Propagandaschlacht und Hetze gegen den amtierenden Ministerpräsidenten Heinrich Held neuer Herr in Bayern. Die braunen Verbrecher walten willkürlich und schalten alles gleich. Ende und Wende schließlich 1945! Die Pfalz geht nun, verordnet durch die französische Besatzungsmacht, wirklich eigene Wege in der Politik. Doch die Menschen haben über ein halbes Jahrhundert danach die Gemeinsamkeiten nicht vergessen. Alte und neue Partnerschaften, landsmannschaftliche Verbände, die in München redigierte Zeitschrift »Stimme der Pfalz« und die alten Wappen, die Pfälzer Weinprobierstube in der Münchner Residenz, Sprichwörter wie »Bayern und Pfalz – Gott erhalt's«, die Villa Ludwigshöhe bei Edenkoben, das Rautenmuster auf den Pfälzer Weingläsern und wirtschaftliche Beziehungen aus alten Tagen halten eine Tradition fest, auf die man – abgesehen von den bösen Kriegen der Wittelsbacher – wirklich stolz sein kann.

Harald Hoegner

Der Kampf Bayerns um die Pfalz
Historische Hintergründe der Gründung des Landesverbandes der Pfälzer in Bayern e. V.

Nach dem Zweiten Weltkrieg gingen von Bayern viele politische Aktivitäten aus, um die gewachsene Einheit des bayerischen Staatsgebietes links und rechts des Rheins zu erhalten. Zwar gelang es der von der amerikanischen Besatzungsmacht eingesetzten zweiten Staatsregierung unter Wilhelm Hoegner, Begehrlichkeiten Österreichs auf Annexion des Berchtesgadener Landes und solche der anderen Länder der US-Besatzungszone auf Umgliederung der Gebiete um Aschaffenburg sowie Neu-Ulm abzuwehren. Schließlich konnte auch die staatsrechtliche Rückgliederung der Stadt und des Landkreises Lindau durch das Gesetz vom 23. Juli 1955 während der sogenannten Viererkoalition vollzogen werden. Dies Gebiet war 1945 wie die Pfalz der französischen Besatzungszone zugeteilt worden.

Was die »mit Bayern seit 1214 verbundene Rheinpfalz« betraf, begründete Bayern seinen Anspruch damit, daß dieses Gebiet als eigener Regierungsbezirk seit 1816 ununterbrochen zu Bayern gehört habe.

In dieser Frage bestand auch ein klarer parteiübergreifender Konsens aller maßgebenden politischen Kräfte der Nachkriegszeit in Bayern.

Die Ausgangslage in der Pfalz für dieses Ziel war nach Kriegsende allerdings ausgesprochen ungünstig. Die Voraussetzungen für die letztlich gescheiterten Bemühungen Bayerns, die Pfalz wieder mit Bayern zu vereinen, waren schon ab

1933 infolge der Beseitigung der Weimarer Republik durch die nationalsozialistische Gewaltherrschaft angelegt worden. Zunächst gingen die neuen Machthaber daran, das traditionelle Staatsgefüge innerhalb des Deutschen Reiches zu zerschlagen, voran das Land Bayern. Nachdem das letzte demokratisch gewählte Kabinett Held die ultimative Forderung der Nationalsozialisten abgelehnt hatte, den NS-Abgeordneten Franz von Epp als Generalstaatskommissar einzusetzen, übertrug Reichsinnenminister Frick am 9. März 1933 diesem die gesamte vollziehende Gewalt in Bayern. Am 10. April 1933 erhielt Bayern in General Epp vor allen anderen deutschen Ländern einen Reichsstatthalter, nachdem dieses Regierungsamt erst drei Tage zuvor geschaffen worden war.

Nach der Ausschaltung der demokratischen Parteien aus der Regierungspolitik war die nächste Etappe der sogenannten Machtergreifung deren Vernichtung, die bereits am 4. Juli 1933 abgeschlossen war. Der nächste Schritt war die Zerschlagung der gesamten gewachsenen Staatsverwaltung sowie der kommunalen Selbstverwaltung, die vollständig mit einem Netz von SA-Sonderkommissaren überzogen wurden. Nach innerparteilichen Machtkämpfen konnten die Gelüste der NS-Gauleiter auf einen angemessenen Einfluß auf das Regierungsgeschehen befriedigt werden. Sie wurden am 12. Juni 1934 zu Regierungspräsidenten berufen.

Inzwischen war auch die von einigen bayerischen Amtsträgern gehegte Illusion eines »reduzierten Föderalismus nationalsozialistischer Prägung« durch ein »Neuaufbaugesetz« vom 30. Januar 1934 endgültig zerstört worden. Die letzten den deutschen Einzelstaaten noch verbliebenen Hoheitsrechte wurden auf das Reich überführt, die Länder sanken zu Reichsprovinzen, ihre Regierungen zu Reichsmittelbehörden herab. Zum ersten Mal in seiner mehr als tausendjährigen Geschichte war Bayern auch der letzten Attribute seiner Eigenstaatlichkeit beraubt und zur Reichsprovinz verkommen. Die nationalsozialistische Diktatur schaffte gleichzeitig schrittweise die gesamte kommunale Selbstverwaltung aller drei Stufen ab.

Der Gauleiter der Rheinpfalz, Josef Bürkel, lehnte die Berufung als Regierungspräsident ab, aus gutem Grund, da es ihm später gelang, Saarbevollmächtigter der Reichsregierung und am 11. Februar 1935 nach dem erfolgreichen Ausgang des Plebiszits Reichskommissar für die Rückgliederung des Saarlandes zu werden.

Im Hinblick auf die geplante Reichsreform blieb das Saargebiet als autonome Verwaltungseinheit zunächst in den Grenzen bestehen, wie sie der Versailler Vertrag 1919 nach überwiegend wirtschaftlichen Gesichtspunkten festgelegt hatte. Infolgedessen kehrten auch die drei Bezirke Homburg, St. Ingbert und Zweibrücken nicht zum Pfalzkreis zurück. Dies kam Bürkel sehr gelegen, da er schon seit 1934 langfristig auf die Abtrennung des linksrheinischen Teils Bayerns hingearbeitet hatte. 1940 setzte Bürkel als neuer Reichsstatthalter der Pfalz eine Zusammenlegung der saarländischen Behörden mit dem Regierungspräsidium der Pfalz und zentralem Dienstsitz in Kaiserslautern durch. Am 2. April 1940 wurde Bürkel schließlich zum Chef der Zivilverwaltung im besetzten Lothringen ernannt. Mit dieser Ausweitung des Bürkel unterstellten Gebiets verlagerte sich auch sein Machtschwerpunkt weiter nach Westen, was die ohnehin immer gefährdeten Bindungen der Pfalz zu Bayern wesentlich lockerte. In der Umbenennung des Gaues »Saarpfalz« in »Gau Westmark« wurde die Absonderungspolitik des Gauleiters Bürkel parteiamtlich gutgeheißen. Das Ziel seiner Karriere erreichte Bürkel, als er am 11. März 1942 von Adolf Hitler zum »Reichsstatthalter in der Westmark« bestellt wurde und nun in einer Person als Verwaltungsinstanz, Reichsstatthalter und Gauleiter das Dualismusproblem von Partei und Staat gelöst hatte.

Der Umbau des Deutschen Reiches zum zentralistischen Einheitsstaat und die dadurch ermöglichten verwaltungsmäßigen und politischen Aktivitäten des Gauleiters Bürkel führten in der Tat zu einer fortschreitenden Loslösung der Pfalz von Bayern. Die Ernennung Bürkels zum Reichsverteidigungskommissar für die Pfalz, die während der Kampfhandlungen 1944/45 verwaltungsmäßig gesondert getroffen wurde, verstärkte noch diese Tendenz bis zur Besetzung der Pfalz durch die 7. US-Armee und französische Truppen im März 1945.

Maßgebliche Historiker der Nachkriegszeit waren sich daher in der Frage nicht einig, ob die Pfalz infolge der Veränderungen, denen ihre Verwaltungsstruktur in den zwölf Jahren nationalsozialistischer Herrschaft unterworfen wurde, staatsrechtlich noch dem Land Bayern zuzurechnen war. Karl-Ulrich Gelberg kommt nach Überprüfung zugänglicher Quellen zu der Auffassung, daß die durch die Aktivitäten Bürkels eingetretene Lockerung der Bindung der Pfalz an Bayern staatsrechtlich jedoch noch keine Trennung bedeutete (vgl. Karl-Ulrich Gelberg: »Die bayerische Pfalzpolitik 1945–1956«, Sonderdruck aus der Zeitschrift für Bayerische Landesgeschichte, Bd. 58, Heft 2, 1995, S. 641 ff.). Dies geschah erst 1946 durch die französische Militärregierung.

Auch die von der Besatzungsmacht eingesetzten bayerischen Ministerpräsidenten Fritz Schäffer, Wilhelm Hoegner und ab Dezember 1946 der gewählte Hans Ehard waren der festen Überzeugung, daß Bayern sein 1933 vorhandenes Staatsgebiet über die NS-Zeit und den Zweiten Weltkrieg hinaus ungeschmälert erhalten habe.

Insbesondere Wilhelm Hoegner hatte als außerordentlich geschichtsbewußter Politiker lange vor Kriegsende versucht, den Gebietsstand Bayerns über die Kriegswirren zu retten. Wilhelm Hoegner, der seinerzeit als bayerischer Landtagsabgeordneter und Reichstagsabgeordneter einen zehn Jahre dauernden Kampf gegen den Nationalsozialismus geführt und aufgrund eines Haftbefehls Heinrich Himmlers und drohender KZ-Haft noch bis Juli 1933 im Untergrund gelebt hatte, aber dann auf Anra-

ten seiner Parteifreunde zunächst nach Österreich und dann in die Schweiz geflüchtet war, befaßte sich schon Anfang der 40er Jahre mit der Planung einer Reichsreform. Dabei beeinflußte ihn wesentlich der praktisch erlebte schweizerische Förderalismus. Zum engen Kreis Hoegners gehörten: Michael Freiherr von Godin – der als Oberleutnant der Landespolizei am 9. November 1923 vor der Feldherrnhalle den Schießbefehl gegen Hitler gegeben hatte –, der Staatsrechtler Professor Hans Nawiasky, der ehemalige Reichskanzler Joseph Wirt, der frühere Reichstagsabgeordnete Heinrich Ritzel, der ehemalige bayerische Landtagsabgeordnete Franz Bögler aus der Pfalz, der ehemalige preußische Ministerpräsident Dr. Otto Braun und der Münchner Rechtsanwalt Dr. Otto Leibrecht. Über Michael von Godin lernte Hoegner im Jahre 1943 Allen Welsh Dulles, den Bruder des späteren US-Außenministers, kennen, der in Bern den US-Geheimdienst OSS vertrat. Über Dulles leitete Hoegner mehrere Gutachten zur Neugliederung Deutschlands und zur künftigen Stellung des Landes Bayern an die US-Regierung weiter.

Der Vorschlag für eine Neugliederung Deutschlands vom 29. November 1943 befaßte sich mit der Bildung eines deutschen Bundesstaates, der Stärkung der Länderkompetenzen gegenüber dem Reich und insbesondere mit einer innerstaatlichen Neugliederung nach Stämmen sowie geschichtlichen und kulturellen Gegebenheiten. Das Memorandum über die künftige Stellung Bayerns holte gemäß Hoegners Traditionsempfinden weit aus. Es heißt da zum Beispiel: »Seit der Trennung der Ostmark von Bayern

1156 hat dieses das harte Leben eines Kleinstaates zwischen übermächtigen Großstaaten geführt und sich der Unterwerfung nur durch ständig wechselnde Bündnisse erwehren können. Sollte das deutsche Volk auf Dauer von der Herrschaft der nationalsozialistischen Tyrannen befreit werden, muß Bayern als starker selbständiger Staat aufgerichtet werden. Kriegerische Eroberungen waren dem bayerischen Stamme trotz seiner von alters her gerühmten Tapferkeit immer fremd. Der Bayer geht lieber dem friedlichen Landleben, seinen künstlerischen Neigungen und dem heiteren Lebensgenuß nach.« Gleichzeitig unterstrich Hoegner Bayerns Verbundenheit mit den übrigen deutschen Stämmen, insbesondere lehnte er einen Zusammenschluß mit Österreich ab, den unter der Hand französische Kreise zur Bildung eines »Alpenstaates« gefordert hatten. Ganz klare Vorstellungen über ein künftiges Bayern enthält auch das sogenannte Züricher Manifest vom 26. April 1945. Danach sollte unter anderem die Einheit des Landes Bayern samt Rheinpfalz im Umfang von 1933 gewährleistet werden, Bayern als selbständiger Staat mit starken eigenen Hoheitsrechten gebildet werden, als Mitglied eines deutschen Bundes. Selbst die Vision der Eingliederung Deutschlands in einen Bund europäischer Staaten ist in diesem Manifest enthalten (Näheres s. Abdruck des Manifests in: Stimme der Pfalz, Nr. 4/1967, S. 4).

In der Emigration, die bis zum 6. Juni 1945 dauerte, verfaßte Hoegner nicht weniger als 23 Entwürfe für eine Reichsverfassung, eine bayerische Verfassung, zahlreiche Gesetzesvorhaben, Denkschriften und Manifeste. Alle einschlägigen Entwürfe, die auch die künftige staatsrechtliche Stellung und den Gebietsumfang Bayerns zum Gegenstand hatten, beinhalteten wie selbstverständlich die Zugehörigkeit der Pfalz zu Bayern. Inwieweit diese Vorschläge Einfluß auf die Besatzungspolitik der USA in Bayern nach Kriegsende hatten, ist ungewiß. Immerhin betonte der US-Diplomat Allen W. Dulles später, diese Denkschriften seien das »einzige geistige Gepäck« gewesen, das er bei der Konferenz der Alliierten in Quebec bei sich gehabt habe. Carl Schuster sieht folgerichtig in seinem Aufsatz »Damals nach der Stunde Null« (in: Stimme der Pfalz, Nr. 4/1994) eine gewisse Konsequenz dieser Bemühungen in der Proklamation Nr. 2 von General Eisenhower vom 19. September 1945, in der die Definition des bayerischen Staatsgebietes lautete: »Bayern umfaßt ganz Bayern, wie es 1933 bestand, ausschließlich des Kreises Lindau«. Andererseits hatten die Siegermächte auf Druck Frankreichs bei der Konferenz von Jalta im Februar 1945 festgelegt, daß Frankreich an der Besatzung und Kontrolle des Deutschen Reiches beteiligt wird. So fielen die Pfalz und der bayerische Landkreis Lindau zur französischen Besatzungszone, wodurch eine Lage geschaffen wurde, die durch die »normative Kraft des Faktischen« die weitere Entwicklung bei der Bildung der neuen deutschen Gliedstaaten maßgeblich beeinflußte.

Wilhelm Hoegner wies als neuer bayerischer Ministerpräsident in seiner Regierungserklärung am 22. Oktober 1945 nochmals ausdrücklich auf die »enge Verbundenheit Bayerns mit der Pfalz« hin; die Bayerische Staatsregierung war aber trotz der am 26. Dezember 1945 von der US-Besatzungsmacht an den Ministerpräsidenten übertragenen Verantwortung für die Regierungsgeschäfte gehindert, Einfluß auf die Entwicklung in einer anderen Besatzungszone zu nehmen. Selbst die Ende 1945 in die Pfalz durchgeführten Lebensmittellieferungen mußten entgegen den Weisungen der Besatzungsmächte illegal erfolgen. Die Pfalz selbst wurde nach der Besetzung durch Frankreich über Jahre hinweg Spielball divergierender Interessen der Besatzungsmächte und französischer Nachkriegspolitik (vgl. Stephan Deutinger in seinem Aufsatz »Die Pfalz nach dem zweiten Weltkrieg«, in: Stimme der Pfalz, Nr. 4/1994 und Nr. 1/1995). Die französische Besatzungsmacht nahm daher erst mit Verzögerung die Ermächtigung durch das Potsdamer Abkommen wahr, ihr Besatzungsgebiet in Länder einzuteilen.

Am 30. August 1946 erließ der französische Oberkommandierende General Koenig nach mehrmonatigen Auseinandersetzungen innerhalb der französischen Besatzungsmacht um die Ländergründung eine Erklärung und die Verordnung Nr. 57. Sie verfügten die Zusammenlegung von Hessen-Pfalz mit dem nördlichen Teil der französischen Zone, dem Gebiet des Oberpräsidiums Rheinland-Hessen-Nassau zu einem Land. Als Hauptstadt dieses Landes »Rheinland-Pfalz« wurde Mainz bestimmt. Die Regierung der Pfalz führte vom 30. Januar 1947 an die Bezeichnung »Provinzialregierung der Pfalz«, 1949 wurde sie in »Bezirksregierung der Pfalz« umbenannt.

Damit war die staatsrechtliche Trennung der Pfalz von Bayern vollzogen und endgültig durch die Annahme der Verfassung des neuen Landes Rheinland-Pfalz durch den Volksentscheid am 18. Mai 1947 mit deren Inkrafttreten besiegelt. Die Pfalzpolitik Hoegners wurde durch seinen Nachfolger Hans Ehard ab dem 21. Dezember 1946 im Prinzip fortgeführt. Während seiner Regierungszeit wurde durch eine Ermächtigung der drei westlichen Besatzungsmächte die Möglichkeit geschaffen, im Zuge der Gründung einer förderalistisch gestalteten Bundesrepublik auch Vorschläge für eine etwaige Änderung der Ländergrenzen innerhalb der Westzonen vorzulegen (sogenannte Frankfurter Dokumente vom 1. Juli 1948). Damals hätte auch Bayern seinen Anspruch auf die Pfalz anmelden können, so wie etwa die seinerzeitigen vier Länder Südwestdeutschlands eine Sonderregelung erreichten.

Dazu kam es jedoch nicht, da Hans Ehard die Durchsetzung einer förderalistischen Verfassung im parlamentarischen Rat als wesentlichen Schwerpunkt bayerischer Politik erkannte. Deshalb stellte er die Frage der Ländergrenzen zurück, zumal mit erheblichen Widerständen der beteiligten Besatzungsmächte zu rechnen war. Immerhin wurde im späteren Grundgesetz im Artikel 29 (der allerdings zunächst von den Besatzungsmächten suspendiert wurde) die Möglichkeit einer Neugliederung des Bundesgebietes vorgesehen. Gleichzeitig eröffnete Ehard einen propagandistischen Kampf um die Pfalz mit einer leidenschaftlichen Rede vor dem Bayerischen Landtag am 30. Juli 1948, in der er für die Pfalz das Recht forderte,

Dr. Wilhelm Hoegner (links), bayerischer Ministerpräsident 1945/46 und 1954 bis 1957, mit Dr. Hans Ehard, seinem Vorgänger beziehungsweise Nachfolger im Amt.

sich im Falle einer Volksabstimmung für die Rückkehr zu Bayern auszusprechen. Diese Rede erzeugte in der Pfalz und in Bayern für die Pfalzbewegung neuen Auftrieb: Nachdem schon seit 1948 in der Pfalz ein »vorläufiger Ausschuß zur Vertretung bayerischer Interessen in der Pfalz« vorhanden war, wurde 1950 in der Pfalz der »Bund Bayern und Pfalz« gegründet. Schon Anfang November 1948 hatte sich in München der »Ausschuß Bayern-Pfalz« in der Staatskanzlei getroffen und konstituiert. Daraus entstand der »Landesverband der Pfälzer im

rechtsrheinischen Bayern«, der am 26. November 1949 in München gegründet wurde. Die Aktivitäten dieser Verbände wurden gesteuert und koordiniert durch die Bayerische Staatskanzlei. In allen Ressorts, insbesondere in der inneren Verwaltung als auch auf allen Verwaltungsebenen wurden Pfalzreferate gebildet.

Vor diesem Hintergrund entpuppte sich auch die 1950 erfolgte Gründung der Pfälzer Weinprobierstube in der Münchner Residenz als ausgesprochen politische Aktion und zugleich als Errichtung

BAYERN und PFALZ

getrennt?

vereint!

Stt 1214

eines wichtigen Stützpunktes der Pfälzer Kultur und des Pfälzer Gesellschaftslebens in Bayern. Letzteres ist die Weinstube bis heute geblieben.

Zunächst wurden die Pfalzverbände aus staatlichen Mitteln gefördert, standen aber bereits 1953 durch Überschüsse in der Pfälzer Weinstube auf sicheren finanziellen Füßen (vgl. im einzelnen Karl-Ulrich Gelberg, a. a. O., S. 646 ff.). Am 21. März 1950 wurde im Plenarsaal des Bayerischen Landtages der »Bund der Pfalzfreunde in Bayern« gegründet. Vorsitzende waren traditionsgemäß bis heute alle jeweiligen Landtagspräsidenten. Im Bund der Pfalzfreunde waren 1954 als kooperative Mitglieder 106 bayerische Landkreise und rund 1000 Städte und Gemeinden vertreten.

Aber nicht nur Staatsregierung und Pfalzverbände nahmen sich der Pfalzfrage an. Der Bayerische Landtag beschloß am 10. März 1950 einstimmig die Einsetzung eines Pfalzausschusses. Erster Vorsitzender wurde wiederum Wilhelm Hoegner. Der Ausschuß bestand bis 1959. Die Pfalzfahrten des Pfalzausschusses, der Pfalzverbände und ähnliche Aktivitäten führten in den folgenden Jahren zu erheblichen Verstimmungen bei den obersten Landesbehörden von Rheinland-Pfalz. Insbesondere Ministerpräsident Peter Altmeier machte seinem bayerischen Kollegen Hans Ehard den Vorwurf der Einmischung Bayerns in die inneren Angelegenheiten seines Landes. Die Folge waren mehrere harsche Briefwechsel.

Mit diesem Plakat wurde unter Hinweis auf die seit 1214 gemeinsame Geschichte für die Einheit von Bayern und Pfalz geworben.

Der dann 1952 von der Bundesregierung eingesetzte Neugliederungsausschuß unter der Leitung des früheren Reichskanzlers Luther kam in der Pfalzfrage zu eher zwiespältigen Ergebnissen ohne eindeutige Empfehlung. Vielmehr standen drei Alternativlösungen im Sinne von Artikel 29 des Grundgesetzes zur weiteren Diskussion: jeweils der enge Zusammenhang des Regierungsbezirks Pfalz sowohl mit dem benachbarten Teil des Landes Rheinland-Pfalz als auch mit dem Raum Mannheim-Heidelberg sowie mit Bayern trotz der räumlichen Trennung.

Mit dem Inkrafttreten der Pariser Verträge im Mai 1955 wurde die Suspendierung des Artikels 29 aufgehoben und der Weg zum Volksbegehren frei. Damit kam der Kampf Bayerns um die Pfalz wieder

in Fluß. Am 26. Januar 1956 stellte der »Bund Bayern und Pfalz« beim Bundesinnenministerium den Antrag auf Zulassung eines Volksbegehrens, das die Wiedervereinigung der Pfalz mit dem Freistaat Bayern zum Ziel hatte.

Der inzwischen als Ministerpräsident einer Viererkoalition (ohne CSU) regierende Wilhelm Hoegner gab dann am 31. Januar 1956 im bayerischen Landtag eine einstimmig gebilligte Erklärung ab, die der Pfalz umfangreiche Zusagen in staatspolitischen, kulturellen und wirtschaftlichen Bereichen machte. Das Angebot eines Sonderstatus für die Pfalz fiel Hoegner insoweit nicht schwer, als er schon in der Großen Koalition von 1950 bis 1954 als Innenminister durch die Neufassung sämtlicher Kommunalgesetze die kommunale Selbstverwaltung

auf allen drei Ebenen entscheidend gestärkt hatte.

Es wurden nun in Rheinland-Pfalz fünf Volksbegehren zugelassen, darunter für die Pfalz eines auf Angliederung an Baden-Württemberg und ein weiteres auf Angliederung der Pfalz an Bayern. Beide Volksbegehren scheiterten. Für die Wiedervereinigung der Pfalz mit Bayern trugen sich bei einem erforderlichen Quorum von 10 Prozent zwischen dem 9. und 22. April 1956 nur 7,6 Prozent der Stimmberechtigten in die Listen ein. Damit waren das Volksbegehren und die langjährigen bayerischen Bemühungen gescheitert. Der Kampf Bayerns um die Pfalz muß seither als endgültig verloren betrachtet werden.

Hans von Malottki
50 Jahre Landesverband der Pfälzer in Bayern

Bei seiner Gründung am 26. November 1949 war der Landesverband der Pfälzer in Bayern angetreten, um den Verlust des Regierungsbezirkes Pfalz für Bayern ungeschehen zu machen. Dabei sollte Bayerns rechtlich begründeter Anspruch eine Trumpfkarte im Neugliederungsspiel sein. Auch auf die Jahrhunderte währende Verbindung wurde immer wieder hingewiesen, nachdem die bayerischen Herzöge 1214 Pfalzgrafen bei Rhein geworden waren – was sie bis 1918 blieben – und auf die staatlichen Vereinigungen von Pfalz und Bayern 1777 und 1816. Die vielen tausend in Bayern lebenden Pfälzer betrachteten es als ihre Pflicht, gemeinsam mit den gleichgesinnten Landsleuten in der Pfalz den durch Artikel 29 des Grundgesetzes garantierten Anspruch auf Wiederherstellung der früheren Verhältnisse vor der Trennung wahrzunehmen.

Der Landesverband hatte einen im gleichen Sinne tätigen Vorgänger. Von prominenten Pfälzern war bereits 1948 mit staatlicher Unterstützung ein »Arbeits-Ausschuß Bayern und Pfalz« gegründet worden, der für die 150 000 in Bayern lebenden Pfälzer sprach und in der Pfalz einen ebensolchen Ausschuß unterhielt. Vorsitzender war der Industrielle Gebhard Orth aus Ludwigshafen-Oggersheim. Der Ausschuß richtete einen eigenen Pressedienst ein, der über »die Bedürfnisse, Aufgaben und Ziele der Pfalzorgane« unterrichten sollte. 1949 lud der Arbeits-Ausschuß erstmals eine

Abordnung des Bayerischen Landtags in die Pfalz ein, der, wie die Presse berichtet, dort ein begeisterter Empfang bereitet wurde.

Zur glanzvollen Gründungsversammlung am 26. November 1949 im Münchner Sophiensaal waren viele Persönlichkeiten des öffentlichen Lebens aus Bayern und aus der Pfalz erschienen. An der Spitze Ministerpräsident Hans Ehard, Staatsminister Anton Pfeiffer, ein Pfälzer, die Präsidenten von Landtag und Senat, die beiden letzten Regierungspräsidenten der Pfalz, Pfülf und Osthelder, dazu Landtagsabgeordnete, Vertreter der Kirchen, Regierungspräsident Martini aus Augsburg, der Ansbacher Vizepräsident Antz, beide ebenfalls Pfälzer, Prälat Walser aus Ludwigshafen und Rechtsanwalt Schuler aus Zweibrücken, die Anführer der pfälzischen Wiedervereinigungsbestrebungen. Aus der Vorstandswahl gingen der oberbayerische Regierungspräsident Ludwig Osthelder – bis 1933 Regierungspräsident der Pfalz – als 1. und der Vorsitzende des Arbeits-Ausschusses, Gebhard Orth, als 2. Vorsitzender hervor. Ministerpräsident Hans Ehard hielt bei der anschließenden Kundgebung eine vielbeachtete, politisch maßvolle Rede, die später immer wieder zitiert wurde. Bereits 1946 hatten Vertreter der Pfalz in der Münchner Staatskanzlei den Wunsch nach Rückkehr in den bayerischen Staatsverband vorgetragen, weil ihnen die staatspolitische Verankerung mit Bayern als der beste Schutz gegen die

deutlich gewordenen französischen Expansionsbestrebungen erschien. Die Erinnerung an die Besetzung der Pfalz von 1918 bis 1930 war noch lebendig, und immerhin hatte ein großer Teil der Pfalz nach dem Einmarsch der Franzosen bereits französische Ortstafeln erhalten …

Auch ein Jahr später, bei der ersten Jahresversammlung des Landesverbandes betonte der bayerische Ministerpräsident den unveränderten Standpunkt der Bayerischen Staatsregierung und bekräftigte sie im Landtag, der im März 1950 eigens einen Pfalz-Ausschuß eingesetzt hatte. Seinen Vorsitz führte der Pfälzer Dr. Karl Fischer von der CSU. In der Folgezeit engagierten sich bayerische Spitzenpolitiker immer wieder für die Pfalz und in den pfälzischen Organisationen in Bayern.

Im Zeichen des bevorstehenden Volksbegehrens wurde der »Landesverband der Pfälzer im rechtsrheinischen Bayern«, wie es damals noch hieß, auch in der Pfalz aktiv: 38 Redner riefen in 48 Orten für die Stimmabgabe zur Wiedervereinigung mit Bayern auf. Mit beträchtlichen Mitteln unterstützte der Landesverband viele pfälzische Einrichtungen, Mittel, die er aus der 1950 eröffneten und in eigener Regie sehr erfolgreich geführten Weinstube in der Münchner Residenz gewann. Die Räume dazu hatte ihm der bayerische Staat in den ersten nach der Kriegszerstörung wiederhergestellten Teilen der Münchner Residenz mietweise

Porträt des 1. Vorsitzenden des Landes-
verbandes der Pfälzer, Gebhard Orth

49

Diese Herrn führten über lange Zeit den Landesverband: Dr. Wilhelm Moos, Dr. Emil Leibrecht, Max Lorch, Heinrich Wüst und Carl Weber (von links nach rechts).

holt äußerte er sich auch zu den Neugliederungsplänen für das Bundesgebiet und trat nachdrücklich dafür ein, die Pfalz wenigstens als Ganzes, in ihrem an sich seit 1918 immer wieder geschmälerten Umfang, zu erhalten. Wesentliche Unterstützung in seinen Absichten sah der Landesverband durch seine weithin sehr geschätzte Zeitschrift »Stimme der Pfalz« gegeben, ebenso auch durch die Aktivitäten des Bundes der Pfalzfreunde, dessen 1. Vorsitzender seit der Gründung 1950 jeweils der Präsident des Bayerischen Landtags ist.

Zu Beginn des dritten Jahrzehnts seines Bestehens bestärkte sich der Landesverband in seiner Aufgabe, Brücke zu sein zwischen den Pfälzern hüben wie drüben und das gemeinsame kulturelle Erbe zu pflegen. Denn am modernen bayerischen Staat haben die Pfälzer seit 1816, seit dem in Zweibrücken an der Französischen Revolution geschulten Minister Montgelas, mitgebaut und viele Spuren ihrer aktiven gestaltenden Mitarbeit hinterlassen. Bayern verdankt den Pfälzern viel, so wie auch die Pfalz Bayern viel verdankt.

Der persönliche Kontakt der Politiker zu den Pfalzorganisationen war mittlerweile weniger eng geworden. Zu seinem 25. Geburtstag aber gab die Bayerische Staatsregierung dem Landesverband durch den Staatssekretär im Wirtschaftsministerium, Franz Sackmann, einem gebürtigen Kaiserslauterer, einen glänzenden Empfang. Beim vorangegangenen Festakt hatte Landtagspräsident Rudolf Hanauer als Vorsitzender der Pfalzfreunde eine vielbeachtete Rede gehalten, mit der er sich von den alten Denkmustern der Nachkriegszeit löste

überlassen. Damit gewann der Landesverband eine gewisse finanzielle Unabhängigkeit. Die Eröffnung war am 18. September 1950 in Anwesenheit bayerischer Spitzenpolitiker gefeiert worden, am folgenden Tag begann der Betrieb für die Gäste.

Auch nach dem enttäuschenden Ausgang des Volksbegehrens in der Pfalz 1956, dem eine Konsolidierung des ursprünglich auf weit verbreitete Ablehnung gestoßenen, von der Besatzungsmacht 1946 geschaffenen Bundeslandes Rheinland-Pfalz folgte, blieb der Landesverband seinen Zielen treu: die freund-

schaftlichen persönlichen Beziehungen zu seinen Landsleuten in der Pfalz aufrecht zu erhalten und die finanzielle Unterstützung für Einrichtungen in der Pfalz wie auch für die in vielen bayerischen Städten existierenden Rheinpfälzer Vereine.

In realistischer Einschätzung der bundespolitischen Situation hat sich der Landesverband nun die Aufrechterhaltung und Pflege der alten historischen, kulturellen, wirtschaftlichen und persönlichen Bindungen zu Bayern zur Aufgabe gemacht, ohne den Wunsch auf Rückkehr der Pfalz nach Bayern direkt aufzugeben. Wieder-

und vor der innerdeutschen Neuordnung die des europäischen Kontinents in ein Regionalsystem mit übersichtlichen Räumen für seine 250 Millionen Menschen propagierte. Für ebenso wichtig hielt er konkrete Vorbereitungen für die Wahl eines frei gewählten Europäischen Parlaments. Unter den Gästen der Veranstaltung sah man Mitglieder des bayerischen Kabinetts sowie den rheinland-pfälzischen Kultusminister Bernhard Vogel. Den 25. Geburtstag nahm der Landesverband auch zum Anlaß, aus Erträgen der Weinprobierstube die Bayern-Pfalz-Stiftung ins Leben zu rufen, die bedürftige junge Pfälzer bei ihrer Ausbildung in Bayern unterstützt. Durch sie konnte und kann der Landesverband auch kulturelle Aktionen in der Pfalz fördern.

In der Folgezeit widmete sich der Landesverband vermehrt der Pflege der historischen und kulturellen Verbindungen zwischen der Pfalz und Bayern, der Vertiefung von Freundschaften und der Kontakte zu den in Bayern lebenden Pfälzern, vor allem in den Rheinpfälzer Vereinen. In München diente diesem Ziel der alljährliche Große Pfälzer Weinabend, der viele Jahre hindurch in den Räumen der Gesangsvereinigung Scholastika nahe dem Hofbräuhaus stattfand, später in die immer noch stark mit der Pfalz verbundene Bayerische Versicherungskammer verlegt wurde und in jüngster Zeit wieder im Künstlerhaus veranstaltet wird, wo die Pfälzer in früheren Jahren bereits prächtige Faschingsfeste gefeiert hatten.

Große repräsentative Weinproben konnten einige Male viele Interessenten mit dem bekanntesten Produkt der Pfalz,

Dr. Hans von Malottki nimmt als Vertreter des Landesverbandes der Pfälzer den Anerkennungspreis der Bayerischen Volksstiftung entgegen.

dem Wein, vertraut machen. Um die Bayern und die Pfalz verbindenden historischen Ereignisse lebendig werden zu lassen, unternahm der Landesverband nun alljährlich im Sommer eine Ausflugsfahrt »auf Pfälzer Spuren in Bayern«. Sie führten in die von Pfälzer Kolonisten trockengelegten Sümpfe im Donaumoos und um Großkarolinenfeld, in die alte kurpfälzische Nebenresidenz Amberg, zum Pfalzgrafenschloß nach Neuburg an der Donau, das der spätere Kurfürst Ottheinrich erbaut hatte, und an weitere Ziele, die mit der Pfalz und den Pfälzern in Verbindung stehen.

Als der Landesverband der Pfälzer in Bayern seinen 40. Geburtstag feierte, ergänzte er sein Programm durch eine Vortragsreihe. Sie sollte die historischen Verbindungen zwischen Bayern und der Pfalz jeweils an einem herausragenden Thema erläutern und in das Gedächtnis zurückrufen. Der Beginn im Jahr 1990 im Kardinal-Wendel-Haus erschien mit dem wohl prominentesten Pfälzer in Bayern besonders geglückt: Der Münchner Kardinal Professor Dr. Friedrich Wetter, ein gebürtiger Landauer, sprach über den Kaiserdom zu Speyer als Sinnbild Europas. Für dessen Wiederherstellung nach schweren Teilzerstörungen hat sich König Ludwig I. im vorigen Jahrhundert ebenso finanziell stark engagiert, wie es heute noch der Freistaat Bayern in der eigens dafür geschaffenen Europäischen Kulturstiftung tut. Für weitere Themen wie die Entstehung des Bezirkstags Pfalz, die Pfälzer Abgeordneten im Bayerischen Landtag, die bayerische Pfalzpolitik nach dem Zweiten Weltkrieg, der aus pfälzischer Familie abstammende Herzog Max in Bayern (»Zithermaxl«), Kurfürst Karl Theodor und andere konnten jeweils prominente Redner wie zum Beispiel Professor Claus Grimm vom Haus der bayerischen Geschichte, Paul Ernst Rattelmüller, Dr. Leonhard Lenk und Dr. Robert Münster gewonnen werden.

Im Jahre 1997 erhielt der Landesverband für seine Aktivitäten den Anerkennungspreis der Bayerischen Einigung/Bayerischen Volksstiftung. Im festlichen Rahmen des Cuvilliés-Theaters begründete deren Präsident Florian Besold die Verleihung mit dem Hinweis auf die vielfältigen Aktivitäten seit 1949, durch die der Landesverband bis auf den heutigen Tag »auch das bayerische Bewußtsein für die engen kulturhistorischen Zusammenhänge zur Pfalz in trefflichster Weise und in bestem Sinne belebt«, daß er einen bedeutenden Beitrag dazu leiste, »die großen, gemeinsamen historischen und kulturellen Erfahrungen in das zusammenwachsende Europa einzubringen« und »an der Bildung eines europäischen Gesichts in vielfältiger Mimik und ohne Verleugnung seiner reizvollen Furchen und Falten« mitzuwirken.

Sein 50jähriges Jubiläum feierte der Landesverband zusammen mit dem Bund der Pfalzfreunde Anfang Dezember 1999 im vollbesetzten Max-Joseph-Saal der Münchner Residenz, in die 1777 mit dem Kurfürsten Karl Theodor und 1799 mit Max-Joseph die Pfälzer Wittelsbacher Einzug hielten. Die Festrede hielt der thüringische Ministerpräsident Bernhard Vogel, Bayern durch seine Herkunft, der Pfalz durch seinen Speyerer Wohnsitz und als Kultusminister wie als Ministerpräsident von Rheinland-Pfalz eng verbunden, zum Thema: »Die Pfalz, ein Herzstück Europas«. Bayerns Landtagspräsident Johann Böhm sprach als 1. Vorsitzender des Bundes der Pfalzfreunde davon, daß die äußere Zusammengehörigkeit von Pfalz und Bayern seit 50 Jahren der Vergangenheit angehöre, doch sei das klare Bekenntnis zur inneren Zusammengehörigkeit, von der schon der frühere Ministerpräsident Hans Ehard gesprochen habe, nach wie vor lebendig, nicht zuletzt dank der Aktivitäten des Landesverbandes und des Bundes der Pfalzfreunde, die engagiert die Pfälzer Fahne in Bayern hochhielten »ohne falsches Pathos und selbstverständlich ohne Revanchegelüste«. Unter den Festgästen sah man den aus der Pfalz stammenden Münchner Kardinal Friedrich Wetter, die Vertreter des Hauses Wittelsbach, die Münchner Bürgermeisterin Dr. Gertraud Burkert und den Pfälzer Regierungspräsidenten Rainer Rund. Alle miteinander waren sich einig in dem Wunsch: Bayern und Pfalz – Gott erhalt's …

Thomas Münster

Franz Sackmann – »politisches Urgestein«

Selten war die Bezeichnung »politisches Urgestein« so präzise zutreffend wie im Fall des älteren Herrn, der dort hinten gelassen, ganz entspannt und ein wenig nachdenklich am Ecktisch der Weinprobierstube sitzt: Franz Sackmann, ehemals Staatssekretär im Bayerischen Wirtschaftsministerium (das ist die bekannteste, aber nur eine seiner zahllosen politischen Funktionen). Sackmann sitzt dort, weil er mit einem Journalisten zum Interview verabredet ist. Die Verspätung nimmt er dem Reporter nicht weiter übel, bietet sie ihm doch Gelegenheit, wieder einmal »seine« Weinprobierstube auszukosten. Die Anreise aus der hinteren Oberpfalz ist weit, seine Besuche in diesem Haus sind in den letzten Jahren seltener geworden. Und den Aufenthalt hier genießt er sichtlich.

24 Jahre lang, bis 1978, saß Franz Sackmann im Landtag. Das ist eine enorm lange Amtszeit, begleitet von ständigem Auf und Ab, von Affären und Triumphen, von kleinweise errungenen, heute noch nachwirkenden Erfolgen, getragen von zähem Beharrungsvermögen. Ein erfülltes Politikerleben, und immer noch ist der Mann politisch aktiv. Vieles hat ihn bewegt, und viel hat er bewegt. Doch von einem Konflikt ganz aus den Anfangsjahren seiner politischen Karriere weiß er zu berichten, als sei er erst vorgestern geschehen: dem politischen Streit, ob die Pfalz wieder bayerisch werden oder einem anderen Bundesland zugeschlagen werden solle. Da weiß er noch Ort, Tag und Stunde, da nennt er jeden der damaligen Mitkämpfer oder Gegenspieler namentlich.

Als bayerisches Streitroß in diese Auseinandersetzung zu ziehen, war Sackmann prädestiniert wie kein anderer. Er ist nämlich Bayer und Pfälzer zugleich. Geboren wurde er am 17. Dezember 1920 in Kaiserslautern, das damals noch zur bayerischen Pfalz gehörte. Seine Eltern aber waren Münchner. Der Vater war samt Familie als Oberingenieur an den Sitz der Kaiserslauterer Eisenwerke in die Pfalz gezogen. Er zeichnete verantwortlich für zahlreiche bayerische Brückenbauten, darunter die Hackerbrücke vor dem Münchner Hauptbahnhof. Er starb, als Franz erst sechs Jahre alt war. Aber da war er in der neuen pfälzischen Heimat schon so tief verwurzelt, daß beispielsweise der Pfälzer Schachbund 1967 zur Jubiläumsveranstaltung ein »Gedächtnisturnier« für seinen namhaften Schachpionier ausrichtete.

Die Mutter kehrte mit Franz und seinen beiden Schwestern 1933 nach München zurück. 1939 begann er nach dem Abitur am Wittelsbacher-Gymnasium das Lebensmittelchemiestudium an der Ludwig-Maximilians-Universität; nach einem Semester mußte er Soldat werden. Erst nach dem Krieg, 1947, konnte er sein Studium fortsetzen und 1951 als »staatlich geprüfter Lebensmittelchemiker« abschließen.

Schon im Gymnasium hatte sich Franz Sackmann dem katholischen Jugendbund Neudeutschland angeschlossen, zu dem er auch hielt, als ihn die Nazis vergeblich gleichzuschalten versuchten und schließlich verboten. Nach dem Arbeitsdienst 1940 zur Wehrmacht eingezogen, war er zunächst zum Chemiestudium beurlaubt, aber dann erwischte es ihn doch noch: Frankreich, Bulgarien, Rumänien, Rußlandfeldzug. In Stalingrad eingekesselt, wurde er mit einem »Heimatschuß« ausgeflogen, kam dann zur Panzertruppe nach Ostpreußen, »bis uns beim Rückzug vor Dresden der Diesel ausging«. Trotz seiner vier Verwundungen gelang ihm die Flucht aus amerikanischer und russischer Gefangenschaft, um nach wochenlangen Märschen das zerbombte München zu erreichen. Vor der Haustür seiner Mutter konnte er gerade noch »Grüß Gott« sagen. Dann brach er zusammen und brauchte drei Wochen, bis er wieder richtig ansprechbar war.

Nach dem Kriegsende knüpfte Sackmann an die alten Verbindungen aus der Jugendbewegung an, rief mit Gleichaltrigen die Katholische Junge Mannschaft ins Leben und fand (Mitgliedsnummer 34) Kontakt zu den Gründern der CSU. (So wurden der legendäre Ochsensepp und Franz Josef Strauß 1953 Trauzeugen bei der Heirat mit seiner inzwischen verstorbenen Frau Hildegard.) Aus diesem Kreis erwuchs auch der Gedanke einer Jugendorganisation für die Union. Als diese 1946 gegründet wurde, war Sackmann dabei, ebenso, als sich an der Universität ein Kreis politisch interessierter christlicher Studenten zum nachmaligen RCDS konstituierte. 1950 wurde er geschäftsführender Vorsitzender der Union in München. Bis 1959 war er Spitzenrepräsentant der Jungen Union. 1954 kandidierte er mit Erfolg zum Landtag, dem er bis 1978 als Mandatar für den Wahlkreis Schwandorf-Burglengenfeld-Roding angehörte. 1966 wurde der Landrat aus Roding, der sich bis heute nachhaltig um »Grenzlandprobleme« bemüht, Wirtschaftsstaatssekretär.

Ehrenbürger von acht oberpfälzischen Gemeinden, Goldene Medaille für kommunale Verdienste, Verdienstkreuz und Verdienstorden mit Stern, Ehrenämter noch und noch. Das alles erzählt Sackmann eher beiläufig. Und mit verhaltenem Schmunzeln berichtet er von seinen spektakulären Aktionen, mit denen er 1953 in angemieteten Trambahnen die 3000 in der Funkkaserne untergebrachten Flüchtlinge aus der damaligen »Zone« zu den Münchner Wahlkampfauftritten von Adenauer und Ollenhauer schaffte, um ihnen ein Gespür für deren Lage zu vermitteln. Anschließend führte er die Politiker in die »Lager« (und büßte dabei einen an Adenauer verliehenen Regenmantel ein, »den ich nie wieder gesehen habe«). All das, auch die »revolutionäre Stimmung, als es um das Lastenausgleich-Gesetz ging«, ist für ihn heute im Bereich des Anekdotischen.

Angeregt lebhaft wird er erst, als die Frage seinem Engagement für die Pfalz gilt. 1950 entstand der Bund der Pfalzfreunde, seit 1955 war er dort 2. Vorsitzender (1. waren stets die jeweiligen Landtagspräsidenten). Zugleich wurde unter Ministerpräsident Hans Ehardt der

Pfalzausschuß institutionalisiert, dessen einziger Auftrag die politische Rückführung der Pfalz an Bayern war. »Seither bin ich ständig in die Pfalz gefahren«, erinnert sich der Münchner Pfälzer, »und der dortige Ministerpräsident Peter Altmeier hat meine Aktivität mit scharfem Argwohn beobachtet.« Altmeier habe sich jegliche Einmischung in den von den Franzosen konstituierten Regierungsbezirk verbeten. Aber Sackmann ließ sich da nicht beirren. So sei er beispielsweise jedesmal, wenn einer der ehemaligen pfälzischen Abgeordneten verstarb, »immer rüber zur Abschiedsrede«, die er dann gleich zur Werbung für den Anschluß an Bayern genutzt habe. Im Vorlauf zum Pfalz-Referendum war der temperamentvolle Vollblutpolitiker bejubelter Hauptredner auf insgesamt neun Großveranstaltungen. Alois Hundhammer und zwanzig weitere Kollegen aus dem Landtag waren ebenfalls entsandt, engagierten sich aber nicht mit der gleichen Verve. Sie hätten es in ihren Reden eher mit Reminiszenzen an die gute alte Zeit und mit der geläufigen »Gotterhalt's«-Parole gehalten, erinnert sich Sackmann, eben mit volkstümelnden Moralappellen. Sein »Aufhänger« hingegen waren die konkreten wirtschaftlichen Vorzüge, die ein Anschluß an das große Nachbarland geboten hätte. Und das berührte die Menschen der Nachkriegszeit viel nachhaltiger als Reminiszenzen an die Postkutschen-Ära, in der die Wirtschaftsverbindungen ja auch schon durchaus tragfähig waren.

Die Resonanz auf seine Auftritte war so positiv, daß er »zunächst sehr optimistisch« war. Das ist kein eitles Selbstlob: Tatsächlich haben alle neun Gemeinden,

in denen er aufgetreten war, fast geschlossen für den Beitritt votiert – das ist verbürgt. »Selbst die Bischöfe haben seit Beginn der 50er in meinem Sinne gesprochen«, erinnert sich Sackmann. Die Chancen standen gut.

Doch Ministerpräsident Altmeier war auf eine Idee gekommen, die Sackmann heute noch als »Trick« empfindet. An das originale Referendum hat er einfach zwei weitere Volksbegehren gekoppelt, nämlich »Anschluß Kurpfalz« und »Anschluß Hessen«. Da gingen, je nach geographischer Nähe und individuellem Zugehörigkeitsgefühl, plötzlich Risse durch die Bevölkerung. Kurz gefaßt: Das Referendum führte zu der heutigen Situation. Sackmann akzeptiert das wegen der denkbar schwachen Wahlbeteiligung auch wenig aussagekräftige Ergebnis bis heute nicht wirklich: »Im Grunde sind alle drei Referenden gescheitert.«

Und was nun? Der Pfalzausschuß wurde aufgelöst, der Pfalzbund konzentriert sich seit dem Debakel auf kulturelle Arbeit. Schon die Restauration des Wittelsbacherschlosses Ludwigshöhe bei Edenkoben wurde »auch mit Geld aus der Weinstube« angekurbelt. Der Bund vergibt Kulturpreise und fördert seit einigen Jahren pfälzische Einserabiturienten, neuerdings auch Mädchen, auf dem Weg ins Maximilianeum. Der Pensionist Sackmann selbst konzentriert sich, neben seiner Hobbygärtnerei und neben seinen zahllosen Ehrenämtern, heute vor allem auf seine Arbeit im Kolping-Berufsbildungswerk, aus dem schon etliche Jungunternehmer mit wirtschaftlich soliden Firmen hervorgegangen sind.

Adolf Schicker
Der Pfalzreferent in der Bayerischen Staatskanzlei

Die Welt ist voller Geheimnisse: So existiert tatsächlich in der Bayerischen Staatskanzlei ein Referat, welches höchst offiziell in der Aufgabenbeschreibung neben den Angelegenheiten und Richtlinien der Wissenschafts- und Forschungspolitik ausdrücklich auch den Aufgabenbereich »Pfalz-Angelegenheiten« ausweist.

Dies wirft Fragen auf: Ein Pfalzreferent in der Bayerischen Staatskanzlei – ist er ein zeitloses Fossil aus tiefster Vergangenheit oder ein unzeitgemäßer Geheimagent mit revisionistischen Aufgaben und Zielen? Angesichts der seit über 40 Jahren feststehenden Realitäten bei der Ländergliederung der Bundesrepublik Deutschland drängt sich die Vermutung auf, daß die Tätigkeit als Pfalzreferent – was die Arbeitsaufteilung betrifft – nicht zu den Schwerpunkten des Referates zählen kann.

Mit dieser Vermutung liegt man heute sicherlich nicht falsch; dies war freilich nicht immer so. Nach dem Zweiten Weltkrieg, als Bayern die Pfalz unermüdlich hofierte und hoffte, den nicht nur wirtschaftlich attraktiven Landstrich dem neugegründeten Bundesland Rheinland-Pfalz abspenstig machen zu können, hatte der Pfalzbeauftragte in der Münchner Staatskanzlei klare politische Aufgaben, die seinen vollen Einsatz verlangten. (Die folgenden historischen Ausführungen basieren vor allem auf den Ausführungen von Karl-Ulrich Gelberg: »Die Bayerische Pfalzpolitik

1945–1956«, und Gerhard Nestler: »Die Pfalz gehört zu Bayern«; beide in: Hans Fenske (Hrsg.): »Die Pfalz und Bayern 1816–1956«, Speyer 1998.)

Die bayerische Pfalzpolitik war nach dem Zweiten Weltkrieg bis zum Jahr 1956, dem Jahr des Scheiterns des Volksbegehrens, geprägt vom Bestreben, die Pfalz wieder mit Bayern zu vereinen. Der Bayerischen Staatskanzlei, laut Artikel 52 der Verfassung des Freistaates Bayern mit der Aufgabe betraut, den Ministerpräsidenten und die Staatsregierung in ihren verfassungsmäßigen Aufgaben zu unterstützen, kam dabei von Anfang an eine Schlüsselrolle bei diesen Aktivitäten zu. Einen maßgeblichen Einfluß hatte der damalige Leiter der Bayerischen Staatskanzlei in der ersten Regierung Ehard, Dr. Anton Pfeiffer, der für zahlreiche Kontakte zwischen der Pfalz und Bayern sorgte. Er selbst war gebürtiger Pfälzer und häufig bei seinem Bruder in Speyer zu Gast. Es wird vermutet, daß er bei diesen Besuchen auch Verbindungen zu probayerischen Kreisen in der Pfalz aufnahm und für die Rückkehr des ehemaligen Regierungsbezirkes zu Bayern warb. (So Nestler, a. a. O., Seite 272.) Die Richtlinien der Politik waren eindeutig: »Zurück zur Mutter Bavaria« lautete die Losung von Ministerpräsident Wilhelm Hoegner. »Keine bayerische Regierung ist befugt, einen Verzicht auf die Pfalz, mit der wir uns innerlich auf das engste verbunden fühlen, auszusprechen«, forderte Mini-

sterpräsident Hans Ehard. Mit dem Anspruch auf die Pfalz verband sich eine enorme politische, propagan- distische und publizistische Aktivität Bayerns. Anfang November 1948 hatte sich in der Staatskanzlei in München ein »Ausschuß Bayern – Pfalz« konstituiert, aus dem ein Jahr später der »Landesverband der Pfälzer im rechtsrheinischen Bayern« hervorging; 1949 entstand in der Pfalz der »Bund Bayern und Pfalz«. Die Aktivitäten dieser Verbände wurden von der Bayerischen Staatskanzlei und dem dortigen Pfalzreferenten gesteuert, koordiniert und sogar nicht unerheblich finanziell gefördert. Ein herausragender Pfalzreferent der damaligen Zeit war sicherlich Dr. Fritz Baer, der auch publizistisch in der Pfalzfrage sehr aktiv war. Welche Schlüsselstellung Baer in der Bayerischen Staatskanzlei innehatte, führt Gerhard Nestler in seiner Abhandlung »Die Pfalz gehört zu Bayern« wie folgt aus: »Besonders eng war die Zusammenarbeit (i. e. des »Bundes Bayern und Pfalz«) mit der Bayerischen Regierung und dem ›Landesverband der Pfälzer im rechtsrheinischen Bayern‹. Sie war so intensiv, daß man die Hauptgeschäftsstelle des Bundes sogar als verdeckte Dienststelle der Bayerischen Regierung in der Pfalz bezeichnen kann. Vorgesetzter der Geschäftsführer war im Grunde genommen nicht der Vorsitzende des Bundes, sondern der Pfalzreferent in der Bayerischen Staatskanzlei, Dr. Fritz Baer, der alle wesentlichen organisatorischen und finanziellen Entscheidungen des Bundes gegenzeichnete. (Nestler, a. a. O., Seite 284.)

Wie die Geschichte dann zeigte, waren all die Aktivitäten, so auch die berühmten Pfalzfahrten des 1950 vom Bayerischen Landtag eingesetzten Pfalz-Ausschusses, erfolglos. Für die Rückgliederung der Pfalz an Bayern trugen sich zwischen dem 9. und 22. April 1956 nur 7,6 Prozent der Pfälzer Stimmberechtigten in die Listen ein, 10 Prozent wären nötig gewesen, um einen Volksentscheid in dieser Frage zu erzwingen.

Die bayerische Pfalzpolitik der 50er Jahre war somit gescheitert, die Einrichtung des Pfalzreferenten in der Staatskanzlei blieb jedoch bestehen. Damit stellt sich zwangsläufig die Frage nach der Berechtigung und den heutigen Aufgaben dieses Amtes.

Das Amt des Pfalzreferenten in der Bayerischen Staatskanzlei ist zunächst zweifellos ein Relikt aus einer Zeit, in der versucht wurde, die jahrhundertelange kulturelle, historische und politische Verbundenheit Bayerns und der Pfalz nach dem verheerenden Zweiten Weltkrieg in die Neuordnung Deutschlands hinüberzuretten und wieder auferstehen zu lassen. Gescheitert ist das politische Ziel und somit auch der politische Anspruch des Amtes des Pfalzreferenten; nicht gescheitert, sondern weiterhin höchst lebendig ist die Aufrechterhaltung des Bewußtseins gemeinsamer Geschichte und kultureller Tradition sowie der guten landsmannschaftlichen und kulturellen Beziehungen zwischen Bayern und der Pfalz.

Diese kulturellen Bindungen und Verbindungen zu pflegen ist wesentliche Aufgabe des Pfalzreferenten geworden. Daß, um ein historisch bedingtes Phänomen zu nennen, der Bischof von Speyer auch heute noch Mitglied der bayerischen Bischofskonferenz ist, spielt für den Pfalzreferenten kaum eine Rolle. Daß neben dem Bischof von Speyer, dem Erzbischof von München und Freising, dem Haus Wittelsbach, Altbundeskanzler Dr. Helmut Kohl, dem Ministerpräsidenten von Rheinland-Pfalz und einer großen Anzahl weiterer herausragender Persönlichkeiten aus Politik, Kirche, Wirtschaft, Wissenschaft und Publizistik auch der bayerische Ministerpräsident Dr. Edmund Stoiber Mitglied des Kuratoriums des Speyrer Dombau-Vereins, der sich am 5. Juli 1996 konstituiert hat, und der »Europäischen Stiftung Kaiserdom zu Speyer« ist, fällt dagegen arbeitsmäßig durchaus ins Gewicht. Ein weiteres Tätigkeitsfeld erschließt sich dadurch, daß die Bayerische Landesstiftung, im Jahre 1972 zur Unterstützung sozialer und kultureller Projekte in Bayern gegründet, auch Projekte in der Pfalz, die einen deutlichen Bezug zur bayerischen Geschichte aufweisen, unterstützen kann und immer wieder unterstützt. So hat, um das aktuellste Beispiel zu nennen, der Stiftungsrat im April 2000 im Hinblick auf die pfälzisch-bayerische Verbundenheit sowie die Bedeutung des Baudenkmals einen Zuschuß in Höhe von 5000 Mark für die Sanierung des Wittelsbacher-Brunnens in Zweibrücken bewilligt. Übermittelt wurde das Anliegen durch den Pfalzreferenten. Vor 10 Jahren stellte die Bayerische Landesstiftung auf Vermittlung des damaligen Pfalzreferenten Kopplinger die stolze Summe von 50 000 Mark zur Verfügung, damit der historische »königlich-bayerische Tabakschuppen« der Gemeinde Harthausen renoviert werden konnte.

Zur wichtigsten Aufgabe des Pfalzreferenten gehört es jedoch, den Kontakt zu den Pfalzvereinen in München, insbesondere dem »Bund der Pfalzfreunde in Bayern«, dessen Vorsitzender der bayerische Landtagspräsident ist, sowie dem »Landesverband der Pfälzer in Bayern«, der die Zeitschrift »Stimme der Pfalz« herausgibt und die Pfälzer Weinstube in einem der attraktivsten Gebäude Bayerns, der Münchener Residenz, betreibt, zu pflegen und dort, wo die Unterstützung der Staatsregierung oder der Staatskanzlei hilfreich erscheint, zur Seite zu stehen.

Gar nicht so selten wird der Pfalzreferent nach Inhalt und Zielen einer bayerischen »Pfalzpolitik« gefragt. Die Antwort kann nur sein, daß es heute keine Pfalzpolitik der Bayerischen Staatsregierung, wie sie in den 50er Jahren betrieben wurde, gibt und geben kann. Die staatliche Zugehörigkeit der Pfalz zu Bayern endete mit der Gründung des Landes Rheinland-Pfalz im Jahre 1946. Diese Trennung wurde spätestens 1956 durch das gescheiterte Volksbegehren endgültig besiegelt. Heute geht es um eine Politik, die in der Betonung der gemeinsamen Vergangenheit und der guten kulturellen und landsmannschaftlichen Beziehungen besteht, welche keinesfalls eine Änderung der bestehenden Verhältnisse voraussetzt oder anstrebt. Der Blick muß vorwärts in eine europäische Zukunft gerichtet sein, nicht rückwärts in kleinstaatliches Denken. Beim Zusammenwachsen Europas können und müssen gerade so traditionsreiche Gebiete wie

Bayern und die Pfalz im Sinne kultureller Eigenständigkeit einen wichtigen Beitrag zu einem Europa der Regionen leisten. So hat Ministerpräsident Dr. Edmund Stoiber in der Ministerratssitzung am 16. Juli 1996, in welcher der Angliederung der Pfalz an das 1946 gegründete Land Rheinland-Pfalz gedacht worden ist, betont, daß Bayern und Rheinland-Pfalz als Partner gemeinsam für eine Stärkung der regionalen Vielfalt in Europa eintreten werden. Bei einem Treffen des bayerischen Ministerpräsidenten mit seinem rheinland-pfälzischen Kollegen Beck im März 1999 wurde deutlich, daß sich an dieser Zielrichtung nichts geändert hat.

So hat das Pfalzreferat auch heute im Spannungsfeld zwischen historisch begründeter Pflege gemeinsamer Kultur und Tradition und zukunftsgerichteter Neuorientierung in einem künftigen Europa der Regionen seine Berechtigung, der Pfalzreferent weiterhin eine wichtige und interessante Aufgabe und der gute alte Spruch »Bayern und Pfalz, Gott erhalt's« immer noch Gültigkeit.

Hans von Malottki
Die »Stimme der Pfalz«

In den letzten Kriegswochen des Frühjahrs 1945 war die Pfalz von amerikanischen Truppen erobert worden. Bald rückten die Franzosen nach, und nach der Kapitulation wurde das Gebiet französische Besatzungszone. Der spätere bayerische Ministerpräsident Wilhelm Hoegner lebte damals noch im Exil in der Schweiz, kümmerte sich aber zu diesem Zeitpunkt bereits um die Wiederherstellung Bayerns in seinen alten Grenzen – einschließlich der Pfalz.

Auf dem linken Rheinufer hatten die Franzosen zunächst die Absicht verfolgt, als Puffer zwischen Frankreich und Deutschland einen souveränen Staat zu errichten. Sie schlossen sich dann aber den Plänen der Amerikaner und Engländer für einen deutschen Bundesstaat an, und am 30. August 1946 befahl der Oberkommandierende der französischen Streitkräfte, General Pierre Koenig, das Land Rheinland-Pfalz zu gründen. Als die Besatzungsmächte 1949 Deutschland die Souveränität zurückgaben, konnte sich überall im Land wieder politisches Leben regen.

In der Pfalz war vor allem in der älteren Generation die Erinnerung an die Zugehörigkeit zu Bayern noch lebendig. Die zwölf Jahre Nationalsozialismus hatten mit der Schaffung des Gaues Westmark diese Bindungen zwar gelockert, staatsrechtlich aber nicht beseitigt. Ministerpräsident Hans Ehard merkte dazu an: »Ein Gewaltakt, kein Rechtsakt.« Das Besatzungskind Rheinland-Pfalz stieß auf viel Skepsis, teilweise auf Ablehnung, überwiegend aber auf Desinteresse. Im Vordergrund stand für die Menschen damals der Kampf um das Notwendigste für das tägliche Leben. Die Gegner des neuen Bundeslandes verwiesen darauf, daß es völlig unhistorisch, willkürlich und eher zufällig zusammengestückelt war und keine solide wirtschaftliche Grundlage besaß. Fast überall traten zentrifugale Kräfte für die Auflösung ein. Im Süden machte sich der Bund Bayern und Pfalz für die Wiederherstellung des alten Zustands stark, während welchem die Pfalz 130 Jahre lang als achter Regierungsbezirk zu Bayern gehört hatte; dagegen bemühten sich die Kurpfälzer, das linksrheinische Nachbargebiet mit dem Südweststaat zu vereinigen.

Um für die Aktionen »pro Bayern« zu werben, wurde das Periodikum »Bayern und Pfalz – Pfälzische Blätter für die Freunde der Wiedervereinigung« gegründet. Die erste Ausgabe erschien am 15. Dezember 1949 zum Preis von 10 Pfennig. Die Keimzelle der »Stimme der Pfalz« war damit geboren. Die »Blätter« erschienen monatlich, als Herausgeber zeichnete der »Ausschuß Bayern und Pfalz«, der im Sommer 1950 den gleichnamigen »Bund Bayern und Pfalz« gründete. Die Redaktion saß in Ludwigshafen, wo auch ein Verbindungsbüro zu Bayern eingerichtet wurde. Verantwortlicher Redakteur wurde Hermann Michael Kaufmann, ein versierter junger Journalist, späterhin »Rheinpfalz«-Redakteur, der 1999 hochbetagt gestorben ist. Gedruckt wurden die »Blätter« in der angesehenen Jaegerschen Druckerei in Speyer. Das Blatt wurde auch an den Zeitungskiosken in der Pfalz vertrieben. Unter der Überschrift »Bayern grüßt seine Pfalz« setzte »Bayern und Pfalz« gleich in der ersten Ausgabe einen Markstein mit dem Abdruck der Rede, die der bayerische Ministerpräsident Hans Ehard in München bei der Gründung des »Landesverbandes der Pfälzer im rechtsrheinischen Bayern«, wie es damals noch hieß, gehalten hatte. Dem Verein Kurpfalz dagegen bescheinigte man mit scharfen Worten »vergebliche Liebesmüh«, und die CDU in Koblenz, wo damals die Regierung der »zonengegründeten Übergangsmaßnahme« noch saß, weil es in Mainz keine Regierungsgebäude gab, mußte sich für ihren Beschluß zur Dauerexistenz des neuen Bundeslandes Rheinland-Pfalz herbe Kritik gefallen lassen. Die Pfälzer verwiesen auf die rechtliche Situation, auf die Urkunde des Königreiches Bayern von 1816, in der steht, daß Bayern und Pfalz »auf ewige Zeiten« vereinigt sein sollen.

In der Folgezeit berichteten die »Blätter« von den immer noch vorhandenen wirtschaftlichen Verflechtungen und stellten eine lange Liste auf von bayerischen Hilfen für die notleidende Pfalz: Jahr für Jahr konnten viele hundert Kinder ihre Ferien in Bayern verbringen, Millionen-Zuschüsse flossen für die Theater, für das

Pfalzorchester und in andere kulturelle Einrichtungen; gegenseitige Besuche von Vereinen, Chören, Berufsgruppen und Bürgermeistern fanden statt und nicht zuletzt die alljährliche Fahrt des Pfalz-Ausschusses des Bayerischen Landtags. Auch der Bayerische Senat bereiste die Pfalz, und es wurde regelmäßig zu gegenseitigen Pressefahrten eingeladen. In München empfingen die Staatskanzlei und Oberbürgermeister Thomas Wimmer die Berichterstatter.

Die »Blätter« berichteten von gegenseitigen Kunstausstellungen, von Gastspielen Münchner Theater in der Pfalz, die mit Pfälzer Weinfesten in München, so im Hofbräuhaus (!), ausgeglichen wurden. Von bayerischen Aufträgen für die pfälzische Wirtschaft war sehr viel die Rede und von den vielen Pfälzern im bayerischen Staatsdienst; von den zahlreichen Weinpatenschaften bayerischer Städte und nicht zuletzt vom Beginn der Pfälzer Weinprobierstube in der Münchner Residenz mit ihrem von Anfang an erstaunlichen Erfolg. Große Aufmerksamkeit widmeten die »Blätter« der spektakulären »Viehspende für Büchelberg«, zu der der »Münchner Merkur« aufgerufen hatte. Allgäuer, Chiemgauer und Berchtesgadener Bauern stifteten insgesamt 126 Tiere für das am Westwall gelegene ärmste Dorf der Pfalz und seine Nachbargemeinden, deren Bewohner durch den Krieg alles verloren hatten. In den Folgejahren wurde diese Spende durch weitere Hilfen für die Landwirtschaft im Grenzgebiet zu Frankreich mehrfach ergänzt.

Als im Juli 1950 aus dem zunächst gegründeten Ausschuß der »Bund Bayern und Pfalz« geworden war, zeichnete

dieser nun für die Herausgabe der Blätter »Bayern und Pfalz« verantwortlich. Hauptanliegen war und blieb stets die Frage des Wiederanschlusses der Pfalz an Bayern, der nur über eine Neugliederung des Bundesgebietes und über die dazu notwendigen Volksabstimmungen zu erreichen war.

Mit dem 20. Heft erhielten die »Blätter« im Juli 1951 ein handlicheres Format und nun auch den Titel »Stimme der Pfalz«; zugleich trat der Landesverband der Pfälzer im rechtsrheinischen Bayern als Mitherausgeber auf, und in Schwabing wurde eine Münchner Redaktion eingerichtet. Inhalt und Gestaltung änderten sich wenig, das »unentwegte Ringen« um die Pfälzer Frage nahm breiten Raum ein, daneben wurde »die lebendige Verbindung der pfälzischen Künstler, Dichter und Musiker mit dem bayerischen Kunstschaffen« besonders gepflegt. Ausführlich berichtete die »Stimme« gemäß ihrem Ziel, »Instrument des Angriffs und der Aufklärung« zu sein, über die Aktivitäten der Bayerischen Staatsregierung, von Landtag und Senat, die sich im »Bund der Pfalzfreunde« bündelten, und ebenso auch über die geschichtlichen, wirtschaftlichen und volkstumsmäßigen Zusammenhänge von Bayern und der Pfalz. Die Zeitschrift war zum »Sprachrohr der Pfälzer geworden, zu einem einzigartigen publizistischen Organ in der Pfalz, das Politik, Wirtschaft und Kultur aus der großen Sicht des geschichtlichen Werdens der Pfalz umfaßt«.

Schließlich zog Frankreich seinen Vorbehalt gegen Artikel 29 des Grundgesetzes zurück, und es konnte 1956 zum Volksbegehren kommen. Die Regierungser-

klärung von Ministerpräsident Wilhelm Hoegner dazu im Bayerischen Landtag druckte die »Stimme der Pfalz« ebenso im Wortlaut ab wie das »Pfälzer Manifest« von Kaiserslautern: »Bayern ruft die Pfalz!«, und sie berichtete von der festlichen Stimmung beim Empfang für die bayerische und pfälzische Presse in München. Die »Stimme« frohlockte: »Das Schicksal von Rheinland-Pfalz ist besiegelt.« Doch jäh schlug diese Hochstimmung in Entsetzen und Enttäuschung um, als das Abstimmungsergebnis bekannt wurde: Nur 7,6 Prozent der Pfälzer votierten für den Wiederanschluß an Bayern! Da halfen auch Klagen über Behinderungen und mangelnde Durchführung und keine Einsprüche mehr, ebenso wenig die Hoffnung auf eine allgemeine umfassende Neugliederung des Bundesgebietes. Rheinland-Pfalz blieb bestehen, die Pfalz blieb für Bayern verloren.

Die Zeitschrift hatte zur Jahresmitte ihr Format geändert und das Aussehen erhalten, das sie im wesentlichen bis heute beibehielt. Als Mitherausgeber trat nun der 1. Vorsitzende des Landesverbandes, Dr. Willi Moos, hinzu und engagierte sich sehr für ihren weiteren Ausbau. Sie erschien jetzt zweimonatlich und wandte sich verstärkt Themen aus der Geschichte, der Kunst und der Literatur zu, verlor aber den Zusammenhang der Pfalz mit Bayern und die Neugliederung nicht aus den Augen. 1962/63 veröffentlichte sie eine Serie über die Gründung von Rheinland-Pfalz, deren Verfasser mit $\overset{*}{*}$ zeichnete. Es erschien also damals noch ratsam, bei einem derart brisanten Thema seinen Namen zu verschweigen. Wenig später, an ihrem 15. Geburtstag,

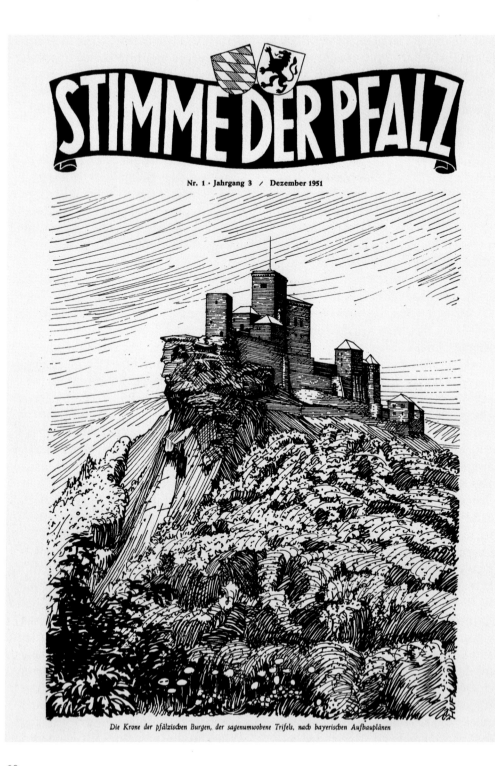

STIMME DER PFALZ

Nr. 1 · Jahrgang 3 / Dezember 1951

Die Krone der pfälzischen Burgen, der sagenumwobene Trifels, nach bayerischen Aufbauplänen

sah sich die Zeitschrift als Zeitdokument der Nachkriegsgeschichte und betonte den geschichtlichen Auftrag, dem sie diene.

Im folgenden Jahr übernahm Dr. Willi Moos die alleinige Herausgeberschaft; für die Redaktion zeichnete Dr. Rudolf Joeckle in Speyer verantwortlich, das nun Verlagsort wurde. Zu dieser Zeit nahm man auch endgültig Abschied von den Nachkriegsverhältnissen, man suchte »ein neues Pfalzbild«. Man sah die Pfalz im geistigen Umbruch und in eine größere Region eingebettet: in das werdende Europa, sprach aber das Thema Neugliederung doch immer wieder an. Eine organisatorische Veränderung gab es zu Beginn des Jahres 1973: Nun trat der »Landesverband der Pfälzer in Bayern« als Herausgeber auf, und als verantwortlicher Redakteur erschien erstmals der in Schwabing lebende Redakteur Carl Schuster. Der gebürtige Kaiserslauterer war bis dahin namentlich nicht in Erscheinung getreten, hat aber die Zeitschrift von ihren Anfängen an durch umfangreiche Berichterstattung mitgestaltet und ihr geistiges Profil geprägt. Zum 25. Geburtstag 1974 erhielt die »Stimme« viele Glückwünsche, darunter vom Rheinland-Pfälzer Ministerpräsidenten Helmut Kohl und dem dortigen Kultusminister Bernhard Vogel, vom pfälzischen Regierungspräsidenten Hans Keller, vom Vorsitzenden des Pfälzischen Bezirkstags Werner Ludwig, vom bayerischen Landtagspräsidenten Rudolf Hanauer und von Franz Sackmann, Staatssekretär im Bayerischen Wirtschaftsministerium, und ebenso vom Amtschef im Bayerischen Kultusministerium, Freiherr von Strahlenheim. Zwei Jahre später wurde der Druck an die Pfälzische Verlagsanstalt in Landau vergeben, wo die Zeitschrift heute noch hergestellt wird.

Auch zu den späteren runden Geburtstagen gab es Lob und Glückwünsche. Die Gratulanten hoben immer wieder besonders hervor, daß es einer Kulturzeitschrift gelang, sich in der modernen Medienlandschaft so lange auf dem Markt zu behaupten, zumal in der Pfalz eine Zeitschrift nach der anderen das Erscheinen einstellte. Die »Stimme der Pfalz« verdankt dies dem Engagement des Landesverbandes der Pfälzer in Bayern, der in der Herausgabe eine mäzenatische Aufgabe sieht – im Interesse der Pfalz. Zum Jahresende 1999 konnte die »Stimme der Pfalz« ihren 50. Jahrgang vollenden. Carl Schuster, der ihr Gesicht die Jahrzehnte hindurch geprägt hatte, wurde zwei Jahre zuvor als Neunzigjähriger aus der redaktionellen Verantwortung verabschiedet. Diese übernahm der gegenwärtige 1. Vorsitzende des Landesverbandes, Dr. Hans von Malottki. Die Absicht ist es nun, den Lesern in und außerhalb der Pfalz vor Augen zu führen, was die Pfalz ausmacht, diese gesegnete, aber als Grenzregion vom Schicksal häufig zu besonderer Leidensfähigkeit herausgeforderte Landschaft. Auch diesmal erhielt die (beinahe) einzige noch verbliebene pfälzische Kulturzeitschrift wieder Gratulationen und Glückwünsche, Lob und Zuspruch. Sie gipfelten in dem Wunsch: Möge die »Stimme der Pfalz« nicht verstummen, möge sie weiterhin ein starkes Bindeglied zwischen Bayern und der Pfalz bleiben!

ZEITSCHRIFT FÜR POLITIK, KULTUR UND WIRTSCHAFT

STIMME DER PFALZ

P 6510 F   JAHRGANG 50 · Heft Nr. 4 · 4. Quartal 1999

Die „Pfalz" von August Drumm an der Prinzregentenbrücke in München   *(Foto: Red.)*

Die Auflösung der Bezirksregierung
Dialekte im Europa der Regionen
Die Pfälzische Ludwigsbahn
Architektur der zwanziger Jahre in der Pfalz

Der bronzene Löwe bewacht den Eingang zur Pfälzer Weinprobierstube.

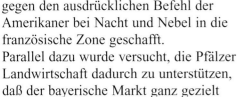

Norbert Wingerter
Die Pfälzer Residenzweinstube in München

Vorgeschichte

Für die bayerische Nachkriegspolitik aller Parteien war es 1945 unstreitig, daß die Abtrennung der Pfalz vom bayerischen Kernland durch die Aufteilung Deutschlands in Besatzungszonen nur vorübergehenden Charakter haben konnte und sollte. Bis – ja bis zum 30. August 1946, als das Bundesland Rheinland-Pfalz geschaffen wurde. Dieser Akt von großer politischer Tragweite rief zahlreiche bayerische Aktivitäten Richtung Pfalz hervor, die den wirtschaftlichen Verhältnissen der damaligen Zeit entsprechend meist humanitärer Art waren.

Die politische Solidarität der bayerischen Politiker, an ihrer Spitze Ministerpräsident Dr. Wilhelm Hoegner, galt der Pfalz in besonderem Maße, weil dieser linksrheinische achte Regierungsbezirk so unverzichtbar fester Bestandteil des Freistaates Bayern war wie die übrigen sieben. Es galt vor allem, den pfälzisch-bayerischen Landsleuten unter die Arme zu greifen, weil die wirtschaftliche Lage in der Pfalz noch wesentlich schlechter war als im rechtsrheinischen Bayern. Viele tausend Tonnen Lebensmittel und Heizungsmaterial wurden gespendet und gegen den ausdrücklichen Befehl der Amerikaner bei Nacht und Nebel in die französische Zone geschafft.

Parallel dazu wurde versucht, die Pfälzer Landwirtschaft dadurch zu unterstützen, daß der bayerische Markt ganz gezielt

Der Steinzimmertrakt der Residenz München

geöffnet wurde. Nur – diese Bestrebungen waren zwar landsmannschaftlich verständlich und bayerisch-patriotisch nachvollziehbar, politisch aber äußerst delikat, weil die Rheinland-Pfälzische Landesregierung diese Aktivitäten als gegen ihre eigene Existenz gerichteten feindlichen Akt betrachtete.

Am 30. Juli 1948 hielt der bayerische Ministerpräsident Dr. Hans Ehard im Bayerischen Landtag eine mit großem Beifall aufgenommene Rede, in der er eine Volksabstimmung in der Pfalz über deren künftige bundesstaatliche Zugehörigkeit forderte. Der Text dieser Rede wurde vieltausendfach in der Pfalz verbreitet.

Am 24. November 1948 wurde in der Bayerischen Staatskanzlei in München der »Ausschuß Bayern-Pfalz« gegründet, dessen einziges Ziel die Vorbereitung des Anschlusses der Pfalz an Bayern war.

63

Das Pfälzer Gegenstück dazu – allerdings eine Privatinitiative – war bereits am 18. Oktober 1948 in Ludwigshafen aus der Taufe gehoben worden.

Um einen Affront mit den politisch Verantwortlichen in Mainz zu vermeiden, bedurfte es auch in Bayern einer überparteilichen Gruppierung. So traf es sich günstig, daß am 26. November 1949 in München der »Landesverband der Pfälzer im rechtsrheinischen Bayern e. V.« entstand. 1. Vorsitzender wurde Ludwig Osthelder, der bis 1933 Regierungspräsident im linksrheinischen achten bayerischen Regierungsbezirk mit Sitz in Speyer gewesen war. Das politische Ziel dieses Vereins war, bei den Pfälzern links und rechts des Rheins für die Wiederangliederung an Bayern zu werben. Diese Aktivitäten des Vereins wurden von der Bayerischen Staatskanzlei finanziell unterstützt.

Vor diesem für die Pfälzer sehr positiven politischen Hintergrund konnte auch die Idee einer »Pfälzer Weinprobierstube in der Residenz« Gestalt annehmen. In der Residenz deswegen, um der Pfalz ihren hohen Stellenwert bei der Bayerischen Staatsregierung zu signalisieren.

Auszug aus der Rede des bayerischen Ministerpräsidenten Dr. Hans Ehard auf der Gründungsversammlung des »Landesverbandes der Pfälzer im rechtsrheinischen Bayern e. V.« am 26. November 1949 in München:
»Liebe Pfälzer aus München und aus allen Landen!
Ich möchte diese Gelegenheit dazu benutzen, vor aller Öffentlichkeit meine und der Bayerischen Staatsregierung Auffassung zur Pfalz-Frage auszusprechen und zwar deutlich und nicht zu zaghaft.

An sich konnte über unsere Haltung in der Pfalz-Frage zu keinem Zeitpunkt ein Zweifel aufkommen. Seit jener Regierungserklärung, die mein Vorgänger, der damalige Ministerpräsident Dr. Hoegner im Oktober 1946 im Bayerischen Landtag abgegeben hat, wurde von seiten der bayerischen Regierung jede sich bietende Gelegenheit ergriffen, in gebührender Weise der Pfalz zu gedenken und die unzerstörbaren Gefühle der Zusammengehörigkeit zum Ausdruck zu bringen.

Der Anspruch, das alte Verhältnis zwischen der Pfalz und Bayern wiederherzustellen, sobald die Stunde hierfür gekommen ist, hat seinen Grund in der Geschichte. Er ist durch unser gemeinsames Schicksal bekräftigt und durch unsere Gefühle besiegelt! Unter den obwaltenden Verhältnissen läßt sich der Tag nicht voraussagen, an dem das pfälzische Volk über seine endgültige staatliche Zugehörigkeit wird entscheiden können.

Es galt bisher immer als eine allgemeine Meinung, daß das Land, dem unsere Pfalz angegliedert wurde, keinen Anspruch auf eine Dauerschöpfung erheben könne und es nach der Auffassung aller daran Beteiligter auch gar nicht wolle!

Darum kann unser begründetes Interesse an der Pfalz unmöglich als eine Störung des augenblicklichen, allgemein als Provisorium bewerteten Status aufgefaßt werden! Die bayerische Regierung hat sich bisher äußerste Zurückhaltung auferlegt gegenüber dem Lande Rheinland-Pfalz, um nicht in den Verdacht illoyaler Haltung zu kommen. Das ist uns offenbar teilweise als Schwäche ausgelegt worden. Und auch die Pfälzer Bevölkerung hat dieses Verhalten vielfach mißdeutet und zuweilen das Gefühl gehabt, Bayern wolle sich um seine Pfalz nicht mehr kümmern.

Nachdem jetzt ganz offen neue Liebhaber in die Arena getreten sind, will auch Bayern seine Versicherung verstärken, daß es seine Pfälzer noch mit der alten Liebe umfängt, auf ihre Rückkehr zuversichtlich hofft und sich rüstet, die Pfalz wieder wie vor dem Kriege zu betreuen und sich um die Heilung ihrer Wunden zu bemühen.«

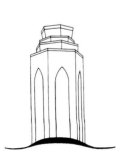

Die Pfälzer, vertreten durch Dr. Emil Leibrecht und Carl Weber, gratulieren Dr. Hans Ehard, Ministerpräsident a. D., zum 75. Geburtstag.

»Prost«, sagt das Weinglas zum Maßkrug!

Im Gebäude des Bayerischen Nationalmuseums an der Prinzregentenstraße in München fanden in den Jahren 1948/49 häufig Ausstellungen statt, so eine Gewerbeschau »Bayern geht nach New York« vom 14. bis 28. März 1949 oder eine »Pfälzische Kunstausstellung« im April 1949. Um die trockene Museumsluft anzufeuchten, wurde während der Ausstellungstage und -zeiten ein Erfrischungsraum für Besucher eingerichtet. Nachdem dort Pfälzer Wein ausgeschenkt wurde, erfreute sich dieser winzige Raum bald der gleichen Anziehung wie die Ausstellungen selbst. Nach der abendlichen Schließung der Austellung blieben die Besucher einfach sitzen und bestellten sich noch einen Schoppen. Viele kamen auch nur zum Weintrinken und vermieden die Strapazen der Ausstellung. Im Nu bildete sich ein Stammpublikum heraus, das auch an ausstellungsfreien Tagen die knapp 45 Sitzplätze bevölkerte. Ein Umsatz von über 2000 Litern Wein pro Woche war keine Seltenheit!

Kein Wunder bei einem Angebot, das

Pfälzer Weine

auf der Gewerbeschau „Bayern geht nach New York"

vom 14. bis 28. März 1949 in München

„Neue Sammlung", Prinzregentenstr. 3 (linker Flügel des Nationalmuseum)

Wein-Karte

Die Weine können in der Probierstube verkostet werden.

Ganze Flaschen werden in beliebiger Menge, solange Vorrat reicht, während der Ausstellung verkauft.

Weitere Bestellungen nehmen die Erzeugerbetriebe in der Pfalz an.

Tichy & Farrenkopf, Buchdruckerei, München 23, Bismarckstr. 15, Tel. 32678

Lfd. Nr.		beim Erzeuger zu beziehen zu DM	Ausschank ganze Flasche DM	Ausschank ½ Ltr. Glas DM
61.	1947er Haardter Letten Muskateller Winzergenossenschaft Haardt	7.—	8.—	2.60
62.	1946er Forster Elster v. Buhl, Deidesheim	7.50	8.50	2.90
63.	1945er Dürkheimer Michelsberg Riesling J. G. Zumstein, Bad Dürkheim	8.—	9.—	3.—
64.	1945er Freinsheimer Oschelskopf Spätlese Winzerverein Freinsheim	8.—	9.—	3.—
65.	1947er Kallstadter Steinacker Spätlese Winzerverein Kallstadt	8.—	9.—	3.—
66.	1946er Deidesheimer Kränzler Riesling Dr. Bürklin-Wolf, Wachenheim	8.—	9.—	3.—
67.	1945er Ungsteiner Honigsäckel Riesling Spätlese Winzergenossenschaft Ungstein	8.—	9.—	3.—
68.	1945er Kallstadter Kobnert Riesling Spätlese Koehler-Ruprecht, Kallstadt	8.—	9.—	3.—
69.	1945er Dürkheimer Spielberg Riesling Fitz-Ritter, Bad Dürkheim	8.—	9.—	3.—
70.	1943er Deidesheimer Kränzler Riesling v. Bassermann-Jordan, Deidesheim	8.—	9.—	3.—
71.	1945er Wachenheimer Luginsland Spätlese Winzerverein »Luginsland", Wachenheim	8.50	9.50	3.20
72.	1947er Dürkheim Abtsfronhof Gewürztramin. Spätl. Fitz-Ritter, Bad Dürkheim	9.—	10.—	3.30
73.	1947er Dürkheimer Spielberg Winzergenossenschaft Bad Dürkheim	9.—	10.—	3.30
74.	1945er Dürkheimer Michelsberg Riesling Spätlese Fritz-Ritter, Bad Dürkheim	9.—	10.—	3.30
75.	1947er Freinsheimer Oschelskopf Riesling Auslese Lehmann-Hilgard, Freinsheim	10.—	11.—	3.60
76.	1947er Forster Pechstein Riesling Auslese Fitz Müller, Wachenheim	10.—	11.—	3.60
77.	1937er Dürkheimer Hochbenn Riesling Spätlese J. G. Zumstein, Bad Dürkheim	12.—	13.—	4.30
78.	1945er Kallstadter Saumagen Riesling Spätlese Koehler-Ruprecht, Kallstadt	12.—	13.—	4.30
79.	1942er Forster Jesuitengarten Riesling Auslese v. Bassermann-Jordan, Deidesheim	13.—	14.50	4.80
80.	1946er Forster Kirchenstück Riesling Auslese v. Buhl, Deidesheim	13.—	14.50	4.80

»Die Geburtsurkunde der Pfälzer Weinprobierstube«   *Auszug aus dem Angebot – wunderbare Jahrgänge!*

nicht weniger als 80 (!) Weine umfaßte. Unter den Erzeugern waren berühmte Weingüter wie Reichsrat von Buhl, Deidesheim; Dr. Bürklin-Wolf, Wachenheim; Koehler-Ruprecht, Kallstadt; Fitz-Ritter, Bad Dürkheim; von Bassermann-Jordan, Deidesheim; Karl Schäfer, Bad Dürk-

heim; Kurt Mugler, Gimmeldingen; Lehmann-Hilgard, Freinsheim und Georg Siben Erben, Deidesheim. Fast der gesamte Weinadel der Mittelhaardt ist damit aufgeführt. Es sind Güter, die auch heute noch zu den Lieferanten der Weinprobierstube gehören.

Aus diesem Provisorium im Bayerischen Nationalmuseum/Neue Sammlung wurde zum 1. Oktober 1949 eine feste Einrichtung. Als Pächter fungierte Max Giessen aus Deidesheim, der später Wirt im »Weinstadl« wurde. Er war jedoch mehr an seinem Umsatz interessiert und wollte aus seiner gewinnabwerfenden Weinstube keine Propagandaeinrichtung der »Pfalz zu Bayern«-Bewegung machen lassen. Aus politischen Gründen mußte daher eine andere Lösung gefunden werden. Schon bald nach der Gründung des Landesverbandes der Pfälzer am 26. November 1949 wurde von der Bayerischen Staatskanzlei in Gesprächen mit dem Kultusministerium und der Verwaltung der staatlichen Schlösser, Gärten und Seen (künftig als »Schlösserverwaltung« bezeichnet) darauf hingewirkt, den Landesverband als Pächter einzusetzen und nach neuen, vor allem größeren Räumlichkeiten zu suchen. Nicht zuletzt aus wirtschaftlichen Überlegungen heraus: Wurde bislang der Landesverband für seine politische Arbeit von der Staatskanzlei finanziell unterstützt, so könnten die Pfälzer – sollten sie als Pächter Gewinne erzielen – ihre politischen Aktivitäten selbst finanzieren.

Bei einer Besprechung am 8. Februar 1950 zu diesem Thema äußerte der Direktor der »Neuen Sammlung«, Professor von Pechmann, er sei eigentlich mit dem bestehenden Pachtvertrag und dem Pächter Giessen zufrieden und an einer Änderung nicht interessiert. Erst auf den Hinweis von Regierungsdirektor Dr. Keim vom Kultusministerium, daß mit der Weiterführung der Weinstube unter neuer Regie »ein staatspolitischer Zweck« verfolgt werde, ließ er seine Bedenken fallen.

Am 1. April 1950 wurde für die Weinprobierstube in der »Neuen Sammlung« bereits ein neuer Pachtvertrag abgeschlossen. Dieses Mal war der Pächter der Vorstand des Landesverbandes der Pfälzer. Max Giessen wurde als

Erfreuliches aus München

GETRÄNKESTEUER LAUT GESTRIGEN BESCHLUSS MUENCHNER STADTRAT OHNE GEGENSTIMME VOM 1. JULI VON 15 AUF 10 PROZENT ERMAESSIGT. GENEHMIGUNG DER BAYR. STAATSREGIERUNG IST BEANTRAGT STOP WAEHREND DER BERATUNGEN WURDE VERMERKT DIESE ERMAESSIGUNG BEINHALTE AUCH EINEN **GRUSS AN DIE PFALZ.**

Nach eingehenden und langwierigen Vorberatungen im Haushalt- und Finanzausschuß entschloß sich der Münchner Stadtrat zu diesem Beschluß. Er wurde der Verabschiedung des Haushaltsplanes vorweggenommen, um noch rechtzeitig zu dem genannten Termin die Genehmigung der Regierung zu erhalten.

Stadtkämmerer Hielscher betonte, daß diese Steuersenkung in Anbetracht der angespannten finanziellen Lage der Stadt nicht leicht gefallen sei. Es habe jedoch die Überlegung den Ausschlag gegeben, daß gerade München den Fremdenverkehr nach Möglichkeit fördern müsse. Allerdings hoffe die Stadtverwaltung, daß auch das Gewerbe durch eine entsprechende Preisgestaltung diesen Schritt unterstützt. Ein Vorschlag des Hotelier-Verbandes, das Frühstück der Hotelgäste von der Gemeindegetränkesteuer ganz zu befreien, könne dagegen nicht angenommen werden.

Als Vertreter der antragstellenden Fraktionen begrüßten die Stadträte Fackler (CSU) und Lallinger (EB) die Verwirklichung der bereits seit längerer Zeit erwogenen Steuersenkungen. Stadtrat Fackler vermutete sogar, daß die Umsatzsteigerung einen Teil des Steuerausfalles ausgleichen werde. Stadtrat Lettenbauer (KPD) fügte hinzu, daß die Stadt den eingeschlagenen Weg fortsetzen und die Speiseabgaben streichen solle. Scharfe Kritik am Hotel- und Gaststättengewerbe übte Stadtrat Hoffmann (SPD), da es durch allzu hohe Preise bei den Fremden schon wiederholt Ärgernis erregt habe.

Hoffen wir, daß die Einsicht sich weiter Bahn bricht und auch die übrigen bayerischen Städte sich diesem **»Gruß an die Pfalz«** anschließen. Vielleicht nehmen sich dann auch Frankfurt und einige weitere Städte ein Beispiel und schicken einem beliebäugelten Weinbaugebiet einen ähnlich freundlichen Gruß …

»Das Weinblatt«, 24. Juni 1950

Geschäftsführer übernommen. Zu dieser Zeit aber liefen bereits mit der Schlösserverwaltung und dem Finanzministerium Verhandlungen über die Instandsetzung und den gastronomiegerechten Umbau des ehemaligen Hartschiersaales in der Residenz, einen Saal mit über 110 Quadratmetern. Das bedeutete 120 Sitzplätze, mehr als doppelt soviel wie bisher.

Eine offene Frage war zunächst, wer die Kosten für den Umbau in Höhe von 20 000 Mark tragen sollte. Der Vorstand des Landesverbandes jedenfalls konnte diese Mittel nicht aufbringen.

Der »Ausschuß Bayern–Pfalz« (Staatskanzlei) wies am 15. April 1950 in einem Schreiben an das Finanzministerium darauf hin, daß der Landesverband und damit die Weinprobierstube mit dem in den neuen Räumen zu erwartenden verstärkten Absatz Pfälzer Weins einen sehr gewichtigen Beitrag zur Rückgliederung der Pfalz leisten würde:

»Ein wichtiges Ziel dabei ist unter anderem die Verbreitung der Überzeugung in der Pfalz, daß der Absatz ihrer Haupterzeugnisse im rechtsrheinischen Bayern eine besondere Förderung erfährt. Im Dienste dieser Aufgabe haben wir die Einrichtung und den Betrieb der Pfälzer Weinprobierstube mit in die Wege geleitet (gemeint ist die Weinprobierstube in der Neuen Sammlung). Die Probierstube hat einen über Erwarten großen Zuspruch gefunden und es wird in den Kreisen des Pfälzischen Weinbaues und Weinhandels mit besonderer Anerkennung vermerkt, daß auf diese Weise für den Absatz des Pfälzer Weines in Bayern eine ergiebige Werbung erzielt wurde.«

Der »Ausschuß Bayern–Pfalz« schlug schließlich dem Finanzministerium vor,

Nr. I/4/07
(Bei jeder Zuschrift anzugeben)

**Bayerische
Staatsschuldenverwaltung**

München, den 28. Sept. 1955
Wagmüllerstraße 23
Postanschrift: Ⓜ München 22
Brieffach
Fernsprecher: 26006, 27007

An den
Landesverband der Pfälzer
im rechtsrheinischen Bayern

M ü n c h e n   22
Wagmüllerstrasse 18/20 1.Stock

Betreff: Fernsprechgebühren im Dienstgebäude Wagmüllerstr.18/20

Beilage: 1 Aufstellung (zweifach) über 56,80 + 92,76 = 149,56 DM

In der Zeit vom 19.8. bis 21.9.1955 sind von Ihnen die
in der beiliegenden Aufstellung aufgeführten Ferngespräche geführt worden. Die Rechnung wurde von der Bayer.Staatsschuldenver-
waltung bereits beglichen. Ich bitte gemäß § 73 der Allgemeinen
Dienstordnung für die Staatsbehörden vom 22.12.1953 (GVBl.1954 S.1)
um die Bestätigung, daß diese Kosten ausschliesslich im Staats-
interesse entstanden sind, und um Rückgabe von 1 Stück der hier
beiliegenden Aufstellung, mit Bestätigungsvermerk versehen.

P r ä s i d e n t

Aufstellung

über die in der Zeit vom 19.8. bis 21.9.1955 durch den
Landesverband der Pfälzer geführten Ferngespräche

Lfd. Nr.	Tag	Ort	Betrag
		a) Ferngespräche über das Fernmeldeamt	
1	19.8.55	Neustadt/W.	5.76
2	19.8.55	Speyer	7.68
3	19.8.55	Neustadt/W.	3.84
4	24.8.55	Neustadt/W.	2.88
5	24.8.55	Neustadt/W.	6.72
6	26.8.55	Speyer	2.88
7	29.8.55	Speyer	4.80
8	10.9.55	Saarlouis	6.72
9	10.9.55	Saarbrücken	3.36
10	12.9.55	Neustadt/W.	3.84
11	14.9.55	Neustadt/W.	2.88
12	14.9.55	Neustadt/W.	2.88
13	14.9.55	*nicht Obersingen sondern Obereisenheim*	2.56
		Summe:	56.80 DM
		b) Gespräche im Selbstwählverkehr	
14	19.8.55	Bonn	1.76
15	25.8.55	Ebenhausen	1.60
16	25.8.55	Ebenhausen	1.60
17	26.8.55	Ludwigshafen	19.20
18	26.8.55	Starnberg	-.64
19	27.8.55	Starnberg	-.64
20	28.8.55	Ebenhausen	1.44
21	30.8.55	Ebenhausen	-.96
22	30.8.55	Ebenhausen	2.24
		Übertrag: Summe	30.08

- 2 -

Lfd. Nr.	Tag	Ort	Betrag
23	31.8.55	Ebenhausen	1.60
24	31.8.55	Ludwigshafen	-.96
25	1.9.55	Ebenhausen	3.36
26	1.9.55	Moosburg	-.96
27	1.9.55	Ebenhausen	-.96
28	1.9.55	Ludwigshafen	3.32
29	2.9.55	Ludwigshafen	8.--
30	3.9.55	Ludwigshafen	-.64
31	3.9.55	Ebenhausen	-.96
32	6.9.55	Bad Wiessee	-.48
33	6.9.55	Bad Wiessee	-.48
34	6.9.55	Ebenhausen	-.96
35	6.9.55	Bonn	2.24
36	7.9.55	Bad Wiessee	-.96
37	7.9.55	Ludwigshafen	1.76
38	7.9.55	Moosburg	1.28
39	8.9.55	Regensburg	1.76
40	8.9.55	Ludwigshafen	4.32
41	8.9.55	Bad Wiessee	-.64
42	8.9.55	Ludwigshafen	20.--
43	9.9.55	Bonn	4.16
44	12.9.55	Ebenhausen	-.96
45	14.9.55	Oberammergau	1.92

Der Lehrling

Eine der zahlreichen Unterstützungen der
Bayerischen Staatsregierung für die Pfälzer in
Bayern anfangs der 50er Jahre war, die im
Büro des Landesverbandes anfallenden Tele-
fonkosten zu übernehmen.

Während im Bereich der Bayerischen Staatsschuldenverwaltung, deren Telefonanlage die
Pfälzer mitbenutzten, Ferngespräche nur mit
ausdrücklicher Genehmigung der Direktion
erlaubt waren, konnten die Pfälzer ohne diese
Beschränkung telefonieren. Im Hinblick auf
die bevorstehende Volksabstimmung »Pfalz zu
Bayern« wagte es in der Staatsschuldenver-
waltung niemand, eine sparsamere Benutzung des
Telefons anzumahnen. Gleichwohl war dieser
Umstand den leitenden Herren immer wieder
ein Dorn im Auge.
Eines Tages platzte selbst dem Präsidenten der
Kragen. Er wollte nicht mehr an sich halten.
Aber wie den Angriff führen? Persönlich?
Ausgeschlossen! Diese Pfälzer waren durch-
wegs Ministeriale. Er suchte deswegen den
kleinsten, den jüngsten Angestellten des
Hauses, einen Lehrling, aus und schickte ihn
mit dieser heiklen Mission los. Der aber, ein
pfiffiger Bursche, wartete ab, bis die Luft
sauber war, das heißt, bis die Pfälzer gegangen
waren. Dann aber läutete er Sturm. Pochte laut
an die Tür, daß es jeder hören konnte. Und so
kam die Botschaft nie an!

*Diskrete Bitte der Bayerischen Staatsschuldenver-
waltung an die Adresse der Pfälzer, Kosten einzu-
sparen*

die Kosten für die Instandsetzungs- und Umbauarbeiten selbst zu übernehmen, »da es sich um einen Teil der ohnehin anstehenden Arbeiten in der Residenz handelt«.

Auch der Präsident der Schlösserverwaltung »zeigte sich geneigt«, an eine Kostenbeteiligung zu denken. Damit konnten die Arbeiten beginnen.

Am 15. Juli 1951 bereits schloß der Vorstand des Landesverbandes der Pfälzer den neuen Mietvertrag über den Hartschiersaal oder, wie er häufig auch genannt wird, Einsäulensaal, ab. Die Kosten für den Innenausbau blieben jedoch den Vorstandsmitgliedern nicht erspart. Es handelte sich um eine Summe zwischen 20 000 und 25 000 Mark, die über Kredite finanziert werden mußten. Die Weinstube hatte keine Rücklagen bilden können, da der Gewinn bis auf den letzten Pfennig dem »Kampf um die Pfalz« zugeflossen war.

Und das blieb im übrigen so bis 1956! Das war auch der Grund, warum die Weinstube in den ersten Jahren als »gemeinnütziges Unternehmen« anerkannt war.

»Die schönste Gaststätte Münchens«

Für die räumliche Gestaltung und Ausgestaltung der ersten und der zweiten Pfälzer Weinprobierstube in »ihrer Residenz« haben sich die Präsidenten der Schlösserverwaltung besondere Verdienste erworben.

Der Hartschiersaal, auch Einsäulensaal genannt

Professor Esterer, damals Präsident der Schlösserverwaltung, kümmerte sich persönlich um die Beschaffung von Leihgaben aus Münchner Museen, aber auch aus dem Historischen Museum der Pfalz in Speyer.

Ziel war es, den Räumen eine pfälzisch-bayerische Ausstrahlung mit historischem Hintergrund zu verleihen und sie in eine eigene »Weinatmosphäre« einzutauchen.

Der Wandschmuck, die Möbelstücke, die Stühle – es sollte alles geschmackvoll sein, dem Niveau der Residenz entsprechen.

Als das Werk vollendet war, verkündete Professor Esterer mit Stolz und innerer Freude, »daß er nun die schönste Gaststätte Münchens im eigenen Haus« habe! Das war am 19. September 1950!

Die Eröffnung war als großartige Demonstration des Willens der bayerischen Politik für eine Wiederangliederung der Pfalz an den bayerischen Freistaat angelegt. Die Einladungsliste liest sich wie das Who's-who der Vertreter aus Politik, Finanz und Wirtschaft.

Die Gäste aus der Pfalz waren rar. Staatsbeamte erhielten auf Weisung von oben keine Reiseerlaubnis. Nur die frei gewählten und unabhängigen Landräte und Bürgermeister konnten sich sehen lassen.

Der Vorsitzende des Landesverbandes der Pfälzer, Gebhard Orth, wies in seiner Begrüßungsrede auf die Bedeutung der Weinprobierstube für die Pfälzer Winzer hin: »Gut, gepflegt und preiswert – wie an der Deutschen Weinstraße – so wollen wir in München für die Pfalz und ihre Weine werben. Diese Weinprobierstube soll ein Aushängeschild für die Pfälzer

Weinkultur sein. Nur der wird die Pfalz als Braut heimführen, der sich in ihr Denken und Fühlen am besten einzuleben vermag. Und so übergebe ich die Pfälzer Weinprobierstube ihrer Bestimmung!«

Der stellvertretende bayerische Ministerpräsident Dr. Josef Müller bezeichnete die Zusammenführung der Pfalz mit Bayern als eine »deutsche Schicksalsgestaltung«.

Landtagspräsident Dr. Stang sprach von der »Herzensverbundenheit der Bayern und Pfälzer auch in den Jahren der Trennung«. Sein Trinkspruch endete mit der launigen Abwandlung eines Studentenliedes:

»Und legt ihr zwischen mich und sie
auch Berg und Tal und Hügel.
Gestrenge Herrn, Ihr trennt uns nie.
Die Bayernlieb hat Flügel.«

Die Trifelsstube

Die Sorgen der Pfälzer Pächter, die ja alle keine gastronomische Erfahrung hatten, sie könnten sich mit der Weinprobierstube finanziell übernommen haben, waren schon nach wenigen Wochen zerstreut. Ihre Landsleute und auch die alteingesessenen Münchner nahmen die neue Einrichtung herzlich an. Das kleine Stammpublikum aus der Neuen Sammlung folgte auf dem Fuß in die schon von der Lage her wesentlich attraktiveren Räumlichkeiten in der Residenz. Gleichzeitig wurde ein neuer Kreis von Gästen erschlossen. Sie kamen aus den nahen Ministerien und Obersten Behörden, den Banken und Versicherungen.

Bald gab es »Stammsitze« und »Stamm-

Eröffnungsfeier der Pfälzer Wein-Probierstube in der Residenz

Einladungen: Dienstag, den 19.September 1950

Ministerpräsident Dr.Hans Ehard

Staatsminister Dr.Anton Pfeiffer
" Dr.Willi Ankermüller
" Dr.Josef Müller
" Dr.Alois Hundhammer
" Dr.Hanns Seidel
" Dr.Alois Schlögl
" Heinrich Krehle
" Otto Frommknecht

Staatssekretär Dr.Josef Schwalber (Innenmin.)
" Franz Fischer (Ob.Baubehörde)
" Wolfg.Jaenicke (Flüchtlingsw.)
" Dr.A.Konrad (Justizmin.)
" Dr.D.Sattler (Kultusmin.)
" Dr.Hans Müller (Finanzmin.)
" Hugo Geiger (Wirtschaftsmin.)
" Adam Sühler (Landwirtschaftsmin.)
" Dr.A.Grieser (Arbeitsmin.)
" Lorenz Sedlmayer (Verkehrsmin.)

Pfalzreferent Min.Rat Dr.Deyrer (Arbeitsmin.)
" Oberreg.Rat Lorch (Landw.Min.)
" Min.Dir.Kallenbach (Finanzmin.)
" Dr.Theobald (Innenmin.)
" Min.Dir.Dr.E.Mayer (Kultusmin.)
" Min.Rat Wambsganz (O.Baubehörde)
" ORR Bohley (Rathaus)
" Min.Rat Dr.F.Zehler (Wirtschaftsmin.)
" Reg.Rat P.Schmid (Verkehrsmin.)
Min.Rat Rittershach

Bayerische Staatskanzlei
Freiherr v.Brand
Dr.Fr.Baumgärtner
Dr.Kurt Pfister
Min.Rat Schwend
Min.Rat Baer
Reg.Rat Tiefenbacher
Reg.Dir.v.Gummpenberg
Min.Rat Kramer

Bayer.Staatsmin.d.Innern
Dr.Häfner
Dr.Kurt Wolf

Bayer.Staatsmin.d.Finanzen
Min.Rat Kiefer
Min.Dir.Emnet
Min.Dir.Ringelmann

Bayerischer Landtag
Landtagspräs.Dr.Georg Stang
Vizepräsident Gg.Hagen
Staatsrat Dr.Hoegner
Reg.Dir.Wagner
Renner

Städtisches Gewerbeamt
Stadtdir.Blümlein
Oberinsp.Eschenauer
Stadtdir.Dr.Wiesner
Stadtrat Dr.Dölker

Stadtverwaltung
Oberbürgermeister Th.Wimmer
Bürgermeister Dr.v.Miller
Stadtrat Fischer
Stadtrat Wieninger
" Wiegele
" Erhardt
2 Höllerer
Stadtrat Fackler (CSU)
" Lallinger (BP)
" Branz (SPD)
" Lettenbauer (KPD)
" Sellmaier (FDP)
Andtmann Vogel

Die beiden ersten Seiten aus der 7seitigen Einladungsliste

tische«, die sich regelmäßig am Vormittag oder zu Mittag trafen. So gehörte der frühere Erzieher der bayerischen Prinzen, Herr Dr. Jakobi, mit seinem Pinscher zu den täglichen Frühschoppengästen. Bei den Beamten waren die Mittagsstammtische sehr beliebt.

Nachmittags und abends waren viele bekannte Schauspieler, Sänger und Musiker der umliegenden Theater anzutreffen. Die Entfernung zur Residenzweinstube erlaubte in den Probepausen ein Glas Wein, ein paar Minuten der Entspannung.

Der Landesverband der Pfälzer im rechtsrheinischen Bayern e. V. gestattet sich, Sie zur Einweihung der „Trifels-Stube des Landesverbandes der Pfälzer" in der Pfälzer Weinprobierstube, München, Residenzstraße 1

am Freitag, den 7. September 1951, um 20.00 Uhr

zu einer Kostprobe — Gang durch die Weinkarte — höflichst einzuladen.

Da die „Trifels-Stube" nur die Einladung einer beschränkten Zahl von Gästen zuläßt, dürfen wir Sie bitten, Ihre Teilnahme bis zum 6. ds. Mts. auf anhängender Karte oder telefonisch unter 2 83 21 App. 386 mitzuteilen.

Die verehrlichen Gäste werden gebeten, die „Trifels-Stube" durch die dem Eingang zur Pfälzer Weinprobierstube folgende Tür zu betreten.

LANDESVERBAND DER PFÄLZER
im rechtsrheinischen Bayern

GEBHARD ORTH 1. Vorsitzender

Einladung des Landesverbandes an die »verehrlichen Gäste« zu einem »Gang durch die Weinkarte«

Die Trifelsstube im Jahr 1951

Weingut Karl Schaefer

Dr. Ing. Wolf Fleischmann

67089 Bad Dürkheim
Weinstraße Süd 30
Postfach 1554
Telefon 0 63 22/21 38
Telefax 0 63 22/87 29

Winzer e. G.
Herrenberg-Honigsäckel

67098 Bad Dürkheim
Weinstraße 12
Telefon 0 63 22/9 46 40
Telefax 0 63 22/94 64 10

Aber nicht nur diese Berufsgruppen sorgten für den Aufschwung und den Erfolg der »Pfälzer«. Auch Kauf- und Geschäftsleute, Handwerksmeister und Gewerbetreibende, Journalisten und Studenten sowie Gäste aus aller Welt finden den Weg in die Residenzweinstube. »Wer zählt die Völker, nennt die Namen, die gastlich hier zusammenkamen?« Das Rückgrat aber waren und sind mit 80 Prozent der Besucher die Stammgäste. Keine Zahl kann die Reellität eines Hauses besser bestätigen. Angesichts der überwältigenden Resonanz bei den Gästen entstanden nach wenigen Monaten bereits wieder Platzprobleme. Ein Jahr später – am 7. September 1951 – wurde daraufhin die Trifelsstube eröffnet: ein Raum zum Kaiserhof gelegen, der durch seine Gewölbe und bleiverglasten Gitterfenster eine äußerst stilvolle Weinstubenatmosphäre ausstrahlte; eine echte Bereicherung für die Weinstube. Und – was ganz wichtig ist – sie bot 39 Gästen Platz! Der 1. Vorsitzende konnte wieder zahlreiche »verehrliche Gäste«, wie es in der Einladung heißt, begrüßen und zu einer »Kostprobe – Gang durch die Weinkarte« einladen. So sehr auch dieses Mal wieder die Redner die politischen Ziele Richtung Pfalz beschworen, die Gegenströmungen aus Bonn und Mainz verzögerten die Entscheidung Jahr um Jahr. Gebhard Orth erinnerte in seiner Begrüßungsrede auch an die Schwierigkeiten, die ein solches Unternehmen wie die Residenzweinstube mit sich bringt. Als »ahnungsloser und gänzlich unerfahrener Weinwirt« sei er in dieses Abenteuer geschlittert. Dessen vorherige Erkenntnis hätten ihn bewogen, »die

Einladungen für Freitag, 7.September 1951

Auszug aus der Gästeliste zur Eröffnung der Trifelsstube

Finger von dem Unternehmen zu lassen. Aber heute, ja heute, da steht es – und wie es steht! Dieser Raum soll den Namen Trifelsstube erhalten. Dieser Name ist uns Pfälzern Symbol und Inbegriff unseres Heimatstolzes. Der Wein, den dort oben Barbarossa trank und den er Richard Löwenherz sicher nicht vorenthielt, hat hier im Herzen Bayerns eine wahrhaft königliche Residenz gefunden!«

Eine Institution entsteht

Zunächst war die – wie sie bald genannt wurde – »Resi« als Anlaufstelle für die vielen in Bayern lebenden Pfälzer gedacht. Hier sollten sie Kontakte pflegen und neue knüpfen. Sie sollten sich in einem gehobenen Ambiente einfach wohlfühlen – bei anständigen Preisen. Seither wird auf eine gästefreundliche Preisgestaltung großer Wert gelegt. Das Preis-Leistungs-Verhältnis ist in keinem Münchner Weinhaus so günstig wie in der Residenzweinstube, obwohl bei ihr weder die Personalkosten noch die Sachkosten geringer sind als bei der Konkurrenz.

Da an solchen Punkten von Anfang an nicht gerüttelt wurde und die Pächter immer die gleichen waren, konnte sich eine Kontinuität entwickeln, die von den Gästen mit einer zum Teil über Jahrzehnte anhaltenden Treue belohnt wurde. Bereits in den 50er Jahren war die Pfälzer Weinprobierstube in der Residenz zu einem Begriff geworden, der aus der Lebensqualität der bayerischen Landeshauptstadt nurmehr schwer wegzudenken war.

Und das trotz der manchem Bayern etwas befremdlichen Tatsache, daß dort kein Bier ausgeschenkt wird.

Die Reaktion von Gästen, die Platz nehmen und ein Bier bestellen, reicht – nachdem die Bedienung sie aufgeklärt hat – von Verblüffung über Sprachlosigkeit, Unverständnis und Verärgerung bis zu der Bemerkung: »Sie, machan S' koane Pflanz, i bin heit ned aufg'legt zum Spaßen. Und jetzt bringa S' ma endlich mei Hoibe!«

Und vielleicht gerade weil es dort kein Bier gibt, schrieb der »Münchner Stadtanzeiger« am 23. Dezember 1954 über die Weinstube: »In der Münchner Residenz beginnt die bereits traditionelle Weinstraße Münchens, eine köstliche Weinlandschaft der Pfalz, in die der Münchner seine Gäste begleitet!«

Unter Mitwirkung des Landesverbandes und der Residenzweinstube fand 1953 in München die Pfälzer Weinwoche statt. Oberbürgermeister Thomas Wimmer sagte zur Eröffnung: »Mit der Pfälzer Weinwoche hat München zu seinem Fasching, seinem Starkbierausschank und seinem Oktoberfest ein vierblättriges Kleeblatt der Lebensfreude, des Humors und der Gemütlichkeit erhalten!«

Der Bedarf an Plätzen in der Weinprobierstube war auch nach der Einweihung der Trifelsstube nicht annähernd gedeckt. Mit voranschreitendem Wiederaufbau der Residenz ergab sich schließlich eine erneute Erweiterungsmöglichkeit.

Die Sickingenstube

Bei der Eröffnung der neuen Sickingenstube am 16. Dezember 1954 war der Freistaat Bayern wie bei ähnlichen Anlässen in früheren Jahren mit einer hochrangigen Delegation vertreten. Der Vorstandsvorsitzende der Weinstube, Gebhard Orth, konnte den neu gewählten bayerischen Ministerpräsidenten Dr. Wilhelm Hoegner ebenso begrüßen wie weitere Kabinettsmitglieder und Abgeordnete. Der Ministerpräsident, der sich bereits in seiner ersten Amtsperiode 1946 vehement für die Rückkehr der Pfalz zu Bayern eingesetzt hatte, machte in seiner Ansprache »seinen Pfälzern« ein wunderbares Kompliment: »München hat im Herzen seiner Residenz einen neuen Mittelpunkt der Pfälzer Landsleute und auch Weinfreunde erhalten!«

Am gleichen Abend wurde auch ein

Hoher Staatsbesuch beim Pfälzer Wein

Bayerns neuer Regierungschef, Ministerpräsident Dr. Wilhelm Hoegner, zwei Staatsminister, Staatssekretäre und Abgeordnete des Landtags waren kürzlich Gäste des Pfälzer Weins in der Münchner Residenz. Anlaß zu diesem hohen Besuch war die Einweihung neuer Gasträume in den Pfälzer Weinprobierstuben: der Sickingenstube und des kleinen Speyerer Domstüberls. Es gab eine Reihe pfälzisch-bayerischer Trinksprüche, ein Loblied auf den Pfälzer Wein und eine echt pfälzische Weinprobe. München hat im Herzen seiner Residenz einen neuen Mittelpunkt der Pfälzer Landsleute und auch der Weinfreunde erhalten.

Zu dem neuen Hatschiersaal und der Trifelsstube ist nun auch eine Sickingenstube als Gastraum der Pfälzer Weinprobierstuben in der Münchner Residenz gekommen. Das Wappen und ein Spruch des pfälzischen Ritters Franz von Sickingen zieren den niedrigen Raum, dessen Gewölbeteil zum Herkulestrakt der Residenz gehört. »Gott allein die Ehr', Lieb den gemeinen Nutz, Schirm die Gerechtigkeit!« Diesem Wahlausspruch Sickingens wurde die neue Weinstube geweiht. Jedem Pfälzer ist der Name Franz von Sickingen ein vertrauter Begriff; überall in der Pfalz sind heute noch die Spuren dieses letzten Ritters zu finden. Der Speyerer Maler Karl Graf hat einige der historischen Stätten und Begebenheiten um die Gestalt Sickingens illustriert, Bilder aus der Landschaft der Ebernburg im Nahegau, von Landstuhl in der Westpfalz mit der Burg Franz von Sickingen und die Belagerung der Burg Nanstein im Jahre 1523. Der Bildschmuck von Karl Graf, dem bekannten Speyerer Künstler, fügt sich gut in das pfälzische Milieu des Raumes, der wie die Trifelsstube und der Hatschiersaal seine eigene Weinatmosphäre hat. Das Historische Weinmuseum der Pfalz in Speyer stellte mehrere wertvolle Faßböden und Faßriegel mit kunstvollen Verzierungen leihweise zur Verfügung, eine stilvolle Bereicherung der Weinstube, die in ihrer Grün-weiß-Tönung und den geschmackvollen Möbelstücken dem Niveau der Residenz entspricht. Das anschließende kleine Speyerer Domstüberl wirkt intim und dient mehr privaten Veranstaltungen und Tagungen.

Die Pfälzer Weinprobierstuben in der Münchner Residenz werden von dem Landesverband der Pfälzer im rechtsrheinischen Bayern betrieben. Überschüsse aus dem gemeinnützigen Unternehmen werden caritativen Zwecken in der Pfalz zugeführt.

Die Pfälzer Weinprobierstuben in der Residenz sind ein kleines Stück pfälzischer Heimat mitten in der bayerischen Landeshauptstadt; sie sind zugleich ein Symbol der Verbundenheit von Pfalz und Bayern, der pfalz-bayerischen Zusammengehörigkeit. In der Münchner Residenz beginnt die bereits traditionelle Weinstraße Münchens, eine köstliche Weinlandschaft der Pfalz, in die der Münchner seine Gäste begleitet. Von der Residenzweinstube ging vor Jahren die bekannte bayerische Weinpatenschaftsaktion aus, jene Aktion, die vom Main bis zu den Alpen dem Pfälzer Wein unzählige neue Freunde in Bayern zugeführt hat.

Münchner Stadtanzeiger
Donnerstag, 23. Dezember 1954

Glanzvolle Einweihung der Sickingenstube

Eine gezeichnete Ansicht der Sickingenstube

Die Sickingenstube erwartet zur Eröffnung am 16. Dezember 1954 ihre Gäste.

In den Pfälzer Weinstuben der Münchener Residenz VON ANTON SCHREIEGG

Da ist ein Schwirren in der Luft
Von vielen Stimmen —
Und alle ziehen einen Kontrapunkt,
Der Wein, der Pfälzer Wein
In seiner Kraft und Fülle,
Das ist der Grundklang
In der Melodie.

Da ist nicht Dissonanz
Von Hoch und Niedrig;
Denn dieser Wein, geschänkt
Von frohen Maiden,
Bringt in das Vielerlei
Den gleichen Schwung,
Ein überzeitlich sanftes Kreisen,

Den Sonnengang
Vom Auf und Ab des Jahrs.

Da sind des Tages Sorgen
Leicht vergeben
Die Lust,
Den Rebensaft zu kosten,
Erfüllt zu sein vom Duft,
Bringt mehr
Als das verpflichtende Geschäft.

Das ist ein Platz!
Die Hallen mit den Bögen
Umfangen jeden,
Der im Wein sich sonnt.

Von dem, was gestern war
Und morgen wird,
Steigt auf die Gegenwart
Im goldenen Wein.
Reich blüht die Stunde!
Eh du dies vermerkst,
Bist du verzaubert schon,
Emporgehoben.

Die Lieb und Treu
Zur Pfalz und ihrem Wein
Erwärmen Herz und Sinne
Und der Geist, beflügelt
Von des Weines Kraft,
Der Leben schafft,
Stimmt hoch den Ton
Im Brausen des Genusses.
Lang klingt es nach:
Ein frohes Herz
Ward einer flüchtigen
Stunde Lohn.

Anfang der 60er Jahre erschien in einer nicht mehr feststellbaren Zeitung diese Huldigung.

winziges Speyerer Domstüberl seiner Bestimmung übergeben. Damit erweiterte sich das Platzangebot der Weinstube gewaltig: Mit der Sickingenstube wurden 63 und mit dem Domstüberl weitere 20 Sitzplätze hinzugewonnen. Damit verfügte die Weinprobierstube über insgesamt 285 Gastplätze.

Nach diesem weiteren Kraftakt in der Entwicklung der Weinprobierstube, die nicht zuletzt wegen der immer wieder verzögerten, nun aber offenbar unmittelbar bevorstehenden Entscheidung über die politische Zukunft der Pfalz ziemlich hektisch verlaufen war, trat eine Phase der Konsolidierung ein. Als »Bayern und Pfalz – Gott erhalt's« sich 1956 in »Gott erhielt's nicht« verkehrte, als die Vereinigungspläne gescheitert waren, stellte sich auch für die Pfälzer Betreiber der Weinstube eine neue Situation dar. Die Motivation mußte neu überdacht werden.

1956 – Zäsur und Neuorientierung

Die Gäste der Residenzweinstube – außer den Pfälzern – zeigten sich von der politischen Malaise des Jahres 1956 wenig beeindruckt. Das gastronomische Konzept belohnten sie mit jährlich steigenden Umsätzen und unverbrüchlicher Treue.

Die Vertragsparteien der Weinprobierstube, der Freistaat Bayern und der Vorstand des Landesverbandes der Pfälzer, waren jedoch gezwungen, ihre Ziele neu zu definieren.

Das Motiv, die »Pfalz zu Bayern«-Bewegung zu unterstützen, war weggefallen. Diese Bewegung ruhte auf vier Säulen: politisch – historisch – kulturell – sozial.

Übrig blieben die letzten drei. Nach der politischen Niederlage wollte der Freistaat Bayern klarmachen, daß die Pfalz, als ehemaliger Regierungsbezirk fest zum bayerischen Kernland gehörig, auch weiterhin eine besondere Stellung einnehmen werde, und daß jahrhundertealte historische Beziehungen und das Wittelsbacher-Erbe auch künftig einen bedeutenden Platz in der bayerischen Politik behalten werden.

Für den Vorstand des Landesverbandes und damit der Weinstube galt es, verstärkt die kulturellen und landsmannschaftlichen Verbindungen zu pflegen oder neu zu beleben. Daneben waren verstärkt auch soziale und karitative Aktionen in der Pfalz zu fördern, um zu zeigen, daß politische Entscheidungen nur eine Seite der Medaille sind.

Da kam die Gewinnsteigerung der Weinstube von 1956 auf 1957 um über 30 Prozent gerade recht.

Von der Hartschierwache zum Steinzimmertrakt

In den beginnenden 60er Jahren hatte sich die Hektik der ersten Wiederaufbauphase der Residenz gelegt. In den Planungen der Schlösserverwaltung tauchten auch die Nebenräume der Weinprobierstube wieder auf. Deren Ausbau vor mehr als zehn Jahren zu unterstützen, unterlag damals gewissen politischen Vorgaben, die nun in dieser Form nicht mehr existierten. Die Trifels-, Sickingen- und Domstube waren ursprünglich nur für Sonderveranstaltungen der Weinstube gedacht. Auch die Residenzverwaltung ging von einer Mitnutzungsmöglichkeit aus.

Die »normative Kraft des Faktischen« hatte jedoch diese von Anfang an eher theoretischen Wünsche schnell über den Haufen geworfen. Nachdem diese Entwicklung nicht mehr zurückzudrehen war, der Bedarf der Schlösserverwaltung an repräsentativen Räumen jedoch ständig wuchs, mußten neue Lösungen gefunden werden.

Mehrere kleine Lösungen wurden erörtert und wieder verworfen. Andere Ersatzräume um den Einsäulensaal herum zu finden, war nicht möglich. Die große Lösung aber, die Weinprobierstube insgesamt zu verlagern, erschien noch schwieriger. Denn es galt nicht nur, fast 300 Plätze für den Gästebereich bereitzustellen. Es mußte auch die für einen gastronomischen Betrieb dieser Größenordnung notwendige Infrastruktur wie Küche und Anrichteraum, Schenke, Vorratsräume, Keller und Toiletten zur Verfügung gestellt werden.

Als ideale Lösung wurde sowohl von der Bauleitung der Residenz wie vom Vorstand der Weinstube die Verlegung der Weinstube von der Hartschierwache in den Steinzimmertrakt der Residenz favorisiert.

8 München, 18. Nov. 1970.

An alle Betriebsangehörigen!

Die offizielle Eröffnung unserer neuen Gast- und Wirtschaftsräume im Steinzimmer-Trakt der Residenz findet

am Mittwoch, den 2. Dezember 1970, vorm. 11 Uhr

statt.

Am Montag, den 30. November und Dienstag, den 1. Dezember 1970 ist die Weinstube geschlossen, um den Umzug durchführen zu können.

Herr Fraunberger ist mit der Durchführung des Umzuges beauftragt. Ihm zur Seite stehen die Herren Schellkopf und Meier.
Der Umzug erfolgt nach einem festgelegten Plan.
Zum Transport der Möbel usw. aus den alten Räumen stehen Arbeiter einer Speditionsfirma zur Verfügung.
Es ist notwendig, daß sämtliche Betriebsangehörige sich nach den Weisungen des Herrn Fraunberger an beiden Tagen an den notwendigen Arbeiten beteiligen und ich hoffe, daß Alle in kameradschaftlicher Weise mithelfen, diese Aufgaben zu bewältigen.

Landesverband der Pfälzer
in Bayern e.V.
Pfälzer Weinprobierstube in der Residenz
Der 1. Vorsitzende

Dr. W. Moos

Präsenzpflicht war angesagt, um den generalstabsmäßig geplanten Umzug durchführen zu können.

Der Umzug

Der Viersäulensaal und sämtliche Nebenräume im Erdgeschoß waren in der Mitte der 60er Jahre jedoch anderweitig belegt. Die Schlosserei des Bauamtes der Residenz mit sämtlichen Werkstätten war darin untergebracht.
Der Pfalzgrafensaal beherbergte ein riesiges Materiallager. Und in den heutigen Trifels- und Sickingenstuben wurde geschmiedet und geschweißt.

Die ins Auge gefaßte Verlegung der Schlosserei in das Marstallgebäude kam jedoch nicht in Frage. So wurde die Idee geboren – eher eine Notlösung, die bei den Handwerkern keinerlei Begeisterung auslöste –, im Kaiserhof eine Baracke zu errichten, um die Schlosserei unterzubringen.
Gesagt – getan!
1968 zog die Schlosserei um und die längst vorbereiteten Pläne für die Instandsetzung und den Umbau des Steinzimmertraktes konnten umgesetzt werden.

Diese Arbeiten waren bis in den Spätsommer 1970 terminiert und wurden auch tatsächlich zu diesem Zeitpunkt abgeschlossen.
Der Umzug selbst wurde in zahllosen Besprechungen und Papieren generalstabsmäßig durchgespielt, so daß er am 30. November und 1. Dezember 1970 reibungslos über die Bühne gehen konnte.

Eine königliche Weinresidenz

Die »Steinzimmer« in diesem vierflügeligen Trakt der Residenz erhielten ihren Namen von der prunkvollen Stuckmarmorverkleidung der Kamin- und Türnischen. Die Bomben des Zweiten Weltkrieges ließen leider nichts davon übrig. Der Schwedenkönig Gustav Adolf, der während des Dreißigjährigen Krieges in diesem Teil der Residenz Wohnung nahm, war von diesem »wundersamen Gebäude« so beeindruckt, daß er es am liebsten »auf Walzen nach Stockholm« verbracht hätte.

Die für die Weinstube mit dem Umzug verbundenen Kosten gingen weit in den sechsstelligen Bereich hinein. Zwar fand das alte Mobiliar Verwendung, vieles mußte aber neu angefertigt werden. Handarbeit war gefragt!

Ob es nun um Bänke oder Stühle, Tische oder Hocker, Hänge- oder Wandlampen ging – es mußte zueinanderpassen und dem Rahmen »Residenz« entsprechen. Aber die finanzielle Situation der Weinprobierstube war günstiger als in den Anfangsjahren.

Auch das Platzangebot verbesserte sich um fast 30 Prozent. 365 Sitzplätze konnten den Gästen nun zur Verfügung gestellt werden. Sie verteilten sich auf sechs Räume, wobei mit 162 Plätzen der

---

Pfälzer Weinprobe

Probenleitung: CONRAD Hermann, Dipl.-Weinbauinspektor

Repräsentative Pfälzer Weinprobe

gereicht vom Landesverband der Pfälzer in Bayern e. V.

am 2. Dezember 1970

anläßlich der Übergabe der neuen Räume
für die Pfälzer Weinprobierstube in der Residenz
durch den B a y e r. F i n a n z m i n i s t e r.

1 **1969er Maikammerer Weinsper, gemischter Satz**
Weinbau Albert Bibus, Maikammer

2 **1968er Diedesfelder Goldmorgen, Sylvaner**
Weingut Robert Isler Erben, Diedesfeld

3 **1968er Gimmeldinger Meerspinne, Riesling**
Weingut Kurt Mugler, Gimmeldingen

4 **1969er Hambacher Römerbrunnen, Siegerrebe, Spätlese**
Weingut Georg Naegele, Hambach

5 **1966er Kallstadter Kobnert, Muskateller**
Weingut Eduard Schuster, Kallstadt

6 **1967er Altenbamberger Rothenberg, Riesling, Spätlese**
Weingut Georg Jung, Ebernburg

7 **1967er Bockenheimer Herrenmauer, Ruländer, Spätlese**
Weingut Schloßgut Janson, Bockenheim
Broncene DLG – Preismünze 1969
Silberne Kammerpreismünze 1970

8 **1967er Haardter Bürgergarten, Riesling, Spätlese**
Weingut Eduard Weegmüller, Haardt

1968er Forster Kirchenstück, Riesling, Cabinet
Weingut Wilhelm Spindler, Forst

1966er Deidesheimer Leinhöhle, Riesling, Spätlese
Weingut Michael Wahl, Deidesheim

11 **1967er Forster Freundstück, Riesling, Auslese**
Weingut Reichsrat von Buhl, Deidesheim

12 **1967er Wachenheimer Fuchsmantel, Riesling, Beerenauslese**
Weingut Karl Schaefer,
Inhaber: Dr. Wolf Fleischmann, Bad Dürkheim
Goldene Kammerpreismünze 1970
Staatsehrenpreis 1970

Hermann Conrad, ein profunder Pfälzer Weinkenner, besprach 1970 die Begrüßungsweinprobe im Viersäulensaal.

Der Viersäulen- oder Pfalzgrafensaal im Jahr 1970

58 Gäste finden an den großen Holztischen der Sickingenstube bequem Platz.

Die Trifelsstube, benannt nach der bedeutendsten Burg der Pfalz, ist ebenso groß wie die Sickingenstube.

Löwenanteil auf den Viersäulensaal entfiel.

Die Resonanz der Gäste auf den Umzug war sehr geteilt. Je länger sie Stammgäste waren, je mehr sie mit dem Einsäulensaal vertraut waren, um so größere Probleme hatten sie mit dem Umgewöhnen. Die altgewohnte Gemütlichkeit ging ihnen ab. Die Überschaubarkeit fehlte. Das Neue, das Große störte sie. Wo früher zwei Tische standen, fanden sie nun drei oder vier vor. Die Platzanordnung war ungewohnt. Welcher war nun der Stammtisch? Früher war es der dritte, der letzte in der Reihe, vor der Wand! Nun standen da plötzlich fünf Tische. Und damals gab es 80 (!) Stammtische, die sich täglich, wöchentlich oder monatlich trafen.

Die Eröffnung der neuen Räumlichkeiten fand am 2. Dezember 1970 mit einer »Repräsentativen Pfälzer Weinprobe« statt. Trotz anfänglicher Skepsis wurde die Weinprobierstube dann auch in den größeren Räumen gut angenommen. Die Gäste stellten sich bald um. Nach der Jahreswende 1970/71 zahlte sich das größere Platzangebot nicht nur umsatzmäßig aus. Auch der Weinverbrauch pro Sitzplatz stieg im Jahre 1971 um über 10 Prozent. Lag zwischen 1965 und 1970 der Tagesumsatz im Schnitt pro Platz bei 14,75 Mark, so erhöhte er sich 1971 auf 16,30 Mark. Damit kletterte der Jahresumsatz der Pfälzer Residenzweinstube erstmals auf über 2 Millionen Mark an. Die finanziellen Folgen des durch den Umzug notwendigen Kraftaktes waren damit eingrenzbar geworden.

Weinstuben-Zeit

„Wenn sich die späten Nebel dreh'n — sollst du beim alten Löwen steh'n", so verpflichtet der Student der unentdeckten Wissenschaften seine augenblickliche Feierabend-Braut zum Rendezvous. Mit dem Leu ist jener Wüstenkönig aus Buntmetall gemeint, der geduldig und lammfromm vor den Pforten der Münchner Residenz sitzt. Dort wartet er anscheinend darauf, daß ihm kichernde Kocherl, frozzelnde Fremde und die alten Stammgäste der Wein-Probierstube, die sich hinter den dicken Mauern des Königshauses schon seit vielen Jahren versteckt, an die Nase greifen. Aber nicht an seine, sondern an die des kleinen Ablegers, den er zwischen den Vorderpfoten hält; sein Riechorgan ist durch das viele Fummeln, das irgendeine Sorte von Glück bringen soll, schon genauso abgegriffen wie die Kugeln auf den Guatl-Gläsern, die es in manchen bescheidenen Kramer-Ladln noch gibt. Öfters steckt auch eine kleine Nachricht zwischen den Pranken oder am Hinterteil von „Simba", auf der dann u lesen ist: „Hansä, trink den Fünfer, der Siebner ist furchtbar". Oder „Barbara, kehre zurück — es ist alles vergeben. Erwarte dich bei Pfälzer Griebenwurscht am Ecktisch".

Nun ist in München aber nicht nur die Pfälzer Wein-Probierstube in der „Resi", wie dieser Stützpunkt für liebenswerte Süfflinge, pensionierte Oberstabs-Zahlmeister, bescheidene, aber lebensfrohe Naphtalen-Witwen und fröhliche Spät-Teenager, die ohne weiteres für eine Onkel-Ehe zu haben sind, genannt wird, die einzige in der City. Ein großes Pfälzer Weingut hat in der Stadt auch noch gern besuchte Filialen verstreut und auch andere traditionelle Weinlagen vom Rhein, der Mosel und aus den badischen Gauen wollen gerne ein bißchen dabei sein, wenn das Lied von den deutschen Reben und vom stattlichen Umsatz angestimmt wird.

Die ersten Gäste kommen schon um elf Uhr vormittags, wenn der Tag kaum angeschnitten ist. Alte Hundespazierführer, Pensionisten und Vertreter, die einen „Anlauf" nehmen. Dann ist bis zum frühen Nachmittag Pause, und die Weinprobierstube gähnt ein wenig vor sich hin. Bis die Zeit wieder bergabläuft und die Dämmerschoppen-Gäste anrücken: Philosophen mit freudig geröteten Äuglein, betagte Amtsgerichtsräte, Emigranten mit eingebautem Heimweh, Studenten, Liebesleut, Zimmervermittlerinnen und später auch Witwen, Witwen, Witwen.

Und sie schlabbern, beißen, schlürfen, scharmuzieren. Manche locken den „Wagenheimer Lumpen" durch leises Zungenschnalzen aus dem Gläschen, fangen ihn geschickt ein mit schlenzendem Gaumensatz oder knipsen ihn auch mit goldigem Augenzahn. Es ist dämmerdunkel in der Weinstube. Das tut den Alten gut und auch den Falten. Die milden Birnen an der Decke geben nicht mehr Licht wie gelbgefärbte Ostereier.

Gebeizt ist die Täfelung vom Schreiner und den Sprüchen der Zecher. Tische, Stühle und Bedienungen sind einladend strapazierfähig.

Bier, Milch und Wein — das ist die Reihenfolge der meist verbrauchtesten Flüssigkeiten in München. Noch vor dem Kaffee und dem Weihwasser. Der Wein in der Probierstube wird nicht nach der Marke bestellt, sondern nach Nummern. Wie würde das auch klingen: „Fräulein, was kost' denn euer Gröver Nacktarsch?" Jede Preissorte wird in einem Glas mit verschiedenfarbigen Wappen serviert. So heißt es also: „Zeig mir was du glast, dann sag ich dir, was du hast."

Auf der Polsterbank am Holzgitter sitzen die Stammgäste. Der Herr Rittmeister mit seinen dünnen Wickelgamaschenbeinen, die ausschauen wie schlecht gerollte Virginia. Die Schreckschraube, gefürchtete Witwe, mit künstlichem Obst auf dem Strohhut, das beim Trinken immer klappert. Ein altes Männchen mit freundlichem Rundkopf, so wie Kinder den Hochsommersonne zeichnen. Und der „Mister". Kein Mensch kennt seine Nationalität. Aber nach dem dritten Schoppen redet er in einer selbstgemachten Sprache kichernd vor sich hin.

Gegenüber ist die Ahnengalerie. Lauter bemooste Gesellen. Sie sagen häufig: „Miawarsgnua", „Sgangschono" oder „Scheewarsscho". Doch handelt es sich keineswegs um russische Raumschiffer, sondern nur um Schwabinger Tritschler. „Der Wein is a Lump", erklärt manchmal der dickste von ihnen. „Aber er zehrt hoit so schee. Scho wieda is ma mei Hos'n z'weit worn, wia wenn mei Oide d'Knöpf versetzt hätt'." Und tatsächlich hat sie es auch heimlich getan.

Siegfried Sommer

Am 13. Oktober 1972 würdigte Sigi Sommer die Weinprobierstube mit einer Kolumne im »Münchner Stadtanzeiger«.

Trinken für den guten Zweck

Deutschlands größtes Weinlokal »Pfälzer Weinprobierstuben« fördert Studenten

Deutschlands größtes Weinlokal steht in München, der Hauptstadt des Bieres. Selbst von den alten Münchnern wissen viele nicht um den gastronomischen Superlativ der Pfälzer Weinprobierstuben in der Residenz: ein Lokal mit 400 Plätzen, in dem kein Schluck Bier ausgeschenkt wird. Vor dem Siegeszug des Gerstensaftes nach dem 30jährigen Krieg war München ja eine echte Weinstadt. In der Innenstadt gab es einzelne Weingärten und im Umland, vor allem an der Maisach, wurden in größerem Stil Reben kultiviert.

Aus der Pfalz, die bis 1918 zum Königreich Bayern gehörte, kommen auch die Weine, die in dem eindrucksvollen Vier-Säulen-Saal in der Residenz ausgeschenkt werden. In großen Mengen – bis zu 1000 Liter Wein werden hier an guten Tagen getrunken – und in achtbaren Qualitäten.

Über die wacht das Präsidium des Trägervereins, der »Landesverband der Pfälzer in Bayern«. Zweimal im Jahr fahren die Vereinsvorstände in die Pfalz, um den Bestand der 150 000 Flaschen, die im Keller lagern, aufzufüllen und die Weinkarte auf den neuesten Stand zu bringen.

Überhaupt hat sich der Verein der Pfälzer ein gutes Preis-Leistungs-Verhältnis auf die Fahnen geschrieben – er muss ja auch keinen Gewinn erwirtschaften. Die Gewinne, die trotzdem erwirtschaftet werden, kommen ungeschmälert der gemeinnützigen Bayern-Pfalz-Stiftung zugute, die als Stipendiaten Studenten und Künstler fördert.

19. Oktober 1999, TZ

Mit dieser Entwicklung zeigte sich auch die Schlösserverwaltung beziehungsweise das Finanzministerium sehr zufrieden, ist doch der Freistaat Bayern aufgrund der vereinbarten Umsatzpacht an den Einnahmen der Weinstube immer zu einem erheblichen Prozentsatz beteiligt.

Gründung der Bayern-Pfalz-Stiftung

Zum 25jährigen Bestehen der Pfälzer Residenzweinstube hat der Landesverband der Pfälzer in Bayern die Bayern-Pfalz-Stiftung gegründet und mit einem Startkapital von 250 000 Mark ausgestattet. Diese Summe wurde von der Weinstube erwirtschaftet und dem gemeinnützigen Stiftungszweck zugeführt. In den Genuß der Förderung kommen junge bedürftige Pfälzer, die in Bayern eine Ausbildung machen. Nähere Ausführungen über die Stiftung folgen ab Seite 161.

Die Bayern-Pfalz-Stube

Als eine der letzten baulichen Erweiterungsmöglichkeiten bot sich an, das offene Gewölbe über der heutigen Trifelsstube durch Einziehen einer Decke zu schließen. Der Empore oder Galerie genannte Gastraum im Zwischengeschoß wurde damit um über 30 Sitzplätze ergänzt, wodurch die Bayern-Pfalz-Stube entstand. Das war im Sommer 1983.

Jubiläumsausschank

Alle fünf Jahre feiert die Pfälzer Residenzweinstube ihr Bestehen durch den

25 Jahre Münchner Residenzweinstube

Von unserem Korrespondenten

sch. München. Auf eines sind die Pfälzer in München besonders stolz: auf „ihre" Pfälzer Weinprobierstube in der Residenz. Jedermann in München kennt sie, für die Pfälzer ist sie gesellschaftlicher Mittelpunkt, wo man sich trifft und Erinnerungen an die Heimat austauscht. Unter den gastronomischen Stätten der bayerischen Landeshauptstadt ist „die Residenz", wie die Weinfreunde sie nennen, eine der bekanntesten, ein Weinlokal mit vier Sternen.

Gegründet wurde die Pfälzer Weinprobierstube in München am 19. September 1950, damals noch in den Räumen der einstigen Hartschierwache, bei der auch viele Pfälzer mit Gardemaß noch dienten. 1970 bezog die Residenzweinstube ihre jetzigen weit größeren Räume im Steinzimmer-Trakt der Residenz.

Geführt wird die Pfälzer Weinprobierstube in der Residenz vom Landesverband der Pfälzer in Bayern. In den Räumen befindet sich auch die Komtureistube, wo alljährlich zweimal die Münchner Großkomturei der Pfälzischen Weinbruderschaft tagt. In der Residenzweinstube gibt es zahlreiche Stammtische, an denen sich die einzelnen Landsmannschaften aus Speyer, Ludwigshafen, Kaiserslautern, Zweibrücken u. a. regelmäßig treffen. Die finanziellen Erträgnisse aus diesem privaten Unternehmen dienen kulturellen Zwecken in der Pfalz.

Donnerstag, 18. September 1975

Es gab immer Anlässe, die »Faszination Resi« zu feiern.

Ausschank preislich besonders günstiger Weine.

1985 zum Beispiel konnten die Gäste die Weine der ganz normalen offenen Karte zu Preisen wie zur Gründerzeit 1950 eine Woche lang genießen. Die Schoppenpreise bewegten sich zwischen 1,– und 2,– Mark.

Die Bayern-Pfalz-Stube symbolisiert die Verbundenheit von Bayern und der Pfalz, der die Weinprobierstube ihre Entstehung verdankt.

Die alte Trifelsstube vor dem Umbau

Öffnung des Residenzkellers mit der Pfälzer Weinkönigin Silke Gerner aus Weisenheim anläßlich der Feier »45 Jahre Pfälzer Weinprobierstube« am 15. September 1995

Dieser Umstand hat sich ungewöhnlich positiv auf das Fassungsvermögen der Weingenießer ausgewirkt. Der Verbrauch stieg in dieser und anderen Jubiläumswochen um mehr als ein Drittel! Seit allerdings das Brot kostenfrei zum Verzehr angeboten wird – seit 1997 –, ist keine vermehrte Nachfrage feststellbar. Beliebt bei den Stammgästen sind auch spezielle Jubiläumsabfüllungen. Zu diesen Gelegenheiten läßt die Weinprobierstube bei Weingütern besonders süffige und bekömmliche Tropfen abfüllen und schenkt sie ebenfalls zu stark ermäßigten Preisen aus.

In diesen Wochen geht auch die tägliche Zahl der Besucher sprunghaft nach oben. Sind es in normalen Wintermonaten zwischen 1500 und 1600 Gästen täglich, so überspringt in den Jubiläumswochen diese Zahl locker die 2000er Grenze!

Komtureistube

Die letzte Baumaßnahme innerhalb der Pfälzer Weinprobierstube ging im Frühsommer 1989 über die Bühne.

Der seit 1970 als Komtureistube eingerichtete Raum war ein »langer Schlauch«, unzweckmäßig und wenig gemütlich. Das Vorstandszimmer daneben lag mehr oder weniger mitten im Lokal. Durch einen einfachen Tausch und geringfügige Änderungen des Grundrisses konnte eine wesentlich befriedigendere Lösung gefunden werden.

Die neu gestaltete und später ausgemalte Stube zählt heute mit zu den schönsten und repräsentativsten der Residenzweinstube.

Freischankflächen

Parallel mit dem Ausloten aller Möglichkeiten, sich innerhalb der Residenzweinstube auszudehnen, gingen die Bemühungen des Vorstandes der Pfälzer, bei der Schlösserverwaltung und der Landeshauptstadt die Genehmigung zur Eröffnung einer Freischankfläche am Odeonsplatz in der Residenzstraße zu erhalten.

Diese Versuche waren über ein Dutzend Jahre hinweg immer wieder an denkmalschützerischen Einwänden gescheitert. Erst 1996 konnten diese Bedenken überwunden werden. Seit dem 17. Juni stehen zehn Tische mit je fünf Stühlen und Sonnenschirmen vor der Außenfront der Weinprobierstube. Seither begeistern diese wunderbaren Sitzplätze die Besucher.

Die Großkomturei der Weinbruderschaft der Pfalz trifft sich in der nach ihr benannten Komtureistube regelmäßig zu Konventen.

Der Wirtsgarten im Kaiserhof der Residenz

Während der Sonnenfinsternis am 11. August 1999 fanden sich viele Gäste im Kaiserhof ein, um dieses einzigartige Ereignis zu beobachten.

Besonders beliebt sind jene Stunden, in denen die Feldherrnhalle und die Theatinerkirche in die Strahlen der untergehenden Sonne getaucht sind, wenn in der hereinbrechenden Dämmerung die Beleuchtung eingeschaltet wird und die Fassaden verzaubert.

Nachdem in den Sommermonaten die Geschäfte in der Weinstube eher flau gehen, heben die Einnahmen aus der Freischankfläche natürlich den Gesamtumsatz und damit auch die Umsatzpacht. Dieses Argument hat die verantwortlichen Stellen des Freistaates Bayern überzeugt, in zwei weiteren Punkten den geschäftlichen Interessen der Residenzweinstube entgegenzukommen: Genehmigt wurden das Weinfest im Kaiserhof und die Freischankfläche im Kaiserhof. Das erste Pfälzer Weinfest im Kaiserhof der Residenz fand vom 7. bis 13. August 1998 statt. Täglich unterhielt Live-Musik die über 2000 Gäste. Wegen der hohen Temperaturen füllten sie jedoch erst mit zunehmendem Schatten den Hof, um das südländische Flair bis in die Nacht hinein zu genießen.

Vom Erfolg dieses Ereignisses beflügelt, wurde auch 1999 wieder ein Weinfest ausgerichtet. Die große Attraktion war jedoch die letzte totale Sonnenfinsternis des zu Ende gehenden Jahrtausends.

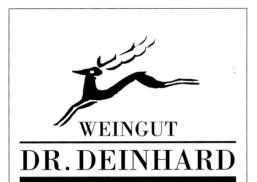

Nachdem das Wetter gut und die Sicht wolkenlos war, füllte sich der Kaiserhof am 11. August gegen Mittag mit zahlreichen Neugierigen, die alle mit Schutzbrillen ausgerüstet waren.

Die Genehmigung, auch im Kaiserhof einen Wirtsgarten eröffnen zu können, wurde von der Weinprobierstube mit großer Genugtuung aufgenommen. Ab dem Frühsommer 2000 können an 24 Tischen, umrahmt von elegantem Blumen- und Sträucherschmuck, Gäste diesen herrlichen Hof mit seiner Architekturmalerei nach oberitalienischem Vorbild mit Leben erfüllen und ihren Pfälzer Wein schlürfen. Der ein bayerisches Tagwerk große Hof (3407 Quadratmeter) wird damit von den Weinliebhabern zu einem Viertel genutzt.

Diese Gäste erfüllen mit ihrem Besuch nicht nur einen sozialen Zweck, indem sie mit ihrem Obolus die vom Gewinn der Weinprobierstube finanzierte gemeinnützige Bayern-Pfalz-Stiftung

Diese Weltneuheit wurde in der Residenzweinstube kreiert.

unterstützen. Sie tragen auch wesentlich zum Unterhalt der Königlichen Residenz bei, denn die bereits erwähnte Umsatzpacht betrug zum Beispiel für 1999 über 700 000 Mark.

Trübeur

Die Vorstandsmitglieder der Residenzweinstube haben im November 1999 eine

Pfälzer „Trübeur" mundet Münchnern

▸ MÜNCHEN/NEUSTADT (rö). Die Pfälzer Weinprobierstube in der Residenz München schenkt derzeit einen ganz besonderen Tropfen von der Deutschen Weinstraße aus: einen „Trübeur", der als Antwort der Pfälzer auf den französischen Primeur offeriert wird.

Der, von der Weinprobierstube selbst kreierte und inzwischen bereits geschützte, Name des Novums zielt nicht etwa auf die Stimmung ab, in welche der „Trübeur-Genuss" versetzt, sondern auf dessen Beschaffenheit. Es handelt sich um einen durchgegorenen, naturtrüben 1999er Weißwein. Ungeklärt und unbehandelt, enthalte er noch „an Neuen erinnernde, Geschmackselemente, die ein fertiger Wein nicht hat", erklärt Hannelore Hafen vom Weingut Schönhof in Neustadt-Diedesfeld, das die Spezialität eigens für die Münchener Residenz produziert hat. Der dafür verwendete Kerner aus der südpfälzischen Lage Wollmesheimer Mütterle habe Spätlesequalität und liege geschmacklich im trockenen Bereich.

von ihnen kreierte Weltneuheit auf den Weinmarkt gebracht, den »Trübeur«! »Federweißen« kennt jeder. Er entsteht in der Gärphase des Traubenmosts, wenn der Fruchtzucker in Alkohol umgewandelt wird. Der Trübeur ist der naturbelassene und unbehandelte, bereits durchgegorene Jungwein in jener Entwicklungsphase, die sich an den Federweißen, also die Gärung anschließt. Er bleibt auf der Hefe liegen und kann aus dem Trub Aroma-, Duft- und Geschmacksstoffe aufnehmen, die den schon klargemachten Weinen verlorengegangen sind. Er hat daher einen weinsortentypischeren fruchtigeren Geschmack als der fertige abgefüllte Wein. Der Wein kann allerdings nur wenige Wochen in diesem Entwicklungszustand belassen werden.

Akkord

Gebhard Orth, der 1. Vorsitzende des Landesverbandes der Pfälzer und damit auch der Weinstube, wies bei der Einweihung der Trifelsstube 1951 darauf hin, es wäre besser gewesen, er hätte die Finger von diesem Unternehmen gelassen, so groß waren die Anfangsschwierigkeiten. »Aber heute, ja heute, da steht es – und wie es steht!«

Nun, nach 50 Jahren, sind wir ihm immer noch dankbar, daß er die Probleme gemeistert hat. Auch wenn diese immer wieder auftauchen: Es gibt keinen Grund, die Flinte ins Korn zu werfen. Zu reizvoll und zu vielfältig ist andererseits die Aufgabe, ein Unternehmen wie die Pfälzer Residenzweinstube in München zu führen, ein Unternehmen, in dem über sechzig Menschen beschäftigt sind, die alle zum Erfolg beitragen. Ihnen gebührt ein großartiger Dank!

Die angesehene »Weinwirtschaft«, ein Fachblatt für Handel und Erzeuger, veröffentlichte im Dezember 1999 ein »Städteportrait München« über die »Weinstadt mit Herz«. In einem Überblick über die mehr als 200 Weinadressen in der »nördlichsten Stadt Italiens« wird festgestellt: »Darunter Traditionshäuser wie Dallmayr, Käfer oder die Pfälzer Weinstuben, das Hotel Königshof mit Weinrestaurant und Weinhandel.«

In einem Atemzug mit diesen Institutionen genannt zu werden, ist für uns Anerkennung, Verpflichtung und Auftrag!

Norbert Wingerter
Die »Philosophie« der Weinprobierstube

Der Vorstand der Weinstube blieb immer seinen Prinzipien treu: Erlesene Weine in gepflegter Atmosphäre zu einem guten Preis auszuschenken!

»Erlesene Weine« kann die Weinstube deswegen garantieren, weil die vier Mitglieder ihres Vorstandes diese edlen Tropfen seit jeher selbst einkaufen. Sie nehmen es auf sich, zweimal im Jahr für jeweils eine Woche in die Pfalz zu fahren, um die Weine auszusuchen. Sie machen das in ihrem Urlaub, weil sie alle andere Berufe ausüben. Als Pfälzer bringen sie natürlich den notwendigen Weinverstand mit.

Der Tradition des Hauses gemäß sind auf der Weinkarte Weingüter und Winzergenossenschaften der gesamten Pfalz repräsentiert. Weder bestimmte Anbaugebiete (Südliche Weinstraße oder Mittelhaardt) noch einzelne Betriebe werden bevorzugt. Die vier Vorstände sind niemandem verpflichtet! Hunderte Proben stehen in diesen Einkaufswochen zum Testen auf dem Programm, das mit Vergnügen nur mehr wenig zu tun hat, sondern eher mit harter Arbeit.

Sie tun das, um ihre Münchner Gäste zufriedenzustellen – und freuen sich oft überschwenglich, wenn sie unter 15 Proben beispielsweise für die Nummer 5 der Weinkarte einen schönen, passenden Wein gefunden haben. So wollen sie die Treue der Gäste zur »Resi« belohnen.

Die meisten Gäste wissen nicht, daß jeder Wein im offenen Ausschank drei- bis viermal im Jahr wechselt, ja wechseln

Hier gehen viele edle Tropfen über die Theke.

muß, weil die käufliche Höchstmenge in der Regel bei 3000 Litern für eine Nummer liegt, und dieser Vorrat in einem Vierteljahr ausgetrunken ist. Diese Höchstmenge ist darin begründet, daß beim Weineinkauf auch kleinere und mittlere Betriebe berücksichtigt werden.

Beim Einkauf muß auch darauf geachtet werden, daß der neue 4er oder 7er dem alten ähnlich ist, obwohl der Jahrgang, die Lage und das Weingut andere sind. Denn die meisten unserer Gäste trinken oft über Jahre »ihre Nummer« und wollen sich nicht ständig umstellen.

91

Gepflegte Atmosphäre

Auch diese garantiert der Vorstand, weil er seit der Gründung der Weinstube 1950 ununterbrochen der Pächter ist. Auch wenn in diesem Personenkreis Wechsel stattgefunden haben, die Kontinuität des hohen Qualitätsniveaus blieb immer gewahrt.

Der Vorstand war sich immer bewußt, wem er verpflichtet ist:
• der Pfalz und den Pfälzern,
• der pfälzisch-bayerischen Geschichte,
• dem Niveau der Wittelsbacher-Residenz
• und dem Wohle der Gäste.

Nicht verpflichtet ist der Vorstand, irgendwelchen Modeerscheinungen nachzulaufen. Nicht verpflichtet ist der Vorstand, möglichst viel Profit zu erwirtschaften. Wenn ein Gast in die Weinprobierstube kommt, spürt er, daß er einen historischen Raum betreten hat. Er fühlt sofort die Kraft, die die Räumlichkeiten mit ihren beeindruckenden Gewölben und den ehrerbietenden Säulen ausstrahlen. Er nimmt die Proportionen wahr; die Gewalt des Raumes, der die Gäste nicht erdrückt, sondern eher anzieht, eher aufrichtet. Die Welt ist voll von modernen Weinstuben mit geschnitzten Eichenstühlen, geschmiedeten Wand- und Deckenleuchten, Holzvertäfelungen, falschem Zinn und falschen Barockengeln, altdeutsch gedruckten Speisekarten und so weiter.

Was ihnen aber oft fehlt, ist die Atmosphäre!

»Anständig und behaglich soll ein Gasthaus sein«, sagte einmal Theodor Heuss. Und er meinte damit, daß die Leute bequem um einen Tisch, einen blanken Tisch, auf Holzstühlen herumsitzen. Wenn sie Wein trinken, wollen sie sich unterhalten, disputieren, lachen. Es soll gemütlich sein. Sie sollen sich wohlfühlen. Die Atmosphäre in der Weinprobierstube ist seit 50 Jahren stilvoll, offen und kommunikativ. Mit natürlichem Charme. Die Einmaligkeit der Architektur wurde erhalten. Die Schlichtheit der Ausstattung gepflegt und kultiviert. So blieb die »Resi« behaglich. Sie hat ihren Charakter bewahrt. Modeerscheinungen blieben vor der Tür. Die Tische wurden nicht umgestellt, die Decken nicht abgehängt, keine Nischen eingerichtet, keine Musikberieselung installiert, keine indirekte Beleuchtung eingebaut.

»Die Seele von München«

Auch die Gläser gehören zur Atmosphäre!

»Achtet, o achtet mir auf die Gläser! Da spreche ich automatisch wie Zarathustra. Schlechte Gläser können den schönsten Wein versauen. Etwa die hohen, geschliffenen Ziergläser mit buntem Kelch oder die pikfeinen ›Kunst‹-Gläser, die unaufhörlich ›Design, Design, Design‹ vornehm vor sich hinzumurmeln scheinen. Alles Quatsch! Die richtigen Gläser gibt es seit Ewigkeiten, nach Landschaften verschieden.« (Hans Schmitt-Rost, »Süddeutsche Zeitung« vom 3. Dezember 1969)

Den Autor für einen Feind des modernen Designs zu halten, hieße ihn mißzuverstehen. Er hat nur etwas gegen die Sucht, alles zu designen um des Designes willen.

Aber es ist nun einmal so: Man trinkt Wein auch mit der Nase! Und wenn die

„Nacktarsch" zum Frühstück

BLASIUS
der Spaziergänger
Abendzeitung München 11. April 1969

Die ersten alten Weinbeißer, die schon am Vormittag in die ehrwürdige Probierstube kommen, riechen alle noch ein bißchen nach Kopfkissen, Kukident und Kindsköpfen. Sie grüßen naiv murmelnd die nachgedunkelten Kurfürsten an den Wänden, die verdrossen auf das Treiben in ihrer einstigen Rüstungskammer herabblinzeln, weil hier schon längst kein Schwerterklirren mehr zu hören ist, sondern höchstens einmal ein ähnliches Geräusch, wenn die Kellnerin Rita das Tablett mit ihren zwölf Weingläsern versehentlich umkippt.

* * *

Nacheinander kommen dann alle die täglichen Kostgänger, um schon zum Frühstück einen „Wehlener Lumpen" mit der Zunge zu zerquetschen. Auch zwei Studentinnen mit langen falschen Luftschlangenhaaren genehmigen sich einen „Pfälzer Kaffee" aus der Flasche. Blasius denkt, ihnen ist wohl eine „Wachenheimer Auslese" lieber, wie eine wochenlange Vorlesung. Sie essen weithin sichtbar jedesmal „Karo einfach", wie sie das würzige Holzofenbrot auch nennen, zusammen mit Salz, Senf und kleinen Seufzern. Und fast immer findet sich dann ein mitleidiger Freier, der ein paar heiße Würstl dazu spendiert, so daß die zwei Mosel-Mäuschen schon früh am Tag was Warmes im Bauch haben.

* * *

Ganz in der Ecke läßt sich um diese Zeit, wie immer, ein total bedienter Winkeladvokat nieder. Er hat sicher zum letztenmal in Ludwig Thomas Zeiten etwas „grichtsmaßig" gemacht. Wenn ihn aber die Bedienung Eva gewohnheitsmäßig fragt: „Wie geht's denn, Herr Rechtsanwalt?" so erwidert der verbummelte Paragraphenschinder glucksend und hochstaplerisch: „Danke schön, ich kann klagen". Dichtauf folgt die „Lady Topfen". Die ihren Spitznamen von dem weißen Käsequark hat, den sie pünktlich beim Elf-Uhr-Läuten zu sich nimmt. Den Quark verschlingt sie zusammen mit einer doppelten Portion Zwiebel und einer langen Knoblauchzehe, was den boshaften Kohlenhändler Reißig zu der Bemerkung veranlaßt: „Die oide Balkan-Goas riacht jedsmoi nach ihram Frühstück aus'm Hois, wie nein Zigeina aus der Hosn".

* * *

Zu den komischen Vögeln, die alle Tage so sicher erscheinen wie eine Morgenzeitung, zählt auch der „Herr Oberst". Zwar ist es ihm wohl schon längst klar geworden, daß es viel schöner ist Trauben statt Orden zu ernten, doch kann er sich scheinbar von Donnerhall und Wallhall noch immer nicht ganz trennen. Drum schüttet er einen Spritzer Riesling auf die Tischplatte und zeichnet mit seinem Virginia-Halm die Schlacht in der Weichselniederung nach. Ein böser Rotweintrinker allerdings behauptet, der Herr Oberst wäre in Wirklichkeit nur Schreiber gewesen. Und das auch nicht einmal an der Ostfront, sondern bei der Arbeitsfront.

* * *

Ferner gibt es da noch eine „lustige Witwe". Man erzählt dem Spaziergänger, es hätte so ziemlich die ganze Probierstube schon an ihr herumprobiert. Doch immer im Augenblick der Wahrheit müßte sie so heftig niesen, wie eine erkältete Kuckucks-Uhr, worauf natürlich jeder Zeiger rasch von zwölf auf halb sechs fallen würde.

* * *

Und manchmal trippelt auch noch schnell eine errötende Schönheit durch die Räume. Mit einem rasch übergeworfenen Regenmantel und einem „Rate-einmal-Lächeln" um die verwischten Lippen. Sie holt nur schnell was „über die Straße". Und die chronischen Schoppenschnuller werden dann plötzlich still und schauen mit Zähnen hinter ihr her, die so lang und gierig sind, wie die von einem oberbayerischen Heurechen. So als würden sie alle leise ahnen, daß sich unter dem Schlechtwetterumhang tatsächlich jenes köstliche Wachstum verbirgt, das auf der Weinkarte unter Nummer sechzehn steht. Dort ist nämlich zu lesen: „Neunzehnhundertachtundvierziger Kröver Nacktarsch".

* * *

Als »Blasius, der Spaziergänger«, meldete sich Sigi Sommer zur »Resi« zu Wort.

Form des Glases verhindert, daß die Blume, der Duft, das ganze Bouquet des Weins sich im Glas sammeln kann, um sich dann der Nase zu öffnen, aufzuschließen und zu erschließen, dann ist es schade um den Wein und schade um das Glas. Es ist eine Binsenwahrheit: »Die Kuppe eines Weinglases muß sich nach oben etwas verjüngen, damit sich das Aroma sammelt und hält. Weingläser mit geraden Wänden seien euch verdächtig. Sie sind von Leuten entworfen, die nicht aus Weingegenden stammen.«

Auch in dieser Hinsicht ist die Residenzweinstube standhaft geblieben. Seit nunmehr 50 Jahren wird an der gleichen Gläserform festgehalten, am Pfälzer Römer! Das hat Tradition! Selbst die Römer tranken in der Pfalz schon aus einem ähnlichen Glas. Und viele Gäste nehmen es mit in alle Welt. So haben sie auch zu Hause ein Stück ihrer heilen »Resi-Welt«.

Wenn es im Vorspann zu Hans Schmitt-Rosts Artikel heißt, ... man müsse »einmal darüber nachdenken, warum es selbst in deutschen Großstädten so gut wie keine Gasthäuser gibt, die ... anständig, aber nichtsdestoweniger behaglich eingerichtet sind«, und der Autor dann später die Antwort gibt: »Die Seele von München sind für mich die Pfälzer Weinstuben in der Residenz«, dann haben die Pfälzer nicht viel falsch gemacht.

Wie funktioniert eigentlich die Residenzweinstube?

Eine historisch bedingte und daher einmalige Konstruktion liegt dem gastronomischen Betrieb »Pfälzer Weinprobierstube in der Residenz« zugrunde.

Vor dem Hintergrund der bevorstehenden Volksabstimmung über die politische Zukunft der Pfalz nahm die Weinprobierstube 1950 in der Residenz ihren Betrieb auf. Staatliche Stellen in München hatten ein lebhaftes Interesse, öffentlichkeitswirksam den von den Besatzungsmächten gewaltsam abgetrennten Pfälzern zu signalisieren, daß sie noch immer als zu Bayern gehörig betrachtet wurden und die Wiederangliederung nur eine Frage von kurzer Zeit sein würde.

Über Parteigrenzen hinweg wurden die Anschlußbestrebungen unterstützt. Allen voran die Bayerische Staatskanzlei, aber auch die einschlägigen Ministerien, Behörden und das Parlament begrüßten daher die Einrichtung der Weinprobierstube in der Residenz. Dieser demonstrative Akt machte im ehemaligen achten bayerischen Regierungsbezirk links des Rheines einen nachhaltigen Eindruck. Die Bayerische Verwaltung der staatlichen Schlösser, Gärten und Seen tritt im Auftrag des Bayerischen Finanzministeriums als Verpächter aller Liegenschaften in ihrem Zuständigkeitsbereich auf. Sie ist seit 1950 Vertragspartner des Vorstandes des Landesverbandes der Pfälzer in Bayern. Die Vorstandsmitglieder werden von der Mitgliederversammlung des Landesverbandes alle vier Jahre gewählt und sind damit als Vertragspartner der Schlösserverwaltung legitimiert. Die Vorstandsmitglieder führen die Weinprobierstube als selbständiges Wirtschaftsunternehmen. Der 1. Vorsitzende fungiert als Wirt gegenüber der Landeshauptstadt München.

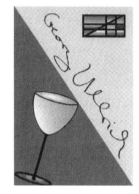

TILDE WAMBSGANSS

76829 Landau-Nußdorf
Lindenbergstraße 69
Telefon 0 63 41/6 18 36
Telefax 0 63 41/6 27 28

76833 Walsheim
Hauptstraße 21–23
Telefon 0 63 41/6 16 96
Telefax 0 63 41/6 14 83

Historische Ziele

Es war 1950 Absicht der Vertragsparteien, den Gewinn der Weinstube nur im allernotwendigsten Rahmen für den Unterhalt des Betriebes zu verwenden, ansonsten aber den Großteil zur Unterstützung der Anschlußbewegung »Pfalz zu Bayern« abzuführen. So wurde es auch bis einschließlich 1956 gehandhabt. Die Mitglieder des Vorstandes und der Weinkommission erhielten weder Aufwandsentschädigungen noch Ersatz ihrer Auslagen. Sämtliche Reisekosten mußten aus eigener Tasche beglichen werden. Daher wurde damals das Wirtschaftsunternehmen »Weinstube« als »gemeinnützige Institution« eingestuft.

Als Pächter/Wirt mußten sich die Vorstandsmitglieder verpflichten, die alleinige Verantwortung für den Betrieb zu tragen und ihn völlig unabhängig zu führen. Da sie weder Weinbauern noch Kommissionäre waren, sondern alle andere Berufe ausübten, konnten sie diese Unabhängigkeit gewährleisten. Sie waren und sind keinem Weinerzeuger und keiner Region verpflichtet. Eine Konstellation, die sich bis auf den heutigen Tag für die Weinstube als segensreich erwiesen hat.

Zur Besprechung der laufenden Geschäfte treffen sich die Mitglieder des Vorstandes mindestens einmal die Woche. Bei diesen Beratungen um die notwendigen Entscheidungen werden sie von einem Geschäftsführer und einem Geschäftsführerassistenten unterstützt, die hauptamtlich angestellt sind und aufgrund ihrer Ausbildung und Erfahrung über das notwendige Fachwissen verfügen. Ebenfalls Fachpersonal sind die beiden Empfangsherren, die der Geschäftsführung zuarbeiten und diese bei Abwesenheit vertreten. Eine kompetente Sekretärin vervollständigt dieses Führungsteam.

Die Residenzweinstube beschäftigt mittlerweile über 60 Personen (schwankend): 26 im Service, 14 in der Küche, 8 am Büffet, 5 im Büro, 2 im Keller, 5 als Spüler, 2 im Toilettenbereich und zusätzlich einige Aushilfen. Der Betrieb läuft sieben Tage die Woche im Zwei-Schichten-Rhythmus.

Zu den Aufgaben der Geschäftsführung gehören Personalwesen sowie Kalkulation und Wareneinkauf – mit Ausnahme des Weineinkaufs. Dieser blieb von Anfang an dem Pächter und Wirt vorbehalten. Eine Domäne der Vorstände, die alle geborene Pfälzer sein müssen.

Die vier Vorstandsmitglieder begeben sich jährlich zweimal für eine Woche in ihre alte Heimat Pfalz, um die richtigen Weine auszusuchen. Eine Aufgabe, die eigentlich das ganze Jahr über andauert, denn die Frage, durch welchen Wein eine leergetrunkene Nummer ersetzt wird – und das viermal im Jahr –, läßt sich in den kurzen Einkaufswochen allein nicht beantworten.

Bei einem Jahresumsatz von bis zu 300 000 Flaschen ist es daher keine Seltenheit, daß in einer solchen Einkaufswoche 60 000 bis 80 000 Flaschen gekauft werden.

Hinzuzurechnen ist die Lagerkapazität des ehemals königlich-bayerischen Hofkellers München. Zwischen 1612 und 1616 von Maximilian I. errichtet, mißt er 52 Meter Länge und fast 14 Meter Breite. In diesem Keller, der alle Kriege unversehrt überdauert hat, lagern heute

*Angesichts der im »Bauch der Resi« gelagerten Schätze ist es kein Wunder, daß die traditionelle Bier-
metropole München den höchsten Weinkonsum Deutschlands hat.*

auf über 700 Quadratmetern stets zwi-
schen 120 000 und 150 000 Flaschen.
Eine weitere wichtige Aufgabe der Vorstandsmitglieder ist es, mit der Staatsregierung, den Ministerien und den nach-
geordneten Behörden, mit dem Landtag
und den Parteien, den Kirchen und Ver-
bänden Kontakt zu halten und zu pflegen. Denn Pächter und Wirt der Pfälzer
Residenzweinstube in München zu sein,
ist nur vordergründig eine rein gastronomische Aufgabe. Diese Institution nimmt
auch übergeordnete Aufgaben wahr,
historisch-politische und historisch-
kulturelle!

Ist die Weinprobierstube eine Oase?

Laut Brockhaus ist eine Oase eine Insel, gelegen an einer Quelle, meist dicht bevölkert, intensiv bewirtschaftet und ein Brennpunkt höherer kultureller Entwicklung.

Wer bislang eine Definition für die Pfälzer Residenzweinstube gesucht hat: Das ist sie!

Im hektischen Trubel der Großstadt ist sie eine Insel, die sich am liebsten jeden Tag neu erfinden würde, weil sie so lebendig, so quirlig ist.

Sie liegt an einer von vielen erlesenen Flaschen Wein gespeisten Quelle, die dicht bevölkert ist.

Diese Oase wird intensiv be-»wirtschaftet«. An manchen Tagen mit fast 2000 Flaschen Wein und Wasser. Mit fortschreitender Stunde streben die Gespräche einer immer höheren Stufe zu!

Die »Resi« ist eine Oase zum Entspannen, zum Luftholen, zum Wein genießen. Ihn sich gut gekühlt über den Gaumen hinunterfließen lassen. Die Kühle sich im erhitzten Körper ausbreiten fühlen. Mit einem zweiten Schluck dieses Erlebnis festhalten, steigern!

Und die Geräuschkulisse?

Das Stimmengewirr, der Geräuschpegel beim Eintritt in den vollbesetzten Pfalzgrafensaal ist beeindruckend. Wie eine gewaltige Welle schlägt er zunächst über dem Eintretenden zusammen. Er verschlingt ihn, er umgibt ihn mit einer Schutzhülle, die der Gast bald nicht mehr wahrnimmt.

Nun ist er in die akustische Atmosphäre der Weinstube eingetaucht. Er hat sich mit ihr vermählt. Er ist ein Teil von ihr geworden. Die Straße, das Büro, alles ist mit einem Mal weg, weit weg. Innere Ruhe kehrt ein!

Westfassade der Residenz München mit dem Eingang zur Pfälzer Weinprobierstube, Aquarell von Hans Glückert, 1977

Norbert Wingerter
»Mir sin in Münsche uf de Kaart!«

Dieser Spruch – vorderpfälzisch für:
»Wir sind in München auf der Karte« –
hat sich mittlerweile zu einem geflügelten Ausspruch entwickelt. Er besagt, daß
der Betrieb (Weingut/Winzergenossenschaft), dessen Vertreter hier zitiert wird,
auf der Weinkarte der Pfälzer Weinprobierstube in der Residenz in München
steht. Und dies gilt bei den Weingütern
und Genossenschaften als Auszeichnung.
Obwohl es in der bayerischen Landeshauptstadt zeitweise bis zu einem Dutzend Pfälzer Weinstuben gab, war mit
diesem Ausspruch immer die Institution
in der Residenz gemeint.
Diese Aussage drückt mehrerlei aus: zum
einen die Achtung vor der Residenzweinstube, die als Aushängeschild und
als »Botschaft« der Pfalz gesehen wird;
zum anderen die hohe Achtung vor dem
Betrieb, der es geschafft hat, in die Weinkarte der Weinprobierstube aufgenommen worden zu sein.
Denn die Hürden sind hoch! In den
Gründerjahren haben sich eine fünfköpfige Weinkommission in München und
zwei in der Pfalz ansässige Weinkommissionäre um den Einkauf für die Residenz
gekümmert. Jeder Wein mußte die beiden
Gremien durchlaufen, bevor er akzeptiert
wurde, wobei die Entscheidung immer in
München getroffen wurde.
In der Praxis lief das so ab, daß die
Weinprobierstube jeden 1., 10. und 20.
des Monats einen Überblick über ihren
Lagerbestand in die Pfalz durchgab. Die
Kommissionäre waren damit auf dem

Slevogt'sche
Gutsverwaltung Neukastel
bei Landau-Pfalz
Fernsprecher 2687 Landau-Pfalz

den 17. Januar 1951.

An das Pfalzreferat der Bayer. Staatskanzlei
z.Hd. Herrn Dr. Kurt Pfister
Bayerische Staatskanzelei
M ü n c h e n - 22

Sehr geehrter Herr Doktor :

     Wir nehmen höflich Bezug auf eine Mitteilung, die uns Herr Professor
Dr. Freiherr von Pechmann von der "Neuen Sammlung" dieser Tage zukommen ließ.

     Herr Professor Dr. von Pechmann hatte die Freundlichkeit, uns im
Sommer des vergangenen Jahres zu besuchen, um hier die Wandmalereien von Professor
Max Slevogt zu besichtigen. Bei dieser Gelegenheit unterhielten wir uns über
die Möglichkeit, Neukasteler Weine für die Pfälzer-Weinstuben in München zu
liefern. Nunmehr teilt uns Herr Professor Dr. von Pechmann mit, daß Sie das
Pfalzreferat der Bayerischen Staatskanzlei übernommen hätten und künftighin
auch die Pfälzer-Weinstuben in der Residenz betreuen würden.

     Da wir einerseits natürlich daran interessiert sind, Abnehmer für
unsere Weine zu finden und andererseits glauben, daß die Verbundenheit zwischen
dem in Landshut geborenen und lange in München tätigen Maler Max Slevogt auch
heute noch in Bayern gepflegt und gefördert wird, könnten wir uns gut vorstellen,
daß es für die Pfälzer-Weinstuben ein Gewinn wäre, wenn Flaschenwein mit den
entzückenden, nach Handzeichnungen von Max Slevogt versehenen Etiketten dort
geführt würden. Aus diesem Grunde erlauben wir uns, Ihnen heute mit gleicher
Post, drei Musterflaschen unserer Weine zuzusenden und wir wären Ihnen sehr
verbunden, wenn Sie die Frage prüfen würden, ob diese Weine für die Pfälzer-
Weinstuben in Betracht kommen. Wir bemerken dazu, daß unser Vorrat an 49er
Neukasteler-Burgweide-Riesling-Spätlese leider nur noch sehr beschränkt ist
und wir Ihnen davon bestenfalls im Augenblick ca 5o Flaschen überlassen könnten.
Wir rechnen damit, daß wir in Bälde in der Lage sind, Ihnen von unserer 1950er
Riesling-Spätlese zu liefern, deren Qualität dem 49er Wein der gleichen Sorte
in keiner Weise nachsteht.

     Wir erlauben uns, Ihnen daher folgendes Angebot zu unterbreiten.

1.) 49er Neukasteler Burgweide in 1/1 Flaschen	DM	2,25
2.) 49er Neukasteler Burgweide-Riesling-Spätlese in 1/1 Flaschen	DM	2,75
3.) 49er Neukasteler Kirchhölzl-Burgunder-Spätlese in 1/1 Flaschen	DM	3,15

Bitte eines Weingutes, in die Weinkarte der Residenz in München aufgenommen zu werden

Bayerischer Landtag

Präsident

I-Pr. Pf.

München, den **15. November 1951**

Äußere Maximilianstraße 20

Telefon 3 3577 / 20507 / 43365 / 458251

Herrn

Gebhard Orth ,

1. Vorsitzender des Ausschusses
Bayern-Pfalz

M ü n c h e n 23

Tristanstrasse 18a

Sehr geehrter Herr Orth !

    Der Weinkommissionär F. Schreck, Deidesheim, hat mich
eingeladen, an einer der Weinversteigerungen bei Bassermann/
Jordan oder bei Reinhardt teilzunehmen. Da die Termine sich
decken mit Vollsitzungstagen des Bayerischen Landtags, kann
ich in diesem Zusammenhang nicht in die Pfalz kommen. Herr
Schreck hat aber mit seiner Einladung auch die Anregung verbunden, es möchte einer, für die Leitung der Pfälzer Weinstube
in der Münchner Residenz massgebenden Herren mit mir in die
Pfalz kommen. Ich gebe diese Anregung an Sie weiter mit der
Bitte zu prüfen, ob eine Möglichkeit besteht, eine Verbindung
mit Herrn Schreck für die Pfälzer Weinstube aufzunehmen.

    Mit herzlichen Grüssen

        Ihr

(Dr.Dr. Hundhammer)

*Anregung an den Präsidenten des Bayerischen Landtages hinsichtlich seiner Unterstützung für den
Weinverkauf an die Residenz in München*

laufenden und verpflichtet, für die zur
Neige gehenden Weinpartien neue Weine
(Nachfolger) vor-auszuwählen und Proben nach München zu schicken. So war
ein störungsfreier Weinfluß vom Rhein
an die Isar garantiert.

Die Präsenz auf der Münchner Weinkarte
hat einen guten Werbeeffekt für den
jeweiligen Betrieb. Zum einen, weil die
Kunden des Weingutes aus dem
Großraum München sich durch das
Wiederfinden ihres Betriebes auf der
»Resi-Karte« bestätigt fühlen. Und zum
anderen, weil die Weinstubengäste auf
diesen Betrieb aufmerksam werden.
Zahlreiche Geschäftsverbindungen sind
auf diese Weise entstanden.

Nicht selten machen Weingutsbesitzer
auf Geschäfts- oder Urlaubsfahrten in
München halt, um nachzuschauen, wer
zur Zeit »in Münsche uf de Kaart steht«.
Nicht selten kommen auch Betriebe auf
den Kommissionär in der Pfalz oder den
Vorstand in München zu, mit der Bitte
um Prüfung, ob sie eine Chance hätten,
auf die Karte zu kommen.

Seit Ende der 50er Jahre gibt es die
Weinkommission in München nicht
mehr. Sie war mit dem Vorstand des
Landesverbandes personenidentisch und
daher als eigenständiges Gremium über-
flüssig geworden. Seither fahren die vier
Vorstandsmitglieder selbst jährlich zweimal für eine Woche zum Weineinkauf in
die Pfalz.

Sie haben sich aus der Gründungsidee
des Landesverbandes heraus verpflichtet,
einen Querschnitt aus dem gesamten
Pfälzer Weinanbau anzubieten und dabei
den Weinbau und den Weinhandel (Weingüter und Genossenschaften) gleichermaßen zu berücksichtigen.

Zunächst war es für die Betriebe ein rein wirtschaftlicher Faktor, in München auf die Karte zu kommen. Als aber die Weinprobierstube eine immer stärkere Strahlkraft weit über die Pfalz hinaus entwickelte, verlieh es besonderes Renommee, dort im Angebot vertreten zu sein.

Diese Tatsache führt auch dazu, daß die Betriebe mit ihren Preisangeboten der Weinstube oft weit entgegenkommen, was ihnen nicht zuletzt auch deswegen leichter fällt, weil sie wissen, daß diese günstigen Einkaufspreise in der Pfalz an die Gäste in München weitergegeben werden.

Der Weineinkauf

Der erste Tag der Einkaufswoche ist immer der anstrengendste. Der Vorstand sitzt ab 9 Uhr früh bei Franz Bibus in Maikammer um einen Tisch und bespricht die bevorstehenden Tage, die von ihm gesammelten Proben, die Preissituation auf dem Weinmarkt und die Lage einzelner Betriebe. Bibus ist in der zweiten Generation Weinkommissionär für die Weinstube und Lieferant des Weines Nr. 3a. Aufgrund der ihm ständig per Computerausdruck übermittelten Kellerbestände hat er für die ausgehenden Weine Ersatz gesucht und 90 bis 120 Proben für diesen Montag ausgewählt. Fast alle Rebsorten, alle Qualitätsstufen und alle Geschmacksrichtungen sind vertreten. Bei dieser Vorauswahl legt Bibus hohe Qualitätsmaßstäbe an und versucht zugleich, die regionale Vielfalt der Pfalz zu berücksichtigen. Junge aufstrebende Weingüter erhalten ebenso eine Chance wie Biobauern, die ver-

Die Weinkommission der Pfälzer Weinprobierstube Anfang der 50er Jahre: Dr. Emil Leibrecht, Dr. Wilhelm Moos, Carl Weber, Heinrich Wüst, Max Lorch.

mehrt auf den Markt drängen. Wegen des hohen Niveaus ihrer Produkte finden sich natürlich auch immer wieder die alten Namen, die die Gäste schon seit 50 Jahren von der Weinprobierstube her kennen.

Die Weinauswahl

Jeder Vorstand hat einen Napf neben sich – zur Entsorgung (zum Ausspucken). Es kann losgehen!

Zuerst kommen die trockenen Weine dran. Lauter Rieslinge beispielsweise für die Nummer 5a (acht Proben im Diabetikerbereich) und sechs Proben für die

Nummer 8. Da für diese Nummern nur diese Rebsorten und diese Geschmacksrichtungen in Frage kommen, also zunächst die Diabetiker. Vier oder fünf Weine werden immer zusammen verkostet, verschiedene Weingüter – verschiedene Lagen. Nacheinander scheiden diejenigen aus, die am wenigsten die Erwartungen in bezug auf diese spezielle Nummer erfüllen, bis schließlich nur noch vier übrig bleiben.

Sehr kritisch werden diese miteinander verglichen. Die Farbe und die Klarheit, der Duft und die Blume, der Körper, die Leichtigkeit oder die Schwere bis hin zum Abgang, zum sogenannten Schwanz.

Einige Weinbaubetriebe, mit denen die Weinprobierstube seit den 50er Jahren Geschäftsverbindungen unterhält

Von links nach rechts und umgekehrt oder mit neuer Reihenfolge.
Gekauft wird nur, was hundertprozentig überzeugt. Oft ist bei acht Proben keine dabei, die gut genug für die Karte in München ist. Dann geht die Suche am nächsten Tag weiter.
Es wird wenig geredet bei diesem Vorgang, der etwas von einem Ritual hat. Es wird mehr mit Blicken, Hand- oder Kopfbewegungen be- oder gedeutet. Hochkonzentriert geht jeder seiner Arbeit nach, macht sich eine Notiz, spitzt den Mund, hebt die Hand, blickt ins Leere! Jeder hat seine eigene Art, sich auszu-

drücken, aber jeder versteht diese Sprache. Manchmal fällt die Entscheidung sehr schnell, wenn nämlich ein Wein dabei ist, der Begeisterung hervorruft, wenn der Preis auch noch stimmt – und jeder bedauert, daß davon nur 3000 (das entspricht der Mindestmenge) und nicht 10 000 Liter zu kaufen sind. Dann könnte dieser Wein ein Jahr auf der Karte bleiben und die Herzen der Gäste erfreuen. Findet sich jedoch kein passender Wein für eine bestimmte Nummer, wird überlegt, welche Betriebe in den nächsten Tagen auf dem Programm stehen und wo wahrscheinlich noch mit einem erfolgversprechenden Angebot zu rechnen ist. Was dabei noch berücksichtigt werden muß: Der Wein soll eine gewisse Ähnlichkeit mit seinen Vorgängern auf dieser Nummer in München haben, damit der Gast bei einem Wechsel trotzdem »seine« Nummer wiedererkennt. Jeder der Vorstände hat dabei eine Vorstellung, welche Erwartungen der 2er Trinker oder der 4er Liebhaber an seinen Wein hat. Oder was der 7er Anhänger an diesem Wein so sehr schätzt, daß er seit Jahren keinen anderen mehr trinkt. Denn die 3000 Liter, die in der Regel als Höchstmenge zu kaufen sind, sind auf den einzelnen Nummern in zehn bis zwölf Wochen ausgetrunken.

Ist jedoch am Ende der Woche noch immer kein 6er oder 5er gefunden, der aber in vier Wochen ausgeht, dann beginnt das Probieren und Suchen wieder da, wo es am Montag aufgehört hat, nämlich bei Franz Bibus. Oder durch Telefonate mit dem einen oder anderen Weingut wird kurzfristig festgestellt, ob dort ein geeigneter Kandidat vorhanden ist.

Weinkauf im November 1994 im Weingut Pfaffmann in Walsheim durch die Vorstandsmitglieder Hans Glückert, Norbert Wingerter und Hans-Jörg Habersack; Kommissionär Bibus, Dr. Hans von Malottki und Herr Pfaffmann (von rechts)

Weineinkauf im November 1998 im Weingut Jülg in Schweigen durch die Vorstandsmitglieder Ralph Marthaler, Hans-Jörg Habersack; Herr Jülg, Kommissionär Bibus und Norbert Wingerter (von rechts)

Doch zurück zum ersten Tag: Nach den 20 bis 25 Proben trockener Weine und etwa 15 Diabetikerweinen kommen die halbtrockenen, auch etwa 20 verschiedene Weingüter, Rebsorten und Lagen. Danach die lieblichen, die etwa ein Drittel der Kunden der Weinprobierstube bevorzugen. Nach diesen folgen die Weißherbste und die Rotweine, wiederum jeweils unterteilt von trocken bis lieblich. Dann sind die Literflaschen geschafft, etwa 60 Proben, und endlich ist die Mittagspause erreicht.

Am Nachmittag kommen dann die Flaschenweine an die Reihe. Von diesen hat die Weinprobierstube etwa 50 ständig auf der Karte, deckt damit aber lediglich zwischen 5 und 10 Prozent ihres Umsatzes ab.

Nach dem Verkosten des letzten Weines geht gegen 16 Uhr dieser Marathon zu Ende. Und schon drängt die Zeit wieder. Eventuell steht noch der Besuch des ersten Weingutes an, wo erneut geprobt werden muß.

Der Rest der Woche verläuft dann nicht mehr so anstrengend.

Vormittags und nachmittags werden je zwei Betriebe aufgesucht, die auf den Besuch vorbereitet sind und bestimmte Weine anbieten. Die meisten Weingutsbesitzer oder Geschäftsführer sind seit Jahren mit den Vorständen bekannt und folglich ist die Wiedersehensfreude häufig groß! Oft werden die eingeplanten 90 Minuten zu kurz. Entweder, weil auch persönliche Gespräche geführt werden, oder weil die gebotenen Informationen so interessant sind, daß die Verabschiedung schwer fällt.

Besprechung des Vorstandes mit Regierungspräsident Rainer Rund von Rheinhessen-Pfalz anläßlich einer Weineinkaufsreise in Hambach an der Deutschen Weinstraße am 5. Mai 1993.

Was in dieser Woche eine große Rolle spielt, sind die Gespräche über die Einkaufspreise. Es kommt nicht selten vor, daß ein geeigneter Wein zu teuer ist, nicht in das Preisgefüge der Weinprobierstube paßt und deswegen zum Leidwesen des Vorstandes nicht gekauft werden kann. Auch bei Nachverhandlungen gibt es manchmal kein weiteres Entgegenkommen des Produzenten, weil auch für ihn die Wirtschaftlichkeit Priorität hat. Denn obwohl die Weinpreise in der Weinprobierstube sehr günstig sind, reagieren die Gäste selbst auf moderate Preiserhöhungen zum Teil mit Unverständnis. Und das, obgleich ihnen die Preise in den umliegenden Weinhäusern

bekannt sind. Obwohl in der »Resi« besser eingeschenkt wird als anderswo. Diesen »Überschank« läßt sich das Haus gerne etwas kosten – eine Tradition, auf die wir Wert legen.

Die Abende der Weineinkaufsreisen bleiben oft Gesprächen mit anderen Lieferanten (Fleisch- und Wurstwaren) vorbehalten. Auch Kontakte für den Landesverband oder die Bayern-Pfalz-Stiftung müssen gepflegt werden. Ausflüge der Pfalzverbände in die Pfalz oder Vortragsveranstaltungen in München mit Referenten aus der Pfalz bedürfen vorbereitender Gespräche. Zu wenig Zeit bleibt oft, um persönliche und familiäre Verbindungen zu vertiefen.

Ralph Marthaler
Die Weinstube als Gesamtkunstwerk

Die Pfälzer Weinprobierstube in der Münchner Residenz ist kein Museum, dazu ist es in ihr zu laut und die Öffnungszeiten sind zu lang. Die Besucher kommen, um Wein zu trinken, und der Wein ist auch die Kunst, die in der Weinstube seit 50 Jahren dargebracht wird, die Kunst des Winzers, einen guten, sauberen Wein zu erzeugen. Und doch gibt es in der Weinstube noch andere Werke der Kunst und des Kunsthandwerks, die es wert sind, genauer betrachtet zu werden. Denn der Wein allein ist nicht das Geheimnis des Erfolgs der Weinstube, guter Wein wird in vielen Lokalen in München angeboten. Es sind auch nicht nur die angemessenen Preise, nicht nur die gute Stadtlage, nicht nur die herzlichen Bedienungen, nicht nur die vielschichtigen Gäste und auch nicht der beeindruckende Viersäulensaal der Weinstube. Es ist das alles und noch viel mehr, das erst im Zusammenspiel die besondere Stimmung in der Weinstube entstehen läßt. Dieses große Gasthaus setzt sich zusammen aus vielen Einzelheiten, die für sich betrachtet unwichtig, vielleicht sogar entbehrlich erscheinen mögen. Aber seit der Eröffnung wurde von den Verantwortlichen großer Wert darauf gelegt, daß alles in der Weinstube einem hohen Anspruch genügt. Dieser Anspruch wurde und wird vorgegeben durch die Qualität des Weines, der es verdient, in einer angemessenen Umgebung getrunken zu werden. Wie ein Mosaik aus vielen kleinen Steinen besteht, wird auch diese besondere Umgebung von vielen kleinen, manchmal größeren Dingen bestimmt. Einige dieser Dinge sind für unsere Besucher immer wieder Gegenstand von Fragen, die hier, soweit möglich, geklärt werden sollen. Da die Entstehung der Weinstube historische Gründe hat, gehören auch Geschehnisse aus der pfälzischen Geschichte in eine solche Betrachtung.

Beginnen will ich, wie sollte es auch anders sein, mit dem Eingang zur Weinstube, an dem nur ein schlichtes Schild aus Bronze auf das größte Weinlokal in Deutschland hinweist. Das Marmorportal ist zugegebenermaßen keine Einrichtung der Weinstube, sondern gehört eigentlich in eine Beschreibung des Residenzmuseums, aber viele der täglich 1000 Gäste, die die Schwelle von der Residenzstraße zur Weinstube überschreiten, haben Kontakt mit einem der Bronzelöwen, die das Portal bewachen und wundertätig sein sollen. Und so gehören diese schönen Werke der Münchner Erzgießerkunst doch irgendwie auch zur Weinstube, weshalb einer von ihnen auch auf dem Einband der Weinkarte abgebildet ist. Es gibt in vielen Städten der Welt eine Skulptur oder sonst einen öffentlich zugänglichen Gegenstand, dem man wundertätige und glückbringende Fähigkeiten zuschreibt, wenn man ihn nur berührt und sich dabei etwas wünscht. In Nürnberg etwa ist dies der geheimnisvolle Ring am Schönen Brunnen und im Petersdom in Rom ist es der linke Fuß der Statue des Apostel Petrus.

In München nun sind es die Maskarone, die Fratzengesichter am unteren Knauf der Schilder, die von den Löwen in den Pranken gehalten werden. Vor allem die ausgeprägten Nasen der Gesichter sollen es sein, die beim Berühren Glück bringen. An der Westfassade der Residenz sind insgesamt vier solcher Portallöwen aufgestellt, wobei – nach der Stärke der Abnutzung zu urteilen – der Löwe am Eingang zur Weinstube der von den Passanten bevorzugte zu sein scheint. Die Löwen wurden von Hubert Gerhard um 1595 modelliert und waren eigentlich als Wappenhalter für das zukünftige Mausoleum Herzog Wilhelms V. in der Michaelskirche bestimmt. Dieser zog sich jedoch 1597 aus den Regierungsgeschäften zurück und sein Sohn Maximilian I. wurde der neue Herzog von Bayern. Maximilian ließ den Teil der Residenz erbauen, in der sich heute die Weinstube befindet. Wilhelm dagegen widmete sich mehr der Nächstenliebe und Wohltätigkeit. Er verwendete sein Geld lieber für den Bau von Kirchen als für die eigene Prachtentfaltung und so paßte das geplante monumentale Grabmal nicht mehr zu seiner fast mönchischen Bescheidenheit und Lebensart. Als Wilhelm 1626 starb und von der Nachwelt den Beinamen »der Fromme« erhielt, wurde er in St. Michael unter einer schlichten Grabplatte beigesetzt. Der Amsterdamer Hubert Gerhard goß für das nicht ausgeführte Grabmal auch eine Muttergottes, die über der letzten Ruhestätte angebracht werden sollte; sie krönt heute die Mariensäule auf dem Marienplatz. Im Jahr 1616 wurden die Löwen, die ihre eigentliche Bestimmung verloren hatten, auf die Eckpfeiler der Balustrade gesetzt, die damals die gerade fertiggestellte Residenzfassade umgab. Von der Balustrade, die die Residenz von der Schwabinger Gasse, der heutigen Residenzstraße, abgrenzte, sind heute nur noch diese Eckpfeiler erhalten. Ursprünglich trugen die Löwen die Wappen von Bayern und Lothringen in ihren Schildern, denn Herzog Wilhelm V. war mit Renata von Lothringen verheiratet. Eine Verbindung, die sein Sohn Maximilian I. vertiefte, als er 1595, also zur Entstehungszeit der Löwen, Elisabeth von Lothringen zur Frau nahm. Das bayerische und lothringische Wappen ist deshalb über dem Seitenportal zu sehen, es wird von Löwen und Greifen gehalten. Die Wappenschilder vor den Löwen wurden in der Folgezeit entfernt, und Hans Krumper fertigte 1616 an deren Stelle die vier emblematischen Reliefe, wie wir sie heute kennen. Diese Reliefe beziehen sich auf die vier, ebenfalls von Krumper geschaffenen, Liegefiguren der Portalgiebel, welche die vier Fürstentugenden Klugheit, Gerechtigkeit, Stärke und Mäßigkeit darstellen. Der Löwe am Eingang zur Weinstube zeigt in seinem Schild ein Schiff mit Kompaß und versinnbildlicht damit die Klugheit. Die Inschrift »Qua sidere qua siderite« (Mit ihr als Leitstern und Magnetnadel) ermahnt den guten Fürsten zum überlegten Handeln. Der Löwe gegenüber hält eine strahlende Sonne im Schild und ist

Sinnbild für die unsterbliche Gerechtigkeit, die sich wie die Sonne immer wieder neu erhebt und durch ihr Licht die Dinge erkennbar macht. »Supera simul et infera« (Das Höhere ebenso wie das Niedere) steht über der Sonne geschrieben, die ohne Unterschied alles gleich stark erhellt. Dort, wo sich bis 1970 der Eingang zur früheren »kleinen« Weinstube im Einsäulensaal befand, steht das zweite Löwenpaar und bewacht den Eingang zum Kapellenhof. Auf dem linken Schild wird die Stärke durch einen Fels in tosender Brandung dargestellt und auf diese Szene bezieht sich auch die Inschrift »Difractus longe remittit«, denn die Stärke »bricht die Wellen und wirft sie weit zurück«. Der rechte Löwe steht für die Tugend der Mäßigkeit, die durch eine Standuhr mit Gewichten dargestellt wird. Die Worte »Temperato ponderibus motu« mahnen zu einer »durch Gewichte maßvoll geregelten Bewegung«.
Wieso die Löwen glückbringend sind? Dazu gibt es eine Geschichte aus der Zeit König Ludwigs I. Der König hatte ein skandalöses Verhältnis mit der Schottin Maria Gilbert, die in München als die »spanische« Tänzerin Lola Montez Bekanntheit erlangte. Die anrüchige Beziehung wurde vom Volk mit großem Unmut betrachtet, denn die Freizügigkeit und antikirchliche Haltung der Montez paßte nicht nach München. Als sie auch noch auf die Staatsgeschäfte Einfluß zu nehmen begann, war unter den Studenten die Aufregung über das Verhalten des Königs groß. So verfaßte ein Student eine Schmähschrift gegen den König, die er zu nächtlicher Stunde an der Außenfassade der Residenz anbrachte. Daraufhin setzte der König eine hohe Beloh-

nung für Informationen aus, die zur Ergreifung der Übeltäter führten. Gesucht wurden mehrere Personen, denn man hatte angeblich vier Missetäter beobachtet. Zu dieser Zeit mußten die Wachen fast täglich solche Pamphlete entfernen und nun war das Maß voll, die Majestätsbeleidigungen sollten ein Ende haben. Da der Student aber die nächtliche Tat ganz allein vollbracht hatte und darauf auch stolz war, stellte er sich freiwillig. Ludwig war aber von seiner Aufrichtigkeit so beeindruckt, daß er ihn nicht nur unbehelligt gehen ließ, sondern ihm auch noch die ausgesetzte Belohnung aushändigte. Nun war wiederum der Student von der Großzügigkeit des Königs so beeindruckt, daß er beim Verlassen der Residenz dankbar und anerkennend die Löwennase streichelte. Ob sich die Sache wirklich so zugetragen hat, ist mindestens so unsicher wie die Wundertätigkeit der Löwennasen. Auf jeden Fall ist es eine schöne Geschichte, und sicher kann es nicht schaden, im Vorbeigehen die Gesichter zu streicheln. Durch das Seitenportal, das im Vergleich zum Hauptportal zum Kaiserhof wie ein Mauseloch wirkt, gelangt man in den Vorraum der Weinstube. Dort ist über der ersten Eingangstür eine Weintraube aus Bronze angebracht. Sie wurde 1988 von der Weinstube erworben und stammt von dem Bildhauer Karel Fron. Diese Traube existiert übrigens zweimal, das Duplikat schmückt einen Brunnen der Weinstadt Wiesloch im Kraichgau. Über der zweiten Eingangstür sind der pfälzische Löwe und die bayerischen weißblauen Rauten zu sehen, das kurpfälzisch-bayerische Wappen. Es wurde 1973 von dem Bildhauer Hanns Goebel für den Vorraum

Schaden kann es ja nie, die glückbringenden Löwennasen zu reiben.

geschaffen. Das kurpfalz-bayerische Wappen des Hauses Wittelsbach begegnet dem Besucher der Weinstube noch mehrere Male, unter anderem auf den Glasuntersetzern mit dem Spruch »Bayern und Pfalz – Gott erhalt's«. Der Pfälzer Löwe und die bayerischen Rauten kamen vor acht Jahrhunderten zusammen, als der Stauferkönig Friedrich II. im Jahr 1214 Herzog Ludwig I. von Bayern wegen seiner erwiesenen Treue mit der Pfalzgrafschaft bei Rhein belehnte. Für die Anordnung von Löwe und Raute im Wappen gibt es keine Festlegung, so daß man verschiedene Formen finden kann. Auch der Schmuckfaßboden im Vorraum zeigt dieses Wappen, er wurde 1964 von dem Holzbildhauer Fritz Wiedemann aus Neustadt an der Weinstraße angefertigt.

Wer die Weinstube zum ersten Mal betritt, ist vielleicht überrascht von der Weite des Raums. Einen solchen Saal vermutet man nicht hinter dem anheimelnd klingenden Wort »Weinstube«. Auffallend sind die vier Rotmarmorsäulen, die dem Raum auch den Namen Viersäulensaal gegeben haben. Eigentlich heißt dieser Saal seit 1970, als er zur neuen Weinstube wurde, Pfalzgrafensaal, aber dieser Name konnte sich bei den Gästen nicht so recht durchsetzen. Der Pfalzgraf vertrat in fränkischer Zeit den König im Königsgericht. Ihm waren die Notare unterstellt, die Gerichtsurkunden ausstellten, und er kontrollierte die Herzöge des Reiches. Später war der Pfalzgraf bei Rhein mit Sitz in Heidelberg einer der sieben Kurfürsten, die den König wählten. Bei Thronvakanz fungierten der Pfalzgraf bei Rhein und der Herzog von Sachsen als

Reichsvikare. Als die Pfälzer Weinprobierstube 1950 eröffnet wurde, hatte sie ihren Platz im Einsäulensaal, der etwa 50 Meter südlich der jetzigen Weinstube am Eingang zum Kapellenhof liegt. In diesem Saal war bis 1918 die kurfürstliche, später königliche Leibgarde untergebracht. Nach dem italienischen »Arciere« für Bogenschütze nannte man diese Residenzwache Hartschiere, und dementsprechend wurde der Einsäulensaal Hartschiersaal genannt. Die Hartschiere sicherten insbesondere den Aufgang zu den Wohnräumen der Kurfürstin, die sich über dem Einsäulensaal befanden. 20 Jahre lang war die Weinstube in diesem ehemaligen Wachlokal mit der Rotmarmorsäule in der Mitte untergebracht. Man könnte diesen Saal auch als kleinen Bruder des Viersäulensaals bezeichnen. Der besondere Anklang, den die Weinstube bei der Münchner Bevölkerung fand, führte dazu, daß ständiger Platzmangel herrschte. So war man froh, als der Viersäulensaal wieder hergerichtet war und der Umzug in die damals sogenannte »große Lösung« erfolgen konnte. Dieser Teil der Residenz war durch den Bombenangriff im April 1944 stark beschädigt worden. Aber während das Antiquarium durch die Explosion eines Volltreffers komplett vernichtet wurde, war es an der Westseite der Residenz vor allem das durch die Luftminen entstandene Feuer, das die auf Holzbalken ruhenden Obergeschosse zum Einsturz brachte. Nach dem Angriff standen noch alle vier Säulen des Saales und trugen das unversehrt gebliebene Gewölbe, auf das zwar das gesamte obere Stockwerk gestürzt war, aber dem das Feuer glücklicherweise nichts

anhaben konnte. Die Außenfassade stand noch bis in Höhe des ersten Stockwerks, aber sie war durch den Luftdruck zur Straßenseite geneigt. Da die Tragfähigkeit des Mauerwerks nicht beeinträchtigt war, wurde die Schräge durch einen neu aufgetragenen Verputz einfach ausgeglichen. Der rote Marmor für die Säulentrommeln und Fußbodenplatten stammte ursprünglich aus einem Steinbruch am Tegernsee. Bombensplitter hatten stellenweise den Marmor der Säulen beschädigt. Die abgeplatzten Stellen wurden mit Marmormehl und Bindemittel wieder geglättet, was kaum zu erkennen ist. Der Fußboden aber war in einem derart schlechten Zustand, daß es nicht ausreichte, die zerbrochenen Platten auszutauschen. So mußte der Boden bei der Renovierung Ende der 60er Jahre komplett neu gelegt werden, und da es den Steinbruch am Tegernsee mittlerweile nicht mehr gab, wurde Rotmarmor aus der Steiermark geholt. Die hellen Platten für das Schachbrettmuster kamen wie vor 350 Jahren aus Solnhofen.

Die Weinstube befindet sich im Erd- und Zwischengeschoß des Steinzimmertrakts, der so genannt wird, weil die Kamin- und Türverkleidungen in den Zimmern des ersten Stockwerks prunkvolle Marmorverkleidungen aufwiesen. Gebaut wurde der Trakt von 1612 bis 1619 unter Herzog Maximilian I., der später zum Kurfürsten erhoben wurde. Schon seine Zeitgenossen waren erstaunt über seine mehr kaiserlich als herzoglich geratenen Wohnräume. Die über dem Viersäulensaal gelegenen Räume wurden als repräsentative Gästeappartements für hohe Staatsbesuche verwendet. Die ursprüngliche Nutzung des Viersäulensaals ist unsicher, da keine Pläne aus der Erbauungszeit vorhanden sind. Wahrscheinlich ist, daß in ihm eine Wachmannschaft untergebracht war, die den Zugang zum neuangelegten Garten nördlich der Residenz sicherte. Dieser Zugang ist im Saal nicht mehr zu erkennen, er befand sich links vom jetzigen Kellerabgang und führte zu der heute noch vorhandenen Türöffnung unter den Hofgartenarkaden. Bis zum Ende des 17. Jahrhunderts war dies die einzige Möglichkeit, in den Hofgarten zu gelangen, der damals noch von der Stadtbefestigung umschlossen wurde und den ein tiefer Wassergraben von der Residenz abtrennte. Auch zur Sicherheit der über dem Viersäulensaal wohnenden Besucher dürfte diese Wachmannschaft gedient haben, wobei die Größe des Saals zugleich den Aufenthalt der von den Gästen selbst mitgebrachten Soldaten ermöglichte. Wie man aus einem Bestandsplan von 1799 erkennen kann, wurden nachträglich Wände eingezogen, die den Saal in drei verschieden große Räume teilten. Die zwei vorderen Räume umgaben die – vom Eingang her gesehen – ersten drei Säulen. In ihnen war die Registratur des Geheimen Rates untergebracht. Um diese Registraturräume herum lief ein Gang, der die Breite einer Fensterachse hatte und nach dem ersten Fenster begann. Er führte zu einer Zweizimmerwohnung mit eigener Küche. Die vierte Säule war der Mittelpunkt des ersten Zimmers. Daran angrenzend befand sich die Küche, sie ist heute Schankraum und Küche der Weinstube, durch die man in das zweite Zimmer gelangte, die heutige Trifelsstube. Unter Kurfürst Max IV. Joseph,

dem späteren König Max I. Joseph, kam es von 1799 an zu Baumaßnahmen, die auch den ehemaligen Viersäulensaal betrafen. Der Zutritt zu der Treppe, die vom Erdgeschoß in die oberen Gästezimmer führte, wurde in den Raum um die vierte Säule verlegt. Damit dürfte dieser Raum seine Funktion als Wohnung verloren haben. Dieser Treppenaufgang ist heute ebenfalls nicht mehr vorhanden, er befand sich rechts vom gegenwärtigen Kellerabgang. Wann die Trennwände der Registratur des Geheimen Rates abgebrochen wurden und damit der Viersäulensaal wieder hergestellt wurde, ist nicht bekannt. Bis in die Prinzregentenzeit hinein wurde jedenfalls der Saal als Durchgang für die in den oberen Räumen untergebrachten Gäste genutzt. Ankommende Besucher konnten mit ihren Kutschen durch das Portal vorfahren, in der Torhalle zum Kaiserhof aussteigen und so trockenen Fußes durch den Viersäulensaal in ihre Unterkunft gehen. Mit dem Ende des bayerischen Königtums verlor die Residenz an Bedeutung. Soweit bekannt, wurde der Viersäulensaal zeitweise als Ausstellungsraum oder Lager benutzt. Während des Wiederaufbaus nach dem Zweiten Weltkrieg richtete sich dort die Schlosserei des Residenzbauamtes ein, danach zog die Weinstube in den wiederhergestellten Saal ein.

Das Porträt Maximilians I., der 1612 den Bauauftrag für diesen Teil der Residenz erteilt hatte, hängt als Kopie an der den Fenstern gegenüberliegenden Wand, das Original befindet sich in der Alten Pinakothek. Der Künstler ist ungewiß, wahrscheinlich geht das Gemälde auf ein von Joachim von Sandrart gemaltes Porträt

zurück. Maximilian ist im schwarzen Feldharnisch dargestellt und zum Zeichen, daß er zu den Kurfürsten gehört, die den deutschen König wählen, hält er den Reichsapfel in der Hand. Als weiteres Zeichen seiner Kurwürde dient der auf dem Tisch liegende Kurhut. Maximilian I. gebührt als Erbauer und ehemaligem Hausherren der Residenz natürlich ein Ehrenplatz in der Weinstube, obwohl er vermutlich einem solchen Treiben in seinem Haus nicht zugetan gewesen wäre. Die Stimmung des Bildes entspricht wohl seinem Charakter, denn sein Wesen soll ernst und von strenger Religiosität geprägt gewesen sein. Ganz im Gegensatz dazu sein Vetter Friedrich V., Kurfürst von der Pfalz, der im Heidelberger Schloß residierte, ein leichtes Leben bevorzugte und ein überaus geselliger Mensch gewesen sein soll. Dieser Vetter, der also die Charakterzüge hatte, die sich die Pfälzer zuweilen gerne nachsagen lassen, war in den Augen Maximilians ein Leichtfuß, der nur schwerlich als Vorbild für seine Untertanen geeignet war. Das Schicksal wollte es, daß die beiden ungleichen Verwandten im Dreißigjährigen Krieg zu Gegenspielern wurden, weil Friedrich V. der Versuchung nicht widerstehen konnte, sich die böhmische Königskrone aufsetzen zu lassen. Er ging als der glücklose Winterkönig in die Geschichte ein. Maximilian I. siegte in der Schlacht am Weißen Berg in Böhmen über seinen Vetter und bekam nicht nur die Kurwürde Friedrichs, sondern auch noch die Oberpfalz dazu. Leider gibt es von diesem pfälzischen Wittelsbacher kein Porträt in der Weinstube, er würde gut in die ausgelassene Stimmung passen.

Links:
Der Hauptraum der Weinprobierstube, der Vier-
säulen- oder Pfalzgrafensaal, benannt nach der
Pfalzgrafschaft bei Rhein – der historischen Pfalz

Rechts:
Maximilian I., Kopie eines Gemäldes in der Alten
Pinakothek München

Der Lebenslauf einer Enkelin des Winterkönigs ist mit der Geschichte der Pfalz eng verbunden. Es ist Liselotte von der Pfalz, wie die Herzogin Elisabeth Charlotte von Orleans hierzulande genannt wird. Sie wurde im Jahr 1652 in Heidelberg geboren und mit 19 Jahren auf Wunsch ihres Vaters mit Herzog Philip I. von Orleans, dem Bruder des Sonnenkönigs Ludwig XIV., verheiratet. Es war eine unglückliche Ehe und Liselotte schrieb mehrere tausend Briefe, in denen sie mit großem Humor das Leben am französischen Hof, die dortigen Intrigen und ihr Heimweh nach ihrer Pfälzer Heimat schilderte. Als 1685 ihr Bruder, der Pfälzer Kurfürst Karl, kinderlos starb, erhob der Sonnenkönig im Namen Liselottes Erbansprüche. Das war der Anlaß für den sogenannten Pfälzischen Erbfolgekrieg, der neun Jahre lang dauerte und die Pfalz verwüstete. Im Jahr 1676 brachte Liselotte ihr drittes Kind zur Welt, und man gab dem Mädchen den Namen der Mutter. Diese Elisabeth Charlotte ist als etwa 35jährige auf einem Gemälde des französischen Hofporträtisten Pierre Gobert dargestellt. Eine Kopie dieses Bildes hängt im sogenannten »Pfälzer Eck« des Viersäulensaals, das als Treffpunkt für Pfälzer gedacht ist, die sich in der Weinstube begegnen wollen, vorausgesetzt, der Tisch ist gerade frei. Mit 18 Jahren wurde Elisabeth Charlotte mit Herzog Leopold von Lothringen vermählt und residierte in Nancy. Im historischen Museum dort wird auch das Originalgemälde aufbewahrt. Wer den Saal betritt, schaut direkt auf diese Dame, die mit ihrem Sohn Louis, so scheint es, gerade auf diesen Gast gewartet hat.

Elisabeth hatte vierzehn Kinder und einer ihrer Söhne wurde als Franz I. Stephan von Lothringen, verheiratet mit Maria Theresia von Österreich, sogar deutscher Kaiser. Der auf dem Bild dargestellte kleine Louis hatte weniger Lebensglück. Im Jahr 1711 verlor Elisabeth Charlotte innerhalb einer Woche drei ihrer Kinder durch die Pocken, und Louis war eines von ihnen.
Ein Schwager von Maximilian I. ist auf einem anderen Bildnis in der Weinstube zu sehen. Es ist Herzog Wolfgang Wilhelm von Pfalz-Neuburg (1578–1653). Auch dieses Bild ist eine Kopie, das Original des flämischen Malers Anthonis van Dyck hängt in der Alten Pinakothek und ist um 1628 entstanden. Das Gemälde zeigt den Herzog mit der Ordenskette der Ritter des Ordens vom Goldenen Vlies, dem er angehörte. Neben ihm steht eine dänische Dogge, dieser Hunderasse soll seine Vorliebe gegolten haben. Auf dem Hundehalsband sind seine Initialen W(olfgangus) P(rinceps) zu erkennen. Wolfgang Wilhelm und Maximilian I. lernten sich während ihrer gemeinsamen Studienzeit in Ingolstadt kennen. 1613 heiratete Wolfgang Wilhelm die Herzogin Magdalena von Bayern, die Schwester Maximilians, wodurch die Verbindung zwischen Bayern und der Pfalz noch verstärkt wurde. Vier Monate vor der Hochzeit war der Calvinist Wolfgang Wilhelm in München heimlich zum Katholizismus übergetreten. Dieser Glaubenswechsel war um so erstaunlicher, als sein Vater einer der eifrigsten Verfechter des Protestantismus war. Jedenfalls soll der Wechsel nicht aus pragmatischen Gründen erfolgt sein, sondern seiner gewandelten Überzeu-

gung entsprochen haben. Die Reformation wurde in der Kurpfalz im Jahr 1556 von Kurfürst Ottheinrich von der Pfalz eingeführt. Sein Porträt ist als Kopie im Viersäulensaal zu sehen. Das Original entstand um 1550, zu dieser Zeit war Ottheinrich, der eigentlich Otto Heinrich hieß und 1502 in Amberg geboren wurde, noch Pfalzgraf bei Rhein und residierte im Schloß Neuburg an der Donau. Drei Jahre vor seinem Tod im Jahr 1559 wurde er als Nachfolger seines verstorbenen Onkels Ludwig der neue Kurfürst von der Pfalz und zog nach Heidelberg. In dieser kurzen Zeit prägte er sein Kurfürstentum durch die Erweiterung des Heidelberger Schlosses mit dem nach ihm benannten Ottheinrichsbau und die Ausrichtung der Universität im protestantisch-humanistischen Sinne. Seine Förderung der Wissenschaften zeigte sich auch in der Gründung der berühmten Bibliotheca Palatina, die während des Dreißigjährigen Kriegs durch Maximilian I. dem Vatikan geschenkt wurde und sich noch heute dort befindet. Im Jahr 1523 stand Ottheinrich in der Fehde um den Ritter Franz von Sickingen auf der Seite seines Onkels Ludwig und trug damit zum tödlichen Ende des Sickingers bei. Nach diesem Ritter ist ein Nebenzimmer im Erdgeschoß der Weinstube benannt. Dieser Raum wird künstlerisch durch Gemälde des Malers Karl Graf (1902 bis 1989) aus Speyer bestimmt. Karl Graf war der Weinstube und dem Landesverband der Pfälzer in Bayern schon in der Anfangszeit der Weinstube im Einsäulensaal freundschaftlich verbunden. Mitte der 50er Jahre gab der Vorstand des Landesverbandes dem Maler den Auftrag, für die Sickingenstube mehrere

Ölgemälde zu schaffen, welche die Geschichte Franz von Sickingens zum Gegenstand haben sollten. Karl Graf entschied sich für die Darstellung der zwei Burgen, die im Leben des Sickingers eine entscheidende Rolle spielten. Auf dem links aufgehängten Gemälde ist die Belagerung der Burg Nanstein im Jahr 1523 zu sehen, in deren Verlauf Franz von Sickingen einen gewaltsamen Tod fand. Das mittlere Bild zeigt ebenfalls die Nanstein, wie sie sich alles überragend auf einem Felssporn des Kahlenbergs über dem Ort Landstuhl erhebt. Auf dem rechten Bild ist die Ebernburg bei Bad Kreuznach dargestellt, auf der der Sickinger 1481 geboren wurde. Wie kam es zu der kriegerischen Auseinandersetzung? Franz von Sickingen war eine schillernde Persönlichkeit und voller Widersprüche. Er fühlte sich den althergebrachten Idealen des Rittertums verpflichtet und ging wohl zu Recht als der letzte Ritter in die Geschichte ein. Einerseits gewährte er dem mächtigsten Verfechter des katholischen Glaubens, Kaiser Karl V., zinslose Darlehen und andererseits machte er Landstuhl zur ersten evangelischen Gemeinde in der Pfalz. Während er den zunehmenden Machthunger der Territorialfürsten anprangerte, bekämpfte er einen von ihnen, den Trierer Kurfürsten, weil er selbst an seine Stelle treten wollte und ebenfalls nach der Macht eines Territorialfürsten strebte. Seine eigene Macht- und Geldgier trieb ihn dazu, mit einem Heer von 6000 Fußsoldaten und 1000 Berittenen die Stadt Worms zu überfallen. Er wurde zum Anarchisten, der für sich selbst Gesetz und Ordnung nicht mehr anerkannte, aber gleichzeitig die

Das Wappen der Sickinger in der nach diesem pfälzischen Adelsgeschlecht benannten Stube

Ebernburg zur »Herberge der Gerechtigkeit« stilisierte und dort Martin Luther Unterschlupf gewährte. Franz von Sickingen wollte ein Reich errichten, in dem die Ritter wieder das Sagen hatten und der Kaiser an deren Spitze stand. Diese Zeiten waren aber vorbei, die Ritter waren verarmt und die Macht des Kaisers wurde zugunsten der Landesfürsten immer schwächer. In dieser Situation taten sich drei der Landesfürsten zusammen, um dem gefährlich gewordenen Haudegen Einhalt zu gebieten. Es waren der Trierer Kurfürst und Erzbischof von Greiffenclau, der Landgraf Philipp von Hessen und eben jener schon erwähnte Onkel des Pfalzgrafen Ottheinrich, Kurfürst Ludwig V. von der Pfalz. Franz von Sickingen hatte sich auf der

Burg Nanstein verschanzt, als er am 29. April 1523 von der übermächtigen Allianz eingeschlossen wurde und die Beschießung begann. Angeblich wurden jeden Tag 600 Kanonenkugeln auf die Nanstein abgefeuert, die zwar nach dem neuesten Stand des Festungsbaus verstärkt worden war, aber diesem Kugelhagel konnte auch der starke Batterieturm mit seiner 5 Meter dicken Mauer nicht mehr standhalten. Am 2. Mai traf eine Kugel, die aus einer Notschlange abgeschossen worden war, einen Balken des Turms mit solcher Gewalt, daß er zersplitterte und die Körperseite des Sickingers aufriß. Die Übergabe erfolgte fünf Tage später und Franz hat noch gelebt, als die drei gegnerischen Führer an sein Sterbelager kamen. Auf die Frage, warum er es soweit habe kommen lassen, soll er geantwortet haben: »Darüber wäre viel zu reden. Jetzt ist keine Zeit dazu. Bald werde ich vor einem größeren Herrn stehen, als ihr es seid, und ihm Antwort geben müssen.« Daraufhin starb er – und wenn dies wirklich seine letzten Worte waren, passen sie gut zu diesem pfälzischen Querdenker, dessen Namen in der Landstuhler Gegend und in der ganzen Pfalz mit fast verklärter Hochachtung genannt wird.

Armin Radl aus Landstuhl schenkte 1980 der Weinstube eine Einlegearbeit, die das Wappen der Sickinger, fünf silberne Kugeln auf schwarzem Grund, zeigen. Das Wappen wurde an der Fensterseite der Sickingenstube angebracht. Neben der Sickingenstube liegt die Trifelsstube, die nach der Reichsburg Trifels bei Annweiler benannt ist. Der Trifels steht wie keine andere Burg für Glanz und Stärke des Mittelalters. Im 19. und

Gemälde einer Pfalzgräfin im Viersäulensaal

Elisabeth Charlotte mit ihrem Sohn Louis,
Kopie eines Gemäldes von Pierre Gobert

20. Jahrhundert wurde seine Ruine zum Symbol für Reichsschwärmerei und Reichsideologie. Die urkundlich belegbare Geschichte des Trifels beginnt mit dem Jahr 1081, als ein gewisser Diemar bei seinem Eintritt in das Kloster Hirsau die Burg dem König übergibt. Als Wehranlage ist der Trifels aber viel älter, man konnte keltische und römische Spuren nachweisen. Die Berühmtheit des Trifels geht auf seinen Ruf der Uneinnehmbarkeit zurück, die ihn zum geeigneten Aufbewahrungsort sowohl der Reichskleinodien als auch berühmter Gefangener machte. Die Herrschaftszeichen der deutschen Könige, Reichskronc und Zepter, wurden seit 1125 auf dem Trifels aufbewahrt, wie es Kaiser Heinrich V. auf dem Sterbebett angeordnet hatte. Heute befinden sie sich in der Wiener Hofburg. Der berühmteste Gefangene des Trifels war wohl der englische König Richard Löwenherz im Jahr 1193, der erst 1194 gegen eine Lösegeldzahlung wieder die Freiheit erlangte. Der sizilianische Hochadel wurde in diesen Jahren ebenfalls dort gefangengehalten. Der durch diese Gefangenschaft erpreßte Normannenschatz wurde ebenso wie die enorme Lösegeldsumme für Löwenherz auf dem Trifels verwahrt. Zu Beginn des 13. Jahrhunderts wurde dieser Schatz vom Trifels weggeschafft und am Ende des Jahrhunderts verließen auch die Reichsinsignien die Burg. Damit begann der Trifels an Bedeutung zu verlieren, Kaiser Ludwig der Bayer verpfändete ihn an das Herzogtum Zweibrücken, die Beschädigungen im Bauernkrieg 1523 und mehrere Blitzeinschläge machten ihn zur Ruine. Eine Zeitlang wurde er als Steinbruch benutzt, bis im Zeitalter der

Die Landauer Malerin Helga Mehringer schenkt der Weinstube einen Trifels für die Trifelsstube.

Romantik die Schönheit mittelalterlicher Ruinen entdeckt wurde. Künstler malten und besangen die Ruine des Trifels, und 1866 wurde sogar ein Verein zur Restaurierung der Burg gegründet. In den 30er und 40er Jahren des 20. Jahrhunderts wurde der Trifels nach Plänen Rudolf Esterers, der sich auch um den Wiederaufbau der Münchner Residenz und die Gestaltung der Weinstube verdient gemacht hat, wiederaufgebaut.

Die drei Gemälde in der Trifelsstube haben die wiederaufgebaute Burg als Motiv. Über den zwei eichenen Tischen auf Steinfüßen hängt jeweils ein Ölgemälde auf Holz von Karl Graf, die er Mitte der 50er Jahre für die alte Trifelsstube im Einsäulensaal malte. Graf hielt zwei verschiedene Ansichten der Burg fest, auf welchen auch die Nachbar-

burgen Anebos und Münz dargestellt sind. Das dritte Bild in der Stube stammt von Helga Mehringer aus Landau in der Pfalz. Sie hat den Trifels in einer Winterlandschaft gemalt, eine Darstellung, wie sie selten zu finden ist. Im Jahr des 50jährigen Bestehens der Weinstube überreichte sie dieses Bild, das sie eigens für die Weinstube anfertigte, als Geschenk. Helga Mehringer malte »Trifels im Januar« in der sie kennzeichnenden Maltechnik, bei der sie mit dem Spachtel kreidige Gouachefarben auf getönten Karton setzt. Das Bild vermittelt dem Betrachter den klaren Eindruck eines eisigen Wintertages und bildet einen gelungenen Kontrast zu Grafs sommerlich und beschaulich gehaltenen Trifelsbildern.

In den sechs Wandnischen der Trifelsstube sind Gegenstände ausgestellt, die nichts mit dem Trifels zu tun haben, aber dafür um so mehr mit dem Wein. Der Schutzheilige der Winzer, Papst Urban (222–230), ist mit einer Weintraube dargestellt. Der Urbanstag ist am 25. Mai, er fällt also in die Zeit nach den gefürchteten Eisheiligen und in die beginnende Weinblüte. Der Sachsenspiegel, ein Rechtsbuch des Mittelalters, sieht an diesem Tag die Zahlung des Zehnten, also der Abgaben, aus dem Weinberg vor. In manchen Weingegenden wurde früher die Statue des heiligen Urban bei ungünstigem Wetter mit Wasser begossen, was

Schmuckfaßboden der Naturweinversteigerer

keine Verunehrung bedeuten sollte, sondern eine Art Wetterzauber war. In guten Weinjahren wurde der heilige Urban sogar ins Wirtshaus gestellt, um ihm zuzutrinken. In Bayern wurde dieses Brauchtum 1611 verboten. In den Nischen neben der Urbanfigur sind Faßriegel und Weinstützen aus Holz zu sehen. Der Faßriegel diente zum Verschließen des Faßtürchens, durch das der Kellerarbeiter sich zwängte, um das Faß von innen zu reinigen. Beliebt waren Faßriegel, die Fische oder Fabelwesen des Meeres darstellten und somit auf das »Meer« von Wein hindeuteten, das im Faß ruhte. Die hölzerne Weinstütze links trägt das Gemeindewappen des Weinortes Deidesheim. Das Tatzenkreuz verweist auf die Zugehörigkeit Deidesheims zum Hochstift Speyer. Auf der rechten Weinstütze ist der kurpfälzische Löwe und der Feuerrost als Attribut des heiligen Laurentius abgebildet. Es ist das Wappen von Gimmeldingen, einem Stadtteil von

Neustadt an der Weinstraße. Über dieser Nischenreihe ist ein Schmuckfaßboden der Naturweinversteiger, das sind Weinerzeuger, die auf Zuckerzusatz verzichten, angebracht. Auf solchen Versteigerungen erwarb früher auch die Weinstube die Weine, die in München auf die Karte kamen. Der Faßboden zeigt das Speyrer Tatzenkreuz, die silbernen Adler der Grafen von Leiningen und den Kurpfälzer Löwen. In der Nische gegenüber steht ein aus Lindenholz geschnitzter Hottenträger. Diese Figur ist ein Geschenk des Weinkommissionärs Franz Bibus aus Maikammer, das er 1970 der

Statue des »Weinheiligen« Urban

Hölzerne Weinstütze (Weingefäß) und Faßriegel

Kurfürst Ottheinrich von der Pfalz, Kopie eines Gemäldes von 1550

Wolfgang Wilhelm von Pfalz-Neuburg, Kopie eines Gemäldes von Anthonis van Dyck aus dem Jahr 1628, Alte Pinakothek München

Weinstube zur Eröffnung des Viersäulensaals der Weinstube überreichte. Franz Bibus ist in der zweiten Generation für die Weinstube als Kommissionär tätig, er übernahm diese Aufgabe von seinem Vater, der dieses Amt seit 1950 innehatte. In der rechten Nische ist eine Kinderhotte ausgestellt, die ursprünglich nicht als Dekoration gefertigt wurde, sondern wirklich auf einem Kinderrücken im Einsatz war. In der linken Nische steht eine kupferne Weinstütze, wie sie noch heute im Weinkeller zum Einsatz kommt, ihr Fassungsvermögen beträgt 20 Liter.

Am Ende der Treppe, die in die oberen Räume der Weinstube führt, ist eine Ofenplatte befestigt. Sie ist eine Leihgabe des Historischen Museums der Pfalz in Speyer. Wie die Inschrift der Platte »CHRISTUS MACHT WASSER ZU WEIN« verrät, ist die Hochzeit von Kana dargestellt, bei der Jesus ein Wunder vollbrachte: Jesus kam mit seinen Jüngern zu einer Hochzeit in das Dorf Kana. Auch seine Mutter war anwesend. Als der Wein ausging, sprach sie darüber mit ihrem Sohn. Jesus ließ die Krüge mit Wasser füllen und man brachte dem Koch die Krüge zum Kosten. Das Wasser war zur Überraschung der Gäste zu Wein geworden. Die Schilderung des Johannes ist für eine Weinstube ausgesprochen passend, auch wenn nicht zu befürchten ist, daß hier jemals der Wein ausgehen könnte.

Der erste Raum im Obergeschoß ist die Bayern-Pfalz-Stube, deren Name an die lange Verbindung von Bayern und Pfalz erinnert. In diesem Raum hängen vier Bilder des Malers Michael Heinlein aus Speyer. Er war während seiner Studien-

Bemalte Kinderhotte

zeit an der Kunstakademie in München ein Stipendiat der Bayern-Pfalz-Stiftung, die sich aus Erträgen der Weinstube finanziert. Alle vier Arbeiten sind in Mischtechnik auf Leinwand gemalt und haben den gemeinsamen Titel »Über Rhodt«. Der Blick ist von der alten Rebschule unterhalb der Villa Ludwigshöhe auf Rhodt gerichtet. Die Bilder entstanden von 1997 bis 1999 vor Ort, nicht im Atelier. Heinlein will, wie er selbst sagt, nicht die Dinge malen, wie man sie sieht, sondern er will das Sehen an sich malen, nicht einen Gegenstand, sondern den Eindruck, die Empfindung beim Betrachten dieses Gegenstandes. Seine Bilder sollen einen flüchtigen Augenblick festhalten, dementsprechend malt er mit in Acryl und Wasser vermengten

Pigmenten, was eine schnelle Malweise erfordert, denn die Farbe trocknet sehr schnell.

Zugleich sind in dieser Stube noch zwei Faßböden aus der Mitte des 19. Jahrhunderts zu sehen. Auf dem einen Boden ist der heilige Ferdinand (1201–1252) dargestellt. Er war seit 1217 König von Kastilien, das er 1230 mit dem Königreich Leon vereinigte. Ferdinand führte die Reconquista zum Höhepunkt und eroberte Cordoba von den Mauren zurück. Nach der Einnahme herrschte in der Stadt eine Hungersnot und Ferdinand soll die Misere mit Geldern aus dem Staatsschatz beendet haben. Er achtete in seinem Königreich auch auf die Anwendung des Gesetzes ohne Ansehen des Standes, so soll er Gerichtsverhandlungen heimlich hinter einem Vorhang stehend verfolgt haben, um die unbestechliche Wahrheitsfindung der Richter zu kontrollieren. Der andere Faßboden zeigt die heilige Elisabeth von Thüringen (1207–1231), die in ihrer Schürze ein Rosenbündel als Attribut trägt. Sie war mit dem Landgrafen von Thüringen verheiratet und lebte auf der Wartburg. Als sie in ihrer Schürze heimlich Lebensmittel zu den Armen bringen wollte, wurde sie ertappt und mußte ihre Schürze öffnen. Durch ein Wunder sollen die Nahrungsmittel zu Rosen geworden sein. Nach dem Tod ihres Mannes pflegte sie als Franziskanerin Arme und Kranke. Von ihrem fanatischen Beichtvater angeleitet, fastete sie so übertrieben, daß sie an Entkräftung starb.

An die Bayern-Pfalz-Stube schließt sich die Domstube an, deren Stühle aus Ulmenholz eine Besonderheit sind. Diese Stuhlform gibt es nur in der Weinstube,

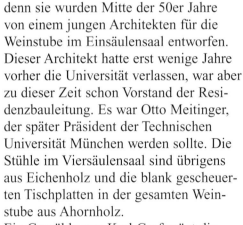

In den Räumen der Weinprobierstube ausgestellte, besonders schön geschnitzte Faßböden

denn sie wurden Mitte der 50er Jahre von einem jungen Architekten für die Weinstube im Einsäulensaal entworfen. Dieser Architekt hatte erst wenige Jahre vorher die Universität verlassen, war aber zu dieser Zeit schon Vorstand der Residenzbauleitung. Es war Otto Meitinger, der später Präsident der Technischen Universität München werden sollte. Die Stühle im Viersäulensaal sind übrigens aus Eichenholz und die blank gescheuerten Tischplatten in der gesamten Weinstube aus Ahornholz.

Ein Gemälde von Karl Graf prägt die Domstube, es zeigt den Dom zu Speyer vom Rhein her gesehen. Der Kaiserdom zu Speyer wurde am Hochufer des Rheins erbaut und ist einer der drei großen Kaiserdome, die an diesem Fluß liegen. Erbaut wurde er zwischen 1030 und 1106 unter den salischen Kaisern Konrad II. und Heinrich IV. In der Krypta des Domes ruhen acht Kaiser und Könige des Heiligen Römischen Reiches. Der Faßboden in der Domstube zeigt Hermes, der als Schutzgott des Handels und des Reichtums einen Geldbeutel in der Hand hält. Das Weinfaß zu seinen Füßen könnte als Andeutung auf den Wohlstand der Weinhändler gedeutet werden. Zwischen den Fenstern hängt etwas unscheinbar eine Dorfansicht, ein Aquarell von August Croissant. Er wurde 1870 in dem Weinort Edenkoben geboren und lernte während seines Kunststudiums in München den Maler Franz von Lenbach kennen, von dem er stark beeinflußt wurde. Inspiriert durch die neue französische Malerei, arbeitete Croissant nicht im Atelier, sondern malte seine Bilder vor Ort. Mit seiner eigenwilligen Farbgebung, besonders bei Aquarellen, gelang ihm eine neue Form der Betrachtung altbekannter Motive. Seine volkskundlichen Illustrationen in Zeitschriften und Büchern machten ihn zu einem der wichtigsten Vertreter der pfälzischen Heimatbewegung. Croissant hatte in Ägypten und Palästina gelebt und gearbeitet und doch galt seine Liebe immer den Landschaften der Pfalz. Wie er selbst in seiner Biographie schreibt, war für ihn »Malen in der Pfalz keine Arbeit, sondern ein Vergnügen«. Der Weitgereiste starb 1941 in Landau in der Pfalz. Verläßt man die Domstube, ist über der Tür noch ein kleines Aquarell zu sehen, das die Westfassade der Residenz zeigt, hinter der sich die Weinstube befindet. Es stammt von dem 1997 verstorbenen Vorstandsmitglied des Landesverbandes

»Dorfstraße«, Aquarell von Karl Graf

»Pfälzer Winzer«, Gemälde von Gustav Ernst

der Pfälzer in Bayern Hans Glückert. Die Komtureistube ist benannt nach dem kleinsten Verwaltungsgebiet geistlicher Ritterorden, das von einem Komtur verwaltet wurde. In dieser Stube trifft sich der Münchner Zweig der Weinbruderschaft der Pfalz. Hier hängt ein weiteres Bild von Karl Graf, der selbst der Weinbruderschaft angehörte. Es trägt den Titel »Dorfstraße« und stellt eine bis in die 50er Jahre hinein typische Szene in einem pfälzischen Winzerdorf dar. Das große, mit einem Sandsteinbogen eingefaßte Hoftor des Winzerguts ist auch heute noch für die Winzerdörfer kennzeichnend. Gegenüber ist Emil Knöringers »Gewitter über Schweigen« aus dem Jahr 1976 zu sehen. Emil Knöringer wurde 1908 in Pirmasens geboren und lebt in München. Er war bis 1973 als Jurist im bayerischen Staatsdienst tätig und entwickelte parallel dazu rege künstlerische Aktivitäten. Auch Emil Knöringer ist Weinbruder der Weinbruderschaft der Pfalz. Sein Blick auf Schweigen ist vom Weinlehrpfad aus gesehen. Das besondere Empfinden des Künstlers für Licht und Schatten spiegelt sich in diesem Bild wider.

Die kleinste Stube schließt sich an die Komtureistube an. Es ist die Winzerstube, benannt nach dem großformatigen Gemälde von Gustav Ernst (1858–1945) mit dem Titel »Pfälzer Winzer«. Gustav Ernst stammt aus dem Vogtland und war von Beruf Dekorateur. Mit 45 Jahren begann er als Autodidakt zu malen und gab sein gutgehendes Geschäft auf.

Durch die Heirat mit einer Pfälzerin aus Mutterstadt kam er in die Pfalz und ließ sich in Bad Dürkheim nieder. In der Pfalz wurde er durch seine Bilder, die Trinkszenen, charakteristische Winzerköpfe und die Arbeit im Weinberg zeigten, schnell als der »Pfälzer Winzermaler« bekannt. Das Gemälde in der Winzerstube zeigt die Winzerrunde mit den für die Pfalz typischen Schoppengläsern, die einen halben Liter fassen. Die gemütliche Stimmung, die das Bild zum Ausdruck bringt, paßt hervorragend in diesen kleinen Raum, in dem es ruhiger zugeht als in den übrigen Räumen der Weinstube.

Eine Ofenplatte in der Winzerstube, eine Leihgabe des Historischen Museums der Pfalz in Speyer, zeigt eine biblische Geschichte, und wie bei der Ofenplatte im Treppenaufgang ist auch hier eine wundersame Vermehrung das Thema. Es ist die Geschichte von Elija und der Witwe von Sarepta. Der Prophet war vor König Ahab nach der Hafenstadt Sarepta geflohen. Dort traf er auf eine Witwe, die Holz sammelte, um für sich und ihren kleinen Sohn ein letztes Mahl vor dem Hungertod zu kochen, da sie keine weiteren Vorräte mehr besaß. Die Platte zeigt die Frau in ihrer Küche stehend. Elija bat sie um ein kleines Gebäck und vermehrte dafür ihren Vorrat an Mehl und Öl, damit sie und das Kind zu Essen hatten. Bald darauf aber wurde der Sohn krank und starb. Die Witwe war sich sicher, daß Elija am Tod ihres Sohnes schuld war. Dieser hob das tote Kind auf und brachte

es auf sein Bett im Obergeschoß, diese Szene ist durch die Treppe auf der Platte angedeutet. Elija legte sich dreimal auf den Jungen und rief Gott an, woraufhin das Leben in den Jungen zurückkehrte. Eine weitere Ofenplatte zeigt das Wappen von Nassau-Oranien. Die Nassauer sind ein Grafengeschlecht im Unterlahngebiet in Rheinland-Pfalz, die durch Heirat 1530 das Fürstentum Oranien gewannen und deren Nachfahren den niederländischen Thron innehaben.

Um in der gemütlichen, aber doch etwas dunklen Winzerstube auch einen »Ausblick« zu haben, wurde ein Bild des schon aus der Bayern-Pfalz-Stube bekannten Michael Heinlein aufgehängt. Auch dieses Bild trägt den Titel »Über Rhodt«, und seine Leichtigkeit läßt den Betrachter wie aus einem Fenster über die Weinhänge in die Ferne der Rheinebene blicken.

Die Pfälzer Weinprobierstube war in den 50 Jahren ihres Bestehens immer bemüht, dem besonderen Geist und dem Anspruch der Residenz Genüge zu tun. Dazu möchte ich aus dem 1987 erschienenen Buch über die »Residenz zu München« einen Satz von Professor Otto Meitinger, dem maßgeblichen Gestalter des Wiederaufbaus der Residenz, zitieren: »Die Pfälzer Weinprobierstube gehört bereits zum festen Bestand des Hauses und erfüllt ihre Aufgabe, Leben in die Residenz zu bringen, im schönsten wörtlichen Sinn.« Dem ist nichts mehr hinzuzufügen.

Dirk Klose

»Ein fröhliches Bollwerk der Pfalz«
Der Maler Karl Graf und seine Werke in der Pfälzer Weinprobierstube

Betritt der heutige Besucher die Pfälzer Weinprobierstube in der altehrwürdigen Maximilianischen Residenz und »kämpft« sich durch das fröhlich-laute Getümmel des prächtigen Säulensaals zu den beiden – zumeist ruhigeren – Nebenräumen vor, so nimmt er, wenn er nicht nur den guten Wein im Kopf oder ein Knurren im Bauch hat, auch die dortigen Gemälde wahr. Diese tragen nicht unwesentlich zur besonderen Atmosphäre bei und verbildlichen zudem die Namen dieser beiden Stuben: »Sickingen-« und »Trifelsstube«.

So zeigen die zwei Ölbilder in der Trifelsstube die altehrwürdigen Burgen bei Annweiler: den Trifels, den Annebos und die Münz. In kühlen, bäulichgrünen Farben fangen sie in gekonnter Weise die Atmosphäre des Pfälzer Waldes mit seinen dunklen Nadelhölzern ein; auf dem einen Bild (Abb. Seite 126) kommt im Vordergrund ein Wanderer des Weges daher und spielt damit auf das Ausflugsziel an, welches diese Burgen und der Pfälzer Wald auch heute noch für viele Einheimische und Touristen darstellen. Gerade der Trifels als ehemaliger Hort der Reichskleinodien des Heiligen Römischen Reiches ruft auch die Bedeutung wach, den dieser Landstrich im Hochmittelalter, als die Geschlechter der Salier und Staufer herrschten, einmal hatte: eine Bedeutung, welche zur Namensgebung dieser Stube führte.

In der Sickingenstube illustrieren und erinnern gleich drei große Ölgemälde an Franz von Sickingen, den wehrhaften Pfälzer Ritter und Edelmann der beginnenden Neuzeit. Eines der Gemälde (Abb. Seite 127) schildert die Belagerung der Sickingschen Burg Nanstein durch den Landgrafen Philipp von Hessen, den Erzbischof von Trier und den Pfälzer Kurfürsten. Franz von Sickingen, Aufrührer gegen die Landesfürsten und Unterstützer der Reformation, erlitt während dieser Belagerung am 7. Mai 1523 selbst den Tod. Darauf verweist auch die Inschrift auf dem Gemälde: »Zu diesem Schießloch ist Franz von Sickingen geschossen worden durch Trier den 7. May anno Domini 1523«. Die Inschrift kann, wie auf dem Gemälde selbst vermerkt, auf den Nürnberger Künstler und Zeitgenossen Hans Sebald Beham zurückgeführt werden. Auf dem zweiten Gemälde ist die Burg Nanstein, jedoch in anderer Ansicht mit dem Ort Landstuhl, dargestellt. Das dritte Gemälde schließlich zeigt die Ebernburg in der Nordpfalz, in der Franz von Sickingen zeitweise den Humanisten und Reformator Ulrich von Hutten beherbergte. Mit der Sickingenstube und den dortigen Werken wird somit eines großen Pfälzers gedacht, der in seiner Aufmüpfigkeit ein bißchen auch den Pfälzer Volksgeist trifft. Alle drei Gemälde tauchen die Pfälzer Landschaften in das warme Licht eines Spätsommertages an und zeigen so das milde Klima dieser Region an, in der hervorragende Weine gedeihen, welche unser Besucher schließlich

auch auf der Weinkarte findet.

Bei der Weinkarte wird ihm die graphische Gestaltung ins Auge fallen. So zieren die Karte 24 Motive verschiedener Ortsansichten der Pfalz. Das Eingangsbild der Weinkarte zeigt einen gemütlichen Winzer, der im Keller vor seinem Faß gastfreundlich ein Glas Wein ausschenkt. Den gesamten Hintergrund nimmt fast vollständig die Vorderseite des Fasses ein, auf dem der Pfälzer Löwe, das bayerische Wappen und die stolze Inschrift »Bayern und Pfalz, Gott erhalt's« prangt. Nur wenige wissen, daß der Schöpfer der Graphiken der Weinkarte und der Ölgemälde ein und derselbe Künstler ist. Nur wenigen aufmerksamen Beobachtern dürfte die gleiche Signatur auf der Weinkarte und den Ölgemälden aufgefallen sein. Die Werke gehen auf den Speyerer Maler Karl Graf zurück. Prägen die Graphiken und Ölgemälde Karl Grafs auch heute noch bleibend die Weinstube, so gilt es anläßlich ihres 50jährigen Jubiläums Rückschau zu halten auf diesen Künstler, seine Werke für die Weinstube und die Episoden ihres Entstehens.

Der 1902 in Rothenburg ob der Tauber geborene Karl Graf, mütterlicherseits aus altem westpfälzischen Müllergeschlecht stammend, ließ sich mit seiner Familie ab 1914 dauerhaft in Speyer nieder. Er absolvierte die Kunstschule in Nürnberg und studierte zeitweise mit einem anderen Grandseigneur der Pfälzer Kunstszene, nämlich Karl Philipp Spitzer, 1921

»Trifels, Annebos und Münz«, Gemälde von Karl Graf

Zů diesem Schießloch ist
FRANZ VON SICKINGEN
geschossen worden durch Trier
den 7. May anno Domini 1523
DIE BELAGERUNG DER BURG NANSTEIN
TRIER
PFALZ
HESSEN
ANNO 1523 DURCH HANS SEBALD BEHAM AUFGEZEICHNET

»Die Belagerung der Burg Nanstein«, Gemälde von Karl Graf

an der Lewin-Funk-Schule in Berlin. Schuf Spitzer in seinen Rheinlandschaften mit Pappeln ein prägendes Bild dieser Gegend, welche in keinem gehobeneren Pfälzer Wohnzimmer fehlen durften, so setzte Graf mit seinen in Öl, Aquarell, Kreide oder Kohle festgehaltenen idyllischen Ortsansichten der Pfalz ähnliche Maßstäbe. Die Gründung eines eigenen Verlages ab 1950 trug weiterhin zur Verbreitung seiner graphischen Werke und Motivik bei. 1954 wurde Graf Vorsitzender der Pfälzer Künstlergenossenschaft und im selben Jahr läßt sich der erste Kontakt mit dem Landesverband der Pfälzer in Bayern, der seit 1950 die Pfälzer Weinprobierstube betreibt, nachweisen. Möglicherweise kam dieser Kontakt durch den Ordensmeister der Weinbruderschaft, Leopold Reitz, zustande, zu dessen Freundeskreis Graf damals zählte. In dem ersten Brief des Künstlers an seine »Pfälzer Freunde« in Bayern vom 15. Dezember 1954 ist allerdings von etwaigen Aufträgen an ihn noch nicht die Rede. Graf wünschte darin der damals in der Weinprobierstube neu eingerichteten Sickingenstube als »fröhliches Bollwerk der Pfalz in der zukünftigen Landeshauptstadt« viel Erfolg. In dieser Zeit befand sich die Weinprobierstube noch im Einsäulensaal der Residenz und den daran angrenzenden Räumlichkeiten; es gab also damals schon eine Sickingenstube, und mit dem Umzug der Weinprobierstube 1970 in die heutigen Örtlichkeiten wurde auch die Titulierung eines Raumes als Sickingenstube beibehalten. Im Jahr der ersten schriftlichen Kontaktaufnahme Grafs 1954 und im folgenden Jahr 1955 wurden die Trifelsbilder geschaffen und

gelangten im selben Jahr in den Besitz der Weinstube und des Landesverbandes. Auch die drei »Sickingen«-Bilder wurden in dieser Zeit angekauft, wie aus einem Sitzungsprotokoll des Vorstandes vom 16. November 1954 hervorgeht: »Maler Karl Graf, Speyer, legte einige Entwürfe zur Fertigung von 3 Bildern für die neue Weinstube ›Sickingen‹ vor. Den Vorschlägen des Malers Karl Graf wird zugestimmt. Die erforderlichen 3 Bilder stehen bei der Eröffnung zur Verfügung.« Wie aus einer Skizze Grafs hervorgeht, welche sich im Besitz des Landesverbandes befindet, sah der Maler als Alternative zu den drei separierten Gemälden auch eine Lösung als Triptychon vor.

Ab 1960 verhandelte dann der Landesverband mit Graf über eine Neugestaltung der Weinkarte: eine Verhandlung, die sich fast zehn Jahre hinzog, bis dann die neue Weinkarte 1969 mit den Graf-Motiven in Druck gehen konnte. Mit dem Druckergebnis war Graf jedoch überhaupt nicht zufrieden: »Der Druck meiner Zeichnungen befriedigt mich in keiner Weise. Die Reproduktion ist zu verschmiert, die Zeichnungen haben keinen Punkt, sie sind in der Farbe ersoffen. Und die Druckfarbe ist nicht transparent, sondern zu stark deckend«, bekritelte Graf in einem Brief vom 18. Juli 1969. Ein Neudruck der beauftragten Münchner Druckerei Witte brachte in den kritischen Augen Grafs nur eine geringfügige Verbesserung. Die 24 Ortsansichten wählte Graf in Übereinstimmung mit dem Vorstand selbst aus. Sie umfassen geographisch die wichtigsten Weinorte entlang der Deutschen Weinstraße im Norden mit Bockenheim begin-

nend bis hin zu Birkweiler und Schweigen in der Südpfalz. Einige Orte, wie Gimmeldingen und Mussbach, sind von Graf mit zwei Motiven bedacht worden. Auch seine Heimatstadt Speyer, obwohl im Grunde kein Weinort, ist mit der Ansicht des Kaiserdomes vertreten. Grafs Ortsansichten mit Pferdegespannen und alten Fachwerkhäusern, welche gerade in der Zeit der 50er und 60er Jahre fast anachronistisch anmuten, haben heute durch die ausgiebige Pflege dieser Idyllen im Zuge des zunehmenden Weintourismus an Modernität gewonnen. Während zur Zeit der Entstehung der Graf-Werke versucht wurde, das alte Gemäuer und Fachwerk hinter modernen Verschalungen zu verstecken, entdeckt man seit zirka 15 Jahren wieder deren Schönheit und tut – Gott sei Dank – alles zu deren Erhaltung.

In derselben Zeit, in der über die Weinkarte verhandelt wurde, erwarb der Vorstand des Landesverbandes zwei weitere Graf-Gemälde, die sich auch heute noch in der Weinstube befinden. 1968 wurde das Bild mit Blick auf die Silhouette der Stadt Speyer vom Rhein aus angekauft (Abb. Seite 130). Es befindet sich im ersten Stock der Weinstube, im »Domstüberl«. Als seiner Heimatstadt besonders verbunden, wollte Graf darin »das Schönste geben, was ich schaffen kann!« Und wahrhaft gelang ihm auch hier ein atmosphärisches Bild, welches zum einen lebendig das Spiel der Wolken und das Verblauen der Stadtsilhouette einfängt, zum anderen mit seiner eigenwilligen Farbgebung, kühlen Grün- und grellen Orangetönen, sich als typischer »Graf« erweist. Deutlich zeigt sich daran, daß Graf seine Gemälde nicht pleinair in der

Natur malte, sondern nach Skizzen und Aquarellen im Atelier ausarbeitete und sich so sein äußerst subjektiver Farbgeschmack noch deutlicher offenbarte. Im selben Jahr 1968 wurde dann ein weiteres Bild des Speyerers angekauft, in der Korrespondenz als »großes Dombild« tituliert (Abb. Seite 131). Es handelt sich um das Ölgemälde, welches sich heute im Vorstandszimmer der Weinstube befindet. Es zeigt die Ostansicht des Speyerer Domes, den Dompark und das Heidentürmchen. Dieser Ankauf war der letzte Auftrag seiner Pfälzer Freunde in Bayern, jedoch riß der Kontakt mit Graf auch in den späteren Jahren nicht ab. Der Vorstand des Landesverbandes besuchte den mittlerweile vielgeehrten, mit der Slevogt-Medaille und der Ehrenplakette der Stadt Speyer ausgezeichneten Maler noch 1984, zwei Jahre vor seinem Tod 1986.

Der Erwerb der Graf-Bilder dokumentiert auch das Mäzenatentum und die Kulturpflege des Landesverbandes, welche dieser in neuester Zeit mit der Förderung der Pfälzer Künstler und Künstlerinnen, so der Landauerin Helga

Mehringer oder dem Speyerer Michael Heinlein, weiter fortführt, und mit Hilfe der 1974 gegründeten Bayern-Pfalz-Stiftung hoffentlich auch in den nächsten 50 Jahren erfolgreich fortsetzen möge.

Originalwerke Karl Grafs im Besitz des Landesverbandes:

Trifels und Annebos
Öl auf Holz, 78 x 99 cm, unten rechts signiert, datiert: 54; Ort: Trifelsstube, Erdgeschoß.

Trifels, Annebos und Münz
Öl auf Holz, 78 x 99 cm, unten rechts signiert, datiert: 55; Ort: Trifelsstube, Erdgeschoß (Abb. Seite 126).

Speyer vom Rhein aus gesehen
Öl auf Holz, 98 x 130 cm, unten links signiert, datiert: 68; Ort: Domstüberl, 1. Stock (Abb. Seite 130).

Dom zu Speyer, Ostansicht mit Domgarten und Heidentürmchen
Öl auf Holz, 96 x 98 cm, unten rechts signiert, undatiert; Ort: Vorstandszimmer, 1. Stock (Abb. Seite 131).

Die Belagerung der Burg Nanstein
Öl auf Holz, 83 x 99 cm, unsigniert, undatiert; Ort: Sickingenstube, Erdgeschoß (Abb. Seite 127).

Ebernburg in der Nordpfalz, Burg Franz von Sickingen, Herberge der Gerechtigkeit
Öl auf Holz, 83 x 99 cm, unsigniert, undatiert; Ort: Sickingenstube, Erdgeschoß.

Landstuhl und Burg Sickingen im Pfälzer Westrich
Öl auf Holz, 83 x 99 cm, unten rechts signiert, undatiert; Ort: Sickingenstube, Erdgeschoß.

Dorfstraße
Aquarell auf Papier, 47 x 67 cm, unten rechts signiert, undatiert; Ort: Komtureistube, 1. Stock (Abb. Seite 122).

Skizze: Raumansicht mit geplantem Triptychon in der Sickingenstube, braune Kreide auf Papier, 27,5 x 31 cm, Beschriftung: »farbige Vorschläge 1:5 TRYPTICHON Gobelin=artig!«.

Skizze: Mittelbild des geplanten Triptychons, braune Kreide auf Papier, 28 x 31 cm, Beschriftung: »Motiv Ebernburg (Sickingen) + Nahewein«.

»Speyer vom Rhein aus gesehen«, Gemälde von Karl Graf

»Dom zu Speyer«, Gemälde von Karl Graf

Berthold Roland
Max Slevogts Gemälde »Hartschierwache«

Zu Beginn des Jahrhunderts malte Max Slevogt in einem Raum der Münchner Residenz die »Hartschierwache« für den Prinzregenten.

Wir sehen den lichtdurchfluteten, gewölbten Raum mit der markanten Mittelsäule, mit den in den verschiedensten Funktionen agierenden, blauuniformierten Soldaten der königlichen Leibwache: vespernd an Tischen sitzend, auf den erhöhten Fensterplätzen, an und auf der hölzernen Wendeltreppe. Ein Prachtbild, gewiß eines der gelungensten Innenraum-Gemälde des ganzen deutschen Impressionismus': die Freilichtmalerei eines Innenraums! Die Bezeichnung mag ein Widerspruch sein, aber wir bleiben dabei.

Das Bild, die ganze Situation, kann nur in kürzester Zeit festgehalten sein. Wir wissen, daß der Künstler solche Bilder in längstens zwei bis drei – alle seine Möglichkeiten herausfordernden – Stunden fertig gemalt hat: keinerlei Erstarrung, sondern Bewegung, eine Situation, die sich im nächsten Moment ändern kann. Unter dem Farbauftrag sind noch die mit Kohle aufgetragenen kompositorischen Linien wahrzunehmen. Und was für eine gewagte Konstruktion mit allseitigen Anschnitten, eine Komposition mit Senkrechten und angedeuteten Waagrechten, ohne eigentlichen Mittelpunkt, es sei denn die konzentrierte Lichtfülle zum Mittelfenster hin, das freilich aus der Mitte herausgerückt ist: ein artistisches Ausponderieren.

Slevogts Vater, Friedrich Ritter von Slevogt, war seit dem 1870/71er-Krieg freundschaftlich mit Prinzregent Luitpold verbunden. Der Monarch zeigte später dem Sohn des Freundes seine Zuneigung, verlieh ihm 1901, bevor er nach Berlin übersiedelte, den Titel eines königlich-bayerischen Professors, lud ihn 1908, 1909 und 1910 zu sich ein: 1908 entstanden die Prinzregentenporträts und Georgiritterszenen, 1909 die Hohenschwangau-Aquarelle, 1910 die weiteren Georgiritterbilder und eben auch die »Hartschierwache«. Wenn man die szenischen Georgiritterbilder, die dunklen Hofkircheninterieurs mit der in volle Lichtfülle gerückten »Hartschierwache« vergleicht, dann kann die Dimension dieses Malers bewußt werden.

Der in wortwörtlichem Sinne pfalzbayerische Max Slevogt hat seine »Hartschierwache« vor 90 Jahren spontan und überaus lebendig gemalt. Er konnte nicht ahnen, daß sich 40 Jahre später in dieser Räumlichkeit mit der Begründung der Pfälzer Weinstube ein ähnlich reges Leben entwickeln sollte. Man darf bei Slevogt aber gewiß sein: Er hätte sich darüber gefreut.

»Die Hartschierwache«, Gemälde von Max Slevogt, 1910
Öl auf Holz, 81 x 66 cm
Max-Slevogt-Galerie im Schloß »Villa Ludwigshöhe«, Edenkoben

Thomas Münster
Die Stammtische

Stammtische – egal wie groß oder bescheiden, wie regelmäßig oder sporadisch sie sein mögen – führen ein Leben, das der Vita einer Einzelperson in mancher Hinsicht durchaus vergleichbar ist. Die Parallelen zwischen Mensch und Tafelrunde werden schon im zeitlichen Ablauf sichtbar.

Eines Tages wird so ein Stammtisch geboren, aus welchen Gründen auch immer. Da treffen sich Freunde und beschließen, so eine anregende Zusammenkunft in bestimmten Abständen zu wiederholen. Oder da geraten wildfremde Menschen zufällig an ein und denselben Tisch, die sich auf Anhieb mögen. Zwei- oder dreimal mag die Begegnung wieder reiner Zufall sein. Aber dann trifft man sich mit Absicht, man sucht sich geradezu. »Das war doch nett heute! Wir sollten uns öfter treffen. Welcher Tag wäre denn für alle gemeinsam günstig?« Voilà, schon ist ein Stammtisch geboren. Der zweite Stammtisch-Typ erwächst mit Überlegung und stützt sich auf verbindende Gemeinsamkeiten. Ein Kollegenkreis etwa, der sich nach Feierabend außerhalb des Betriebs oder der Behörde entspannt und ungestört über den Berufsalltag aussprechen oder einfach nur miteinander ratschen will.

Der dritte Typ ist eher selten, aber in der Weinprobierstube ebenfalls recht gut vertreten: Um eine wichtige oder besonders kommunikative Leitfigur oder um eine Person, die zuverlässig immer da ist, scharen sich nach und nach etliche Sympathisanten. Diese Art Stammtisch kennt man schon seit König Artus' Zeiten. Gemeinsam ist allen drei Grundtypen und ihren zahllosen Varianten eines: Sie sind von Sympathie und gegenseitigem Respekt getragen. Sonst sind sie auf Dauer nicht lebensfähig.

Dann folgt die zweite Phase, die dem Erwachsenwerden des Menschen entspricht. Der Stammtisch wird vital, stark, unternehmungslustig. Manche gewinnen über den eigenen Tischrand hinaus sogar eine gewisse Berühmtheit bei anderen Stammtischen oder jenseits der Residenzmauern. Der »Stammtisch Residenz«, fast genauso alt wie die Stube selbst, ist so einer. Nach seinem Tischsymbol, einem geschnitzten Weinfaß, wird er allgemein auch Faßl-Stammtisch genannt, das ist naheliegend. Doch je nach persönlicher Perspektive des jeweils befragten Außenstehenden hieß und heißt er auch Praetorius-Stammtisch (nach dem Schriftsteller Rudolf Jodok Praetorius) oder Daxenberger-Stammtisch (nach dem Mann, dem eine legendär gewordene Rauferei zugeschrieben wird) oder Breibeck-Stammtisch (nach dem ebenfalls dichtenden Bierhistoriker Otto Ernst Breibeck). Mundigl-, Lux-, Kugler- und Strebel-Stammtisch machte auch schon die Runde, vor allem Bergmaier-Stammtisch (nach Georg Bergmaier, der den Münchner Alt-OB und damaligen Justizminister Hans-Jochen Vogel öffentlich abgewatscht hat). Bemerkenswert ist, daß dies einer der ersten Tische war, an denen Frauen selbstverständlich auch willkommen waren. Das ist in Bayern heute noch nicht überall so selbstverständlich. Der Nebenname Stengel-Stammtisch leitet sich von der populären Bildhauerin Traudl Stengel her.

Was diesen Tisch auch für Außenstehende so spannend macht, ist die eigentümliche Mischung der Faßl-Zugehörigen. Ein starker Anteil an Journalisten, Dichtern und bildenden Künstlern mit einem ebenso starken Gegengewicht an hohen Funktionären aus den umliegenden Ministerien, dazu Ärzte, Uni- und TH-Professoren, Geschäftsleute, Handwerker und unabhängige Freiberufler mit zu jeder Gelegenheit frisch erfundenen Berufsbezeichnungen.

Soviel zur vitalen Phase. Doch dann folgt, was auch in jedem Menschenleben unvermeidlich ist: Es geht dem Ende zu. Um beim Musterfall Residenz- oder Faßl-Stammtisch zu bleiben: Der ist zwar nach wie vor höchst lebendig, aber auf dem Holzfaß häufen sich immer rascher die Namensschildchen zum Gedenken an verstorbene Freunde und Freundinnen. Daran führt nun einmal kein Weg vorbei. Die Pfälzer Weinstube pflegt eine Liste der (ihr bekannten) Stammtische. Rund dreißig werden darauf genannt. Soweit die Mitglieder namentlich vermerkt sind, bestätigt sich die Beobachtung. Nicht eine einzige Namenreihe ist dabei, auf der nicht auch Todesfälle verzeichnet wären, mal mehr, mal weniger, aber nicht ein einziger Stammtisch ohne Verluste –

kenntlich gemacht durch einen kleinen Schrägstrich am Rande der Liste.

Einer der Stammtische, die auf einen Sammelnamen wie Opern-Stammtisch oder Architekten-Stammtisch, auf Tischsymbol und sonstige Formalien verzichten, trifft sich jeden Mittwoch an einem Tisch rechts hinten neben dem Durchgang. Entstanden sei er buchstäblich »aus dem Nichts«, erzählt Heinz Wolfgang Müller, der keineswegs »Vorsitzender« ist, weil es eine solche Funktion nicht gibt, aber die Historie noch am weitesten zurück kennt.

»Stammvater« soll ein etwas jähzorniger, gerne grantelnder Herr Adolph gewesen sein, über den wenig überliefert ist. Nach und nach gesellten sich Leute aus der Computer-Branche dazu, der Schwabinger Pfarrer Klaus Meyer, der Hofapotheker von nebenan, ein bekannter Ägyptologe, eine populäre Gastwirtin, ein Reisekaufmann, eine Trachtenexpertin – kurzum eine denkbar bunte Mischung. Ursprünglich traf man sich am Hufeisen in der Mitte, aber der große Abstand zum Gegenüber ist alles andere als kommunikationsfreundlich. Da plädierten die einen für den Platz in der Ecke, die anderen wollten bleiben. Eines Tages, man war schon recht vertraut miteinander, stiftete Müller als erfahrener Marketingexperte eine Wurstplatte, die war so gigantisch, daß sie keinen Platz auf den schmalen Hufeisen-Brettern hatte. Herumgehen lassen konnte man sie auch nicht. Jetzt *mußte* man umziehen, und in dieser Ecke kommen die Namenlosen heute noch zusammen. »Wir sind kein Saufstammtisch«, auf diese Feststellung legt Heinz Wolfgang Müller wert, »nur einmal in der Woche ein paar Schöpple –

Der Faßl-Stammtisch feiert 1975 sein 25jähriges Bestehen.

wir mögen uns halt.« Einmal haben sie sogar die Gestaltung der Weinstube maßgeblich beeinflußt. Die Schlösser- und Seenverwaltung hatte ein klassisches Grau für die Wände vorgeschlagen, der Stammtisch wurde beiläufig gefragt: »Was haltet ihr davon?« Das Entsetzen war einmütig: »Wir wollten es heller haben!« – Haben sie!

Die Bedienungen kennen sämtliche Vorlieben (leicht zu merken, bei den meisten ist es der Wein der Nummer 3a) und stiften gelegentlich selber ein Geburtstagsflascherl. Ansonsten sei die Atmosphäre nicht überkandidelt, sondern »wunderbar verzahnt«. Man unternimmt mitunter gemeinsam Ausflüge an die Seen oder lädt die anderen ein. Andere Stammtischler hockten oft jahrzehntelang zusammen und wären noch nie bei den Spezis daheim gewesen. Eine Dame kommt eigens aus Augsburg angereist, ein anderer »Stammtischbruder« aus Freilassing. Üblich ist es, sich zu erkundigen, wenn einer mal nicht kommen

kann. »Der könnte ja gestorben oder krank sein.«

Niemand hat etwas dagegen, auch »jüngeres Blut« aufzunehmen. Aber damit es keine Reibereien oder Mißstimmungen wegen eines Neuen gibt, sei »absolute Einstimmigkeit bei der Aufnahme« verbindliche Bedingung. Heinz Wolfgang Müller: »Einfach bei uns dazusetzen, das geht nicht!«

Eine Kategorie Stammtisch haben wir noch vergessen, nämlich die zahllosen, die nicht ahnen, daß sie selbst einer sind. Die Gattin trägt daheim ein wunderbares Tartar auf mit der Bemerkung: »Hoffentlich ist es so gut wie in der Weinstube.« Der Ehemann stutzt, er kommt nämlich einmal pro Woche dort mit einigen Kollegen zusammen, um Vertrauliches zu besprechen. »Wie kommst du gerade auf die Weinstube?« fragt er. Sie: »Wieso sollte ich die nicht kennen. Da treffe ich mich jeden Samstag nach dem Einkauf mit meinen Freundinnen – da ist doch unser Stammtisch!«

Thomas Münster

Das Gedächtnis der »Resi«
Lyrik, Graphik, Dokumentation und Amüsantes im Gästebuch

»Werd ich zum Gästebuch gezerrt,
so spüre ich Verdruß,
ich fühl mich auf den Klo gesperrt,
obwohl ich gar nicht muß.«

Ebenso frech wie spürbar verlegen hat sich anno 1953 ein Student aus Ludwigshafen, Mitglied im »Pfälzer Studentenausschuß München« im Gästebuch der Pfälzer Weinprobierstube verewigt. Mit weichem Bleistift ganz am Rand, auf daß seine Verlegenheit angesichts des Gästebuchs ja nicht für die Ewigkeit dokumentiert werde. Pech gehabt, keine Chance. Sein Verlegenheitsreim ist bis heute erhalten geblieben. Der dicke Wälzer wird nämlich aus mehr als einem Grund sorgsam gehütet. Das Gästebuch ist für die Probierstube das, was man beim Menschen als Seele bezeichnen würde: Gedächtnis, Erinnerung, Gewissen, Sitz von Trauer und Hoffnung, von Wehmut, Glück und Zuversicht.

Wofür ist ein Gästebuch eigentlich gut? Edles Papier, handwerklich in feines Leder gebunden, kiloschwer, ein halbes Jahrhundert lang bewahrt und gepflegt wie eine Reichsinsignie, auf den letzten 22 Seiten immer noch offen für Eintragungen. Ein Prachtdokument, aber: Wer schmökert darin, wer studiert so einen Fundus der Zeitgeschichte? Wer kann all die klangvollen Namen, die da im Lauf eines halben Jahrhunderts auftauchen, überhaupt noch richtig zuordnen? Und Menschen, die pfälzische Gebrauchslyrik in Sütterlinschrift überhaupt noch entzif-

fern können, dürften auch immer rarer werden. Das sechzehnzeilige Gedicht »Weinstube« von Ludwig Hartmann ist da nur ein Beispiel. Aber sehen wir uns das Gesamtkunstwerk der tausend Ad-hoc-Autoren doch einmal genauer an. Der jüngste Gruß an das Haus datiert vom 24. März 2000 und ist gezeichnet mit »Otto Georgens, Weihbischof in Speyer«. Vor ihm, Mitte Januar 2000, bekennt die Mezzosopranistin Waltraud Meier: »Jetzt erst habe ich die Pfälzer Weinstuben entdeckt! Ein Wiedersehen ist ganz sicher!« Davor klafft eine merkwürdige Lücke in der Chronologie. Nur die Schwabinger Gisela (»Aber der Novak läßt uns nicht verkommen«), ein halbes Dutzend Tenöre zur Premierenfeier und ein »Abendessen anläßlich der Tagung der Arbeitsgemeinschaft der Polizeipräsidenten der Bundesrepublik Deutschland« sind da dokumentiert. In den Jahren 1999 und 1998 hat man den schönen Brauch offenbar ein bißchen vernachlässigt, denn daß sonst keine bemerkenswerten Menschen zu Gast gewesen sein sollen, können wir getrost ausschließen. Das wäre zu unwahrscheinlich.

Der Segensspruch des ehrwürdigen Herrn Weihbischof lautet übrigens »Bayern und Pfalz – Gott erhalt's«, genau das Motto, das auch dem Gästebuch voransteht. Dieser schlichte Reim erscheint im Gästebuch – nein, wir verraten nicht, wie oft. Der Wahrheit die Ehre: Wir haben aufgehört, zu zählen. Aber man darf

guten Gewissens dazu sagen: Das war nie ein hohler Sinnspruch aus reiner Gefälligkeit, Einfallslosigkeit oder weil der Satz an diesem Ort opportun erschien. Das »Gott erhalt's« kam erkennbar stets von Herzen: Bayern und Pfalz – diese Verbindung, historisch eine Symbiose, faktisch nur noch eine freundliche Reminiszenz, möge erhalten bleiben. Bitte, Gott erhalt's, wenigstens hier in der Münchner Weinprobierstube. Ob und wie Er die pfälzisch-bayerische Verbindung erhalten hat – genau das belegt das Gästebuch in einer Art Zeitraffer von den Nachkriegsjahren bis zur letzten, der weihbischöflichen Eintragung.

Blättern wir deshalb ganz nach vorne. Fast 80 gestandene Männer firmieren zur »Eröffnung der Pfälzer Weinprobierstube in der Residenz am 19. 9. 1950« – ohne jeden Kommentar. Aber schon das Blatt darauf ziert die Einweihung der Trifelsstube anno 1951 mit einem lichten Aquarell, einer Vedute der Burg in weiter Ferne. Daneben außer Dutzenden von Unterschriften auch ein leicht holperndes Gedicht:

»Sie sollen sie nicht haben
Die schöne Pfalz am Rhein.
Sie wird wie Franken und Schwaben
Einst wieder bayerisch sein.«

Das stammt aus Zeiten, als sich hochbrisante Tagespolitik noch in Vierzeiler umgießen ließ. Ein anderes Kurzgedicht zum Thema: *»Mit viel Geschrei – stets Bayern treu!«*

Heute ist nicht mehr genau zu unterscheiden, was damals Wunschdenken oder Pflichtübung war. Doch spätestens ab dem »1. Abstich der Patenweinaktion am 15. Januar 1952«, so ist sie im Buch vermerkt, gewinnt das Kompendium zunehmend an Witz, an (leider nicht öffentlichen) Reizen.

Prominente, die von der Bedienung oder von den Geschäftsführern als »prominent« erkannt wurden, bekamen das schwere Buch einfach vorgelegt. Leute wie die Schauspielerin und Ärztin Marianne Koch oder Kammersänger Hermann Prey und viele, viele andere – eine komplette Aufzählung wäre unsinnig – setzten schwungvolle Autogramme. Mancher behalf sich mit dem »Gott erhalt's«-Reim. Kammersängerin Erika Köth, Schauspielerin Ruth Maria Kubitscheck, Tennisstar Boris Becker begnügten sich damit, eine signierte Autogrammkarte in das wunderbare Buch zu stecken. Die meisten wurden sorgsam eingeklebt und von der jeweiligen Gästerunde mit unterzeichnet: Altbundespräsident Walter Scheel, Ministerpräsident Franz Josef Strauß, Friedrich Kardinal Wetter, Erni Singerl, Gustl Bayrhammer, Margot Hielscher (»trotz Silberhochzeit und anderen Erschütterungen«, 1984), Ministerpräsident Max Streibl (»gut bewirtet« anläßlich der Wiedereröffnung des Kaisersaals, 1983), Werner Kreindl, Ivan Desny, Fritz Straßner (bei seinem 50jährigen Abiturjubiläum 1986),

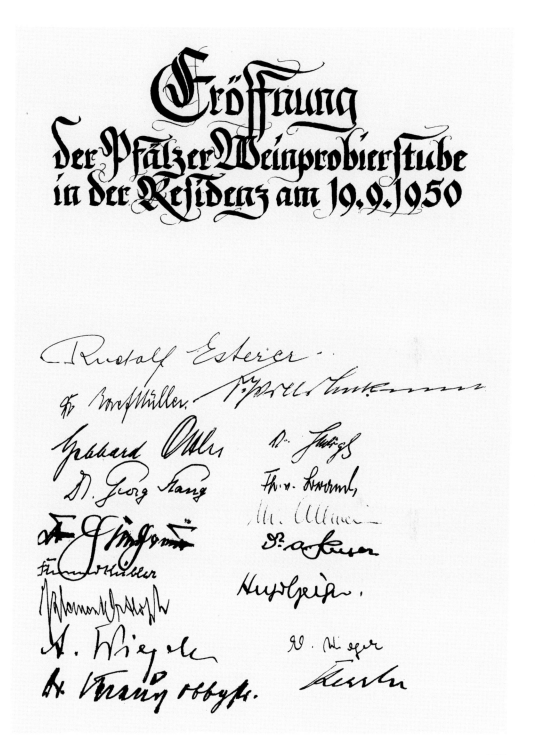

Die »Eröffnungsseite« aus dem Gästebuch der Pfälzer Weinprobierstube.

Ein Mensch las zwar schon manchen Wälzer
Vom Wein, besonders übern Pfälzer.
Auch trank er oft an Ort und Stell' —
Trotzdem, er bleibt nur im Gesell
Im Kreis so vieler hohen Meister,
Die hier beschwören des Weines Geister.
Als Lehrling gelten mag zur Not
Der Gast von heute!

Eugen Roth

Das Gedicht, mit dem der Schriftsteller Eugen Roth im Jahr 1963 den Pfälzer Wein besang.

Ottfried Fischer, die Regensburger Domspatzen (zur Ehrung des 80jährigen Alfons Goppel), Staatsministerin Monika Hohlmeier (mit einem Dankeschön an die Weinstube für eine großzügige Spende an die Marianne-Strauß-Stiftung). Nach dem Foto des Kolumnisten Sigi Sommer, der 1983 die berühmte Steilwand-Kitty vom Oktoberfest hierher ausführte, und einen eigenen, den »Blasius«-Stammtisch, hatte, wurde gar das Bronzestandbild in der Münchner Fußgängerzone gegossen. Zum Bild des Fußball-Professors Sepp Herberger schrieb das Haus 1972 selbst die Widmung dazu: »In Erinnerung an die unvergeßliche Fußballweltmeisterschaft 1954 grüßen wir Sie …«

Dazu kamen natürlich die hübschen Pflichtübungen, die jeweils aktuellen Weinköniginnen, die Karnevalprinzessinnen und Rosenköniginnen (natürlich inklusive Hofstaat) im Gästebuch zu dokumentieren: Marlis I. (1951/52), noch ohne Foto. Sie war zum »1. Abstich der Patenweinaktion am 15. Januar 1952« nach München gereist. Ein Marlis-Foto »wird nun endlich geschickt«, hat jemand vier Jahre später am Rande vermerkt. Aber daraus ist offenbar nichts geworden. Mehrere Seiten später Trudel II. aus Bad Dürkheim (mit Foto, aber merkwürdigerweise schon Weinkönigin von anno 1950), dann Anneliese I., Ingrid I. … und wie die jungen Damen sonst noch hießen. Mit Weinkönigin Christa aus Mussbach an der Weinstraße (1961) taucht das erste Farbfoto im Gästebuch auf. Dazwischen Gisela I. samt Karnevalsgesellschaft, Ilse I., die Rosenkönigin Elisabeth I. (1953) aus Zweibrücken.

Zurück zur Lyrik, die sich wie ein roter Faden durch die Seiten zieht. Das meiste ist schlicht und anspruchslos, Hauptsache, es reimt sich. Etwa nach dem Muster »*Pfalzwein in Keller und Kammer / erspart Dir Katzenjammer*«; oder, bezogen auf das Bronzetier am Eingang »*Der Löwe brüllt: Hereinspaziert / Denn hier wird Pfälzer Wein serviert!*« »*Auch Münchner sind dem Pfälzer hold / wenn er so durch die Gurgel rollt. / Vergißt das Bier er auch ganz gern / Mir wer'n doch keine Preissn wern?*« Das meiste also eine kleine Hommage an Wein und Stube. Aber auch manches Persönliche darunter, etwa: »*Nehmt mich mit allen Schwächen hin / Katja, die rasende Reporterin.*« Welche Schwächen die Dame damals gezeigt haben mag? Ein anderer zermartert sich in solidem Bayerisch den Kopf, wie er dem Ort angemessen Ehre erweisen könnte:

Eine treffliche Karikatur des bayerischen Ministerpräsidenten Wilhelm Hoegner

»Ich sitz schon hier
A ganze Stund,
Mei' bisserl Hirn
is scho' ganz wund –
I möcht gern dichten
Und bring nix z'sam
Drum sag' i halt
Grüß Gott und Amen.«

Pfälzisch Gereimtes taucht naturgemäß viel häufiger auf.

»Die Bayere unn die Pfälzer
die hawwen viel gemein,
die Bayere hänn de Mälzer
die Pfälzer hänn de Wei ...«

So zieht sich das fort, bis in der letzten Strophe »ä starkes Band« die Pfälzer und die Bayern umschlingt. Anderes Beispiel: *»In Münche isch es wunnerschä, / do kann mer oft viel Pälzer seh ...«* Und so weiter und so weiter bis zu dem berühmten Spruch, der mit »... Gott erhalt's« endet.

Wein, zumal in angenehmer Gesellschaft getrunken, regt nun einmal Zunge und die kreativen Teile des Verstandes an – da ist es zu ein paar gefälligen Reimen nicht weit (die oben zitierten Beispiele sind übrigens nur eine winzige Auswahl). Doch es verkehrten und verkehren auch veritable Dichter in diesem Lokal. So erinnert sich etwa eine ältere Dame an ein Poetenduell, und zwar ein ziemlich boshaftes, zwischen Erich Kästner und einem Dichterkollegen, dessen Name ihr entfallen ist. Leider wurde es seinerzeit nicht im Buch verewigt, aber zumindest den Kästnerschen Part weiß sie heute noch auswendig.

Eugen Roth, ja, der mit den seinerzeit

Wer kannte diesen Mann?

Mit leichter Feder gezeichnet

höchst populären »Ein Mensch«-Gedichten, hat hier 1963 im Freundeskreis seinen runden Geburtstag gefeiert, und sich dabei spontan zwei Gedichte einfallen lassen, im Buch niedergeschrieben und signiert, die sonst in keiner Roth-Anthologie auftauchen. Das eine gilt dem Pfälzer Wein und der Probierstube, das zweite ihm selbst, dem 80jährigen Geburtstagskind Eugen Roth.

Wer sonst noch unter den ebenfalls mit Gereimtem vertretenen Gästen saß, ist nicht mehr genau zu ermitteln. Doch einer fügte respektvoll den Zweizeiler an: *»In der Poeten illustrem Reigen / ziemt's dem Politiker, zu schweigen! In vite vita!«*

Die zweite Komponente zum Gesamtkunstwerk bilden Skizzen, Karikaturen und Vignetten. So hat der Zeichner Heinz Joseph vom »Main-Echo« 1952 den damaligen stellvertretenden Ministerpräsidenten und Innenminister Wilhelm Hoegner bei einem Presseabend mit

kargen Strichen treffender und »menschlicher« abgebildet als es jedes heute verfügbare Archivfoto könnte.

Wen das nächste Politikerporträt abbildet, ist aus den Unterschriften nicht zu erschließen. Aber zumindest den älteren politikinteressierten Mitbürgern unter uns dürfte das markante Gesicht bekannt vorkommen.

Aber da saßen nicht nur Prominente Modell. Die Vereinigung »Pfälzer Studenten in München« stellt lapidar fest: »Mir waren halt a do!« und garniert das mit der Karikatur eines der Ihren (1953). Eine Graphik besonderer Art, ein kleines Kunstwerk aus einer Weinlaune heraus, entstand beim »Treffen von Pfälzer Künstlern« mit dem Leiter der Kaiserslauterer Pfalz-Galerie im März 1979: Auf dem linken Blatt die übliche Unterschriftenliste, rechts die hauchzart hingeworfene Andeutung eines sitzenden weiblichen Akts.

Seine ursprüngliche Aufgabe als Jahr-

buch für alle wichtigen offiziellen Anlässe, die in den Weinprobierstuben stattfanden, erfüllt das Konvolut natürlich auch. All die Ereignisse – Treffen der pfälzischen Bürgermeister, Besuch von Post und Eisenbahn aus der Pfalz, Besuch der Jungbauernschaft Schwegenheim, der Pfälzer Jungsozialisten, des Gebirgs- und Volkstrachtenvereins »Enzian«, des Kirchenchors Herrheim, der Jungwinzer Roth, des Turnvereins Kindenheim, der pfälzischen Gewerkschaftsfunktionäre, dazu die Konvente der Großkomturei München, die Weinfeste, die Jubiläumsfeiern – all das wurde vorbildlich dokumentiert. Aber das wäre, abgesehen von mancher persönlichen Erinnerung, eher Material für Zeithistoriker und Sozialforscher. Manche der aufgeführten Organisationen, Vereine und Verbände sind längst aufgelöst. Das Wissen, daß es sie überhaupt gab und das Bewußtsein für ihre seinerzeitige Bedeutung lebt nur noch im Gästebuch fort.

Thomas Münster
Bedienung für »honorige Gäste«

Gute Küche, ein wohlsortierter Keller, solide Geschäftsführung, die richtige Auswahl der Zulieferer, selbst die Qualität des Reinigungspersonals – all das ist wichtig für den Erfolg einer Gaststätte, in der Summe sogar überlebenswichtig. Von entscheidender Bedeutung aber sind die Bedienungen. Jeder Wirt weiß das, jeder Gast auch. Weniger das Angebot auf der Karte, die Bedienungen sind das wesentliche Bindeglied zwischen Gast und Gasthaus. Ihnen ist letztlich die Atmosphäre zu verdanken, die ein Publikum dauerhaft an das Haus bindet. Ob eine im entscheidenden Moment ein Lächeln übrig hat, in einer kritischen Situation gelassen bleibt, sich ungefragt Namen, Vorlieben, Gewohnheiten, Lieblingsplätze einprägt – das ist es, was der Gast sich merkt. Zuerst nimmt er die Fürsorge vielleicht nur unbewußt wahr, oder er hält sie für eine Selbstverständlichkeit. Aber irgendwann, das kann man immer wieder beobachten, möchten sie vorzugsweise im Rayon »ihrer« Kellnerin sitzen, merken sich sogar, wann sie freie Tage hat, und sind nachgerade enttäuscht, wenn sie Urlaub genommen hat.

Die Bedienungsbrigade der Pfälzer Weinprobierstube besteht aus Damen von diesem raren Schlage. Jede von eigenem Temperament, jede mit einer anderen Art, auf ihre Gäste einzugehen. Die einen humorig-witzig, zuweilen sogar schnippisch, aber immer auf eine Weise, daß sich unwillkürlich die Stimmung der Gäste hebt; die anderen freundlich-sachlich, gelegentlich sogar bemutternd, wenn es darauf ankommt. Manche werden gegen Ende ihrer Schicht vor Erschöpfung ein bißchen einsilbiger, manche drehen in Hektik und Trubel erst richtig auf. Doch übellauniges, muffiges Gebaren hat der Beobachter in diesem Hause noch nicht ein einziges Mal erlebt. Die Zeiten sind vorbei, als die Damen in der stilisierten Tracht noch partout aus der Rheinpfalz stammen mußten und ein wichtiger Lieferant schriftlich und mit erkennbarem Stolz mitteilen konnte, es sei ihm schon wieder gelungen, ein tüchtiges Mädchen für die Probierstube anzuwerben. Heute »dürfen« die Kellnerinnen von überall her stammen, nur das Kriterium »tüchtig« gilt wie eh und je. Clare-Louise etwa kommt aus England, Elly aus dem Thüringer Wald, Yasmine aus Dänemark, oder nehmen wir zum Beispiel Sabine – die kommt aus Giesing.

Seit 1989 arbeitet die 32jährige Sabine in der »Resi«. Allerdings mit einer längeren Unterbrechung, in der sie vorübergehend zu einem Jazzlokal ins »Nachtgeschäft« wechselte. Aber der damalige Chef Erich Westner (der ihr übrigens an der Simon-Knoll-Berufsschule die Prüfungen zur Konditorei-Fachverkäuferin und Serviermeisterin abgenommen hat) stellte sie gerne wieder ein. Und sie ist gerne zurück in die Probierstube gekehrt, »weil der Verdienst und die Stundenzahlen zusammenstimmen«. Die in zwei Schichten geteilte Arbeitszeit findet sie »geradezu ideal«. In der Regel, wenn Sabine nicht gerade für eine ausgefallene Kollegin einspringt, hat sie zwei freie Tage. Und sie hat Power genug, an solchen Tagen am Chinesischen Turm Maßkrüge zu schleppen. Daher kann sie auch den Unterschied zwischen Bier- und Weintrinkern beurteilen. Weintrinker seien angenehmere Gäste als Biertrinker, versichert sie, »nicht so aggressiv«. Denn »Bier und Schnaps verträgt sich«, Hochprozentiges zum Wein sei eher unüblich.

Jede Bedienung habe ihre persönlichen Lieblingsgäste, meint Sabine, aber das werde man nie die anderen Gäste spüren lassen. Der Umgang mit Leuten mache ihr einfach Spaß, auch wenn die Arbeit manchmal sehr anstrengend sei. Vor allem Berufstätige ließen manchmal die mitgebrachte Anspannung hier raus, ganz im Gegensatz zu ihren »anspruchsvollen Rentnern«, von denen einige schon seit ihrer Studentenzeit hier verkehrten. Für die Ungeduld von Gästen hat sie indes wenig Verständnis, die sei »ungerechtfertigt, weil sogar im Stoßbetrieb noch keiner länger als zehn Minuten warten mußte«. Wenn sich da mal einer aufregt, »dann macht er sich seinen Streß selber«. Spaß schon, Routine »wie im Schlaf« auch, aber alles in allem ist so eine Schicht, besonders die Spätschicht, eine echte Strapaze.

»Richtige Knochenarbeit, es ist ein harter Job«, bestätigt Clare-Louise, »aber es ist auch Spaßarbeit.« Unter den Kolleginnen – insgesamt 28, davon elf in der Abendschicht – werde auch viel Blödsinn getrieben. Die Damen verstehen sich, gehen manchmal gemeinsam einkaufen, zum Essen oder in einen Nightclub aus. Und sie sind solidarisch, wenn es darauf ankommt. Da tauchten beispielsweise einmal zwei Männer aus dem benachbarten Ausland auf, die kamen schon stockblau von der Wiesn und suchten eindeutig »nichts als einen Darling für die Nacht«. »Von mir kriegen Sie nix mehr«, habe sie denen gesagt, und die Kolleginnen unisono: »Von uns auch nicht!«

Seit elf Jahren ist die 37jährige Engländerin in Deutschland, seit fünf Jahren hier im Haus. Daß sie in der »Resi« gelandet ist, sei »reiner Zufall«, sie wollte einfach nur weg vom Bankettdienst in einem Kettenhotel. »Das waren lange Stunden für wenig Geld, manchmal von 15 Uhr bis 6 Uhr morgens.« Hier könne sie zwischendurch mal auf eine Zigarettenlänge kleine Pausen einlegen, wenn auch keine fest geregelten, denn »an bestimmten Tagen geht es toujours durch«. Ursprünglich hatte sie in London Mathematik studiert. Um das Studium zu finanzieren, jobbte sie gelegentlich in Hotelrestaurants. Weil sie, was sie anpackt, gleich gründlich macht, wurde daraus nebenbei die Ausbildung zur Hotelfachfrau. Dann kamen die Qualifikationen Servicemeister, Kellermeister und schließlich »Ausbilderin für Bedienungen« dazu. Nach Deutschland kam sie nicht nur, weil sie ihrem deutschen, inzwischen von ihr geschiedenen Ehemann nach Augsburg folgte, sondern weil sie endlich Goethe im Originaltext

Friedrich Kardinal Wetter läßt sich von der Bedienung Margret Kemmet einen Saumagen servieren.

lesen wollte: »Die Übersetzungen taugen nichts.« Sogar in das Bayerische hat sie sich inzwischen hineingehört, seit eines Tages etliche junge Männer aus Oberammergau zu bedienen waren und sie fragte: »Was darf's denn sein?« Von der Bestellung habe sie kein Wort verstanden, erinnert sie sich. »Könnten Sie das bitte auf Hochdeutsch sagen?« Ging auch nicht, aber einer konnte wenigstens ein brauchbares Englisch.

Gibt es Gäste, über die sich Clare besonders freut? Ein klares Ja! Das seien die Leute, die nicht nur beiläufig fragen: »Wie geht's?«, sondern dann tatsächlich eine Auskunft erwarten. Gesicht und Namen merkten sich die meisten, »dazu braucht es nicht viel Speicherplatz im Hirn«. Doch darunter gebe es auch

Gäste, die sich an ein kurzes Gespräch erinnerten und sich bis zum nächsten Besuch eine Antwort überlegt hätten.

Ob es auch Gäste gibt, die sie nicht mag? Clare ist von britischer Diskretion. Aber in seltenen Fällen sei man schon erleichtert, wenn sie sich zur Kollegin setzten. Solche Leute mehrten sich an Föhn- oder Vollmondtagen, »wenn die Grenzen zwischen Realität und Bezirkskrankenhaus Haar verschwimmen«.

Und richtigen Ärger? Clare zögert. Doch, einmal seien (ausgerechnet) englische Touristen erschienen, die irgendeinen Frust loswerden wollten, das Personal schikanierten und ohne Beschwerdeanlaß ständig reklamierten. Der Tee, wie er in Deutschland zubereitet wird, schmeckte ihnen auch nicht und sie verlangten nach dem Geschäftsführer. Chef Westner hörte sich die Beschwerden an. Doch als sie sich über die »grauenhafte deutsche Bedienung« empörten, sprach er gelassen: »Meine Herren, ich glaube Ihnen kein Wort – diese deutsche Bedienung stammt nämlich aus Birmingham.« Ein anderes Mal habe ein motzendes Pärchen, um die Bedienung zu kränken, die vermeintlich genau abgezählte Zeche direkt auf den Tresen geknallt. »Daß sich die um volle 5 Mark zu ihren Ungunsten vertan haben, hat mich schon ein bißchen gefreut«, gesteht Clare-Louise. Doch mehr ist ihr an Anekdotischem nicht zu entlocken, und Persönliches über einen ihrer Gäste schon gar nicht, außer daß es ihr hier »gefällt, weil ich die Arbeit mag und unsere Gäste gern habe«.

Kollegin Elly schätzt am Probierstube-Publikum, daß es durchweg »so honorige Gäste« seien. Da kommt die gepflegte, lebhafte Dame, die längst im Ruhestand sein könnte, richtig ins Schwärmen. Elly heißt eigentlich Gerda, aber als sie am 11. Juni 1973 eingestellt wurde, war der Name schon »vergeben«. Elly war »eine der ersten Bedienungen, die keinen Bürgen brauchte, um hier arbeiten zu dürfen«, erinnert sie sich stolz. Als es in der 14tägigen Probezeit zuerst ein wenig hakte, habe ihr einer der Herren gesagt: »Sie werden sich schon dem Geschäft anpassen müssen – es ist zu groß, um sich Ihnen anzupassen.« Das hat Elly, ein »Kriegskind« aus Bad Liebenstein im Thüringer Wald, akzeptiert und bis heute verinnerlicht. »Ich habe mein Leben lang gearbeitet«, erzählt die gelernte Friseurin. Zunächst als Selbständige im Lokal ihres Mannes in Göttingen. Nach dessen Tod zog sie zu einer Freundin nach Schwabing, weil sie nicht als verwitwete Göttinger Kleinstadtwirtin enden wollte. Mit 60 hat sie aufgehört und sich eine erste Kurzreise in die Pfalz gegönnt. Als anläßlich einer Festivität in der Residenz Personalnot herrschte, »war ich wieder hier, weil ich mich fit fühle – bilde ich mir ein«. Sie ist es tatsächlich, auch

Walter Scheel

wenn sie heute nicht mehr so intensiv schuftet wie seinerzeit. Ellys Grundsatz: »Von der Arbeit ist noch keiner gestorben, wenn sie auch noch Spaß macht.« Sobald Bedarf sei, »laufe ich hier ein«, sagt sie. Bedarf ist mindestens dreimal pro Woche.

Von den zahllosen Prominenten, die sie in den Stuben bedient hat, schwärmt Elly, als hätte man sich gestern erst voneinander verabschiedet: vom Komponisten Friedrich Meyer; den Schauspielerinnen Marianne Hoppe oder Margot Hielscher; die Barbara Valentin sei in der alten Weinstube »praktisch großgeworden«; von Walter Scheel besitzt sie noch ein Erinnerungsfoto an dessen ersten Münchner Fasching. Sie erzählt vom ersten reinen Damenstammtisch, und wenn Franz Josef Strauß kam, dann »sind unsere Gäste aufgestanden und haben geklatscht«. Keines der Ereignisse im Einzugsbereich der »Resi« hat sie vergessen. Als Charles de Gaulle München besuchte und auf dem Odeonsplatz sprach, mußte geschlossen bleiben. Beim Besuch Sadats lagen Scharfschützen auf dem Dach. Den Weltwirtschaftsgipfel habe man zu einem wunderbaren Betriebsausflug in die Pfalz genutzt. Bei aller Wertschätzung ihrer »honorigen Gäste« habe sie Privates und Geschäftliches stets präzise zu trennen gewußt, betont Elly. Doch als Franz Josef Strauß verstarb, »habe ich einfach einen Tag frei genommen, einen Blumenstrauß gekauft und bin zur Beerdigung nach Rott am Inn gefahren. Ich konnte nicht anders.«

Thomas Münster

Unser Herr Ohnes oder: »Die Residenz – das Kernstück meines Lebens«

Gelegentlich, nein, ziemlich regelmäßig kann man in der Pfälzer Weinprobierstube einem unauffällig stillen, etwas schwermütig wirkenden, aber stets gut gelaunten älteren Herrn begegnen – irgendwo hinter einem Tresen oder auf der Treppe zum einzigen unterkellerten Bereich der Residenz, zu den Weinkellern. Dieser Herr ist Rudolf Ohnes. Punkt.

Genaueres über Funktion oder Auftrag des Herrn Ohnes läßt sich nämlich nur schwer sagen. Denn er gehört nicht zum Personal im eigentlichen Sinne. Aber er ist fester Bestandteil dieses Hauses, er gehört dazu wie ein Teil des Inventars oder wie das freundliche Schloßgespenst zum Schloß. Er kennt sich aus wie kein zweiter in den Gemäuern der Residenz und im Innenleben der Probierstuben. Wenn eine Weinrarität unverhofft ausgeht und der Kellermeister schon auf dem Heimweg ist (seine Dienstzeit endet um 17 Uhr) – Ohnes weiß, in welchem Regal der Nachschub zu finden ist. Probleme mit der Haustechnik? Ohnes leistet Abhilfe. Er versorgt das Personal mit allem zur störungsfreien Arbeit Nötigen. Und wenn der Bäcker mal wegen widriger Umstände eine Lieferung im Freien, womöglich im Regen abstellen muß – Ohnes rettet das Brot. Um das zu verstehen, muß man etwas weiter ausholen. Rudolf Ohnes, geboren 1931 in Liquitz (Sudetenland), geriet als 15jähriger mit Eltern und Geschwistern nach München. Bei einem Bäcker in der Maxvorstadt

wurde er in die Lehre geschickt, aber den Beruf übte er praktisch nie aus. Statt dessen kam er zu einer Baufirma, die gerade das Grünwalder Schloß restaurierte, erst als Hilfsarbeiter, bald als Fachmann für die Rettung und Sanierung von altem Mauerwerk.

Am 3. August 1953 trat er in der Residenz an, zuerst auch nur als Hilfsarbeiter, aber die Fachausbildung zum Stukkateur in der residenzeigenen Werkstatt hatte er rasch hinter sich. Am Wiederaufbau eben dieser Residenz, immer etappenweise je nach dem aktuellen Geldfluß, war er seither direkt beteiligt. – »Das war das Kernstück meines Lebens«, sagt er. 48 Jahre lang übte er diesen Nischenberuf aus, von 1953 bis 1994 fast ausschließlich in der Residenz: Gewölbeputz, Gesimse ziehen, Putti mit Schmiedehaken an Säulen und Kapitellen fixieren, bald auch Experte für die Anfertigung der Formen für plastische Stukkaturen, die sogenannten »Antragstücke«. Dazu kommt die Steinkonservierung von Säulen und Böden, das Einmischen von Marmorstaub in die Tünche, um melierte Farbgebungen, wie man sie seit der Barockzeit kennt, zu erzielen. Er bekam eine kleine Dienstwohnung direkt über dem Max-Joseph-Saal unter dem Dach der Residenz. Im Gegenzug wurde er in die Wartung und Betreuung der Alarmanlagen eingewiesen. Diese Zusatzaufgabe wurde im Zuge der Wiederherstellung von Schatzkammer und Porzellansammlung und zuletzt

staatlicher Münzsammlung erforderlich. Den Schlüssel für die Anlage verwahrte Ohnes in einem Tresor in seiner Wohnung. Oft genug war die Polizei dann schon unterwegs zur Wachzentrale, wenn etwa durch Gewitter ein Fehlalarm ausgelöst wurde. Ohnes' Arbeitsplatz war nämlich ein gutes Stück weit weg von der Wohnung im Werkstattbau am Marstallplatz, der erst 1993 abgebrochen wurde. Dort pflegten er und seine Frau Hilde, die er als ein »sehr blondes Mädchen« beim Maitanz in Icking kennengelernt hat, ein eigenes Gärtchen, dort hielten er und seine drei Kinder Stallhasen, Enten, Hühner, sogar zwei Fasane – mitten in der Stadt, gleich neben der Maximilianstraße.

Daß dort ein Meister seines Handwerks (eigentlich: Kunsthandwerks) arbeitete, erst mit sechs Leuten, hauptsächlich Schreiner und Kunstschmiede, dann mit vier, zuletzt ganz allein, das sprach sich schnell herum. Professor Otto Meitinger, damals Chef der Bauleitung der Residenz und nachmaliger TU-Präsident, rückte in jedem Semester mit seinen Studenten an. Anfangs waren das 60 bis 80 junge Leute. Der Rekord waren einmal 106 Studenten, die alle Ohnes' Können live erleben wollten: »Wir mußten die Türen aushängen.« Praktische Vorführungen »zur Nachhilfe« bot er auch den Herrschaften vom Landesdenkmalrat und den Landesinnungsmeistern vieler verwandter Branchen. Nach Feierabend war Ohnes auch nicht untätig. Jahrzehntelang war er örtlicher Personalratsvorsitzender in der Schlösser- und Seenverwaltung und im Finanzministerium. Überhaupt hat er offenbar Talent zum Vorsitzenden. Als Schiedsrichter beim TSV 1860 wurde er im Nu Vorsitzender des 30köpfigen Schiedsrichterkollegiums, »ein echtes unabhängiges Ehrenamt«, denn abgesehen von den Fahrspesen gab es dafür nichts außer einer körperlichen Topform bis ins hohe Alter. Doch, es gab noch etwas: Bundespräsident Roman Herzog verlieh ihm für seine Verdienste beim Residenzaufbau, im Personalrat und beim Breitensport die Bundesverdienstmedaille.

Die Probierstube wanderte vom Einsäulensaal in ihre heutigen Räume, aus 200 Plätzen wurden 400. Doch der Keller war schon immer so tief und immer schon dort, wo er auch heute ist. Und dieser Keller mußte beschickt werden. Erst gab es nur einen Aufzug mit Handkurbel, dafür wurden die Flaschen in elend schweren 20-Flaschen-Kisten angeliefert. Dann kamen die 12er-Steigen auf. Das Entladen der Lastwagen war nicht mehr so strapaziös, dafür mußte man öfter hin- und herlaufen. Abhilfe brachte später ein Förderband mit Motor und schließlich der heutige Hochaufzug, der bis auf Ladehöhe hebt und mit Paletten befrachtet werden kann. Ohnes kennt jedes technische Detail der Anlage.

Auch im Gastbetrieb selbst weiß er Bescheid wie kein anderer. Seine Frau Hilde arbeitete an der Schenke, die ursprünglich einer pfälzischen Damenriege vorbehalten war. Erst recht spät kamen auch Männer und Nichtpfälzer hinzu. Teils an der Schenke, teils im

Keller half Ohnes seit Anfang der 70er Jahre aus, wenn Not am Mann war. Auch bei Sonderveranstaltungen, etwa den früheren Gründungsfesten oder den Weinfesten, war er immer mitten im Getriebe. Bei einigen Anlässen wie dem Künstler-Jour-fixe oder dem Treffen der Künstlerseelsorge an jedem letzten Mittwoch im Monat übernimmt er, von nur einer Bedienung unterstützt, die Schenke ganz.

Herr Ohnes beim Schirmeaufstellen im Kaiserhof.

Durch seine Arbeit in der Sicherungszentrale hat er alle großen Staatsempfänge aus nächster Nähe miterlebt: für de Gaulle, Königin Elisabeth, Kardinal Testa, Königin Silvia. Sämtliche Geschäftsführer hat er kennengelernt, darunter solche, denen die Belegschaft heute noch nachtrauert, weil sie Unstimmigkeiten humorvoll und niemals vor versammelter Mannschaft austrugen. Andere hätten überreagiert und »gleich das Kind mit dem Bad ausgeschüttet«, als zum Beispiel die an einem solchen Ort kaum vermeidbaren Alkoholprobleme auftauchten. Da habe er den ganz Listigen halt ein bißchen geholfen, ihre Bierflaschen auf Limonade umzuetikettieren. Wenn so eine Schummelei aufflog, weil der Boß zuweilen an den Flaschen schnupperte, dann gehörten sie halt niemandem. Wein durfte ohne Bon nicht mehr an die Bedienungen abgegeben werden. Das brachte eine Kollegin seiner Frau so in Rage, daß sie dagegen rebellierte: Sie wolle mit ihrem Durst umgehen, wie es ihr passe, nicht wie es ihr vorgeschrieben werde. Ohnes schmunzelt heute noch, wenn er an den Krawall von damals denkt. Die Weinprobierstube sei wirklich ein Erfolg, sie funktioniere reibungslos und zur Zufriedenheit aller. »Aber früher war alles ein bißchen lockerer«, sagt er mit leiser Wehmut, »früher ist man noch zusammengehockt, gemeinsam zum Fasching in den Einsäulensaal und zum Kehraus vom Bauamt gezogen.« Er glaubt nicht, daß er mit seinen knapp 70 Jahren zu alt für so etwas ist – »nur, diese Zeiten, die sind einfach vorbei«.

Dirk Klose

Pfalzwein schon lange ein Renner

Historische Anmerkungen über Wein und Weinwirtschaft in München

Als Biermetropole ist München wegen des Oktoberfestes, des Hofbräuhauses, seiner zahlreichen Brauereien und nicht zuletzt wegen seiner Biergärten weltberühmt. Dies war nicht immer so. So war in Altbayern bis zum Ende des 16. Jahrhunderts nicht Bier, sondern Wein das Volksgetränk Nummer eins. Noch Aventinus, bayerischer Chronist des 16. Jahrhunderts und selbst Sohn eines Weinhändlers, schrieb dahingehend: »Der gemein Mann sitzt Tag und Nacht bey dem Wein, schreit, singt, tanzt, kartet, spielt.«
München war damals Hauptumschlageplatz für Weinimporte und die angesehenen Weinwirtschaften der Stadt hatten noch vor den Bierwirtschaften das lukrative Beherbergungsrecht, durften also Fremde bei sich aufnehmen und unterbringen. Dagegen war ihnen der Bierausschank über die Straße streng untersagt. Von der Bedeutung des Weins für den Handel der Stadt zeugt heute noch die »Weinstraße«, welche als Verlängerung der Theatinerstraße zum Marienplatz führt. Dort war auch der Weinmarkt, und selbst die Stadt betrieb vor Ort eine eigene Weintrinkstube. Mit der Weinseligkeit war es dann vorbei, als Anfang des 17. Jahrhunderts steigende Importkosten und Einfuhrbeschränkungen Kurfürst Maximilians I. den Wein für den Normalverbraucher fast unerschwinglich machten. Somit wurde das Bier zum unumstrittenen Volksgetränk. Denn auch die Qualität des einheimischen »Bayer-

Dieses Schmuckfaß der Pfälzer Weinbaugemeinde Mußbach fand seinen Platz vor dem Eingang zum Weinkeller der »Resi«.

weins« ließ sehr zu wünschen übrig, wie der Reisechronist Johann Pezzl 1784 spottend verlautbarte: »Es wächst zwar in Bayern selbst einiger Wein an den Gegenden der Donau, ober und unter Regensburg, bey Landshut und in der Gegend um Dingolfing. Wenn er etwa an die zwanzig Jahre gelegen hat, dann soll er nicht ganz widerlich zu trinken seyn; sonst wird er aber gewöhnlich nur als Essig gebraucht.«

Selbst die Zuwanderung des Pfälzers Karl Theodor 1778 in das bierdumpfe München bewirkte da keine Änderung. Allerdings behielt die mit ihm nach Bayern zugewanderte Oberschicht ihren althergebrachten Weinkonsum bei. 1801 verlieh der Landesherr gegen den Willen des Magistrats der Stadt dem kurpfälzischen Handelsmann und Protestanten Johann Balthasar Michel das Bürgerrecht, und dieser versäumte es dann auch nicht, sogleich den Kaufkonsens für eine Weingastgebergerechtsame zu beantragen. Ob nun aus dynastischen oder Qualitätsgründen, in München stand im 19. Jahrhundert als beliebtester Schoppenwein noch vor dem Franken- oder Rhein-/Moselwein eindeutig der Pfälzer Wein im Verbrauch an erster Stelle. Trotz der Übermacht der Bierwirtschaften konnten auch die Weingaststätten in München in dieser Zeit einen steilen Anstieg verzeichnen: 1808 existierten in München 26 Weinwirtschaften, 1879 dann 72 und 1905 waren es 122. Mit dem wirtschaftlichen Einbruch nach dem Ersten Weltkrieg ging dann die Zahl der Weingaststätten rapide auf 74 zurück. Waren die zahlreichen Bierwirtschaften Tummelplatz für das gemeine Volk, so zogen die Weinkneipen wie die »Osteria Bavaria« in der Schellingstraße oder der »Simplizissimus« in der Türkenstraße Intellektuelle, Künstler und Literaten in ihren Bannkreis.
Die junge, erst 1950 begründete Pfälzer Weinprobierstube in der Residenz steht

also in einer hervorragenden Tradition von Münchner Weinwirtschaften, stellt jedoch mit ihren knapp 400 Sitzplätzen und den auch bei guter Qualität verhältnismäßig niedrigen Weinpreisen ein für jedermann offenes Lokal dar. Mit ihrer Größe und ihrem Umsatz von 220 000 Litern Wein pro Jahr (1999) könnte sie im Vergleich zu den Münchner Biergärten als der größte überdachte »Weingarten« Münchens bezeichnet werden, der es zumindest mit dem im Sommer stattfindenden Weinfest im Kaiserhof der Residenz wagt, im großen Stil ins Freie zu gehen. Seit neuester Zeit wird auch der Kaiserhof im Sommer dauerhaft bewirtschaftet. Daß die Pfälzer Weinprobierstube an dem Prokopfverbrauch an Wein in München, der mit 40 Litern an der Spitze der deutschen Großstädte liegt, einen großen Anteil hat, dürfte unbezweifelt sein, beträgt doch allein ihr Jahresumsatz immerhin 0,3 Prozent des gesamten Einzelhandelweinverbrauches Bayerns. Die 13,5 Millionen Liter Pfalzwein, die in der Weinstube seit ihrem Bestehen 1950 getrunken wurden, scheinen zu bestätigen, was schon der Pfalzpoet Paul Münch (1879–1951) in seinem »Pfalzweinlied« besungen hat:

»Drum ein Hoch dem Pfälzer Wein,
Keiner hält ihm stande,
Wächst ein guter Tropfen auch
In manch ander'm Lande.«

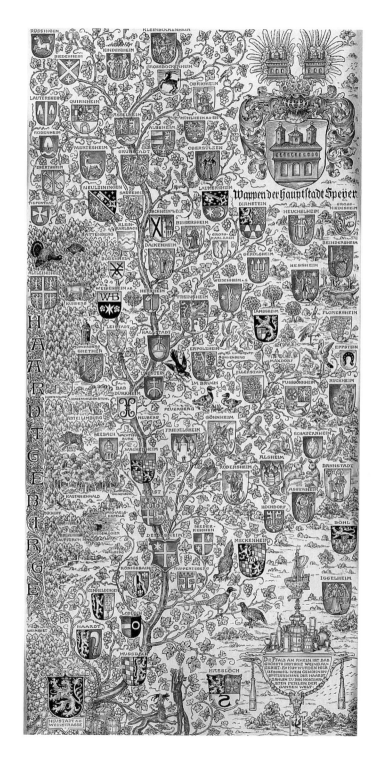

Die Deutsche Weinstraße ist auch als Bild in der Pfälzer Weinprobierstube präsent.

Norbert Wingerter
Weingüter mit parlamentarischer Tradition

Als sich Pierre Jordan 1718 in Roschbach bei Landau niederließ (erste Erwähnung im Pfarrbuch), schlug die Geburtsstunde der größten Weindynastie der Pfalz. Der 25jährige war aus Cluses im französischen Departement Haute-Savoie eingewandert. Im elterlichen Weingut (heutiger Name: Jourdan) sah er nur geringe Aussichten, einmal eine führende Rolle zu spielen.

In der Roschbacher Gemarkung »Hambühl« kaufte er seine ersten »Wingert« (Weinberge). Durch Vermählungen mit begüterten Witwen 1738 in Roschbach (Apollonia Mühe) und 1745 in Hainfeld (Clara Scheurig) wurde Jordan einer der größten Weinbergbesitzer im Fürstbistum Speyer.

Auch seine Söhne verheirateten sich mit vermögenden Töchtern aus Forst (Johann Peter Jordan 1774 mit Apollonia Reichhardt) und Deidesheim (Nikolaus Jordan 1793 in zweiter Ehe mit Eva Reichhardt, der Schwester von Apollonia). Nach ihrer Verehelichung nahmen die Brüder Jordan Wohnsitz in Forst und Deidesheim und gaben nach und nach die Besitzungen in Roschbach und Hainfeld auf.

Durch Einheirat fand Anfang des 19. Jahrhunderts die Familie Buhl zu den Jordans. Eine Generation später, 1843, kam die Familie Deinhard hinzu. 1864 schließlich stieß Emil Bassermann zu diesem Verbund und vollendete das vierblättrige Kleeblatt, das dem Weinbau nicht nur in der Pfalz so viel Fortschritt brachte.

Das Gründungsetikett des Weingutes Dr. Deinhard

Diese Verschwägerungen wurden von den folgenden Generationen immer wieder erneuert. Die so gefestigten verwandtschaftlichen Bande wirkten sich über viele Jahrzehnte segensreich für die Weinwirtschaft aus.

Die Namen Jordan, Buhl, Deinhard und Bassermann stehen auch heute noch für hohe Qualität und Kompetenz in allen Fragen des Weinanbaus und -ausbaus. Dr. Andreas Friedrich Deinhard hat in Frankreich, Italien und den Vereinigten Staaten von Amerika die Hochkultur des Weinbaus ebenso studiert wie sein Schwager Dr. Eugen Buhl, der sich einige Jahre zuvor (1864/65) in Frankreich aufgehalten hat.

Neuanlagen nur mit Qualitätsreben, sortenreiner Anbau, lagenreiner Ausbau, vorselektierte Lese beziehungsweise Einführung des geteilten Lesekübels, peinlichste Sauberkeit im Keller – das sind fünf heute selbstverständliche Standards der Qualitätsweinerzeugung, vor

anderthalb Jahrhunderten aber noch ganz ungebräuchlich. Sie alle gehen auf die Initiative dieser Männer zurück. In Weinbaufragen erprobten sie unermüdlich Neuerungen und praktische Verbesserungen.

1874 gründete Dr. Deinhard den Deutschen Weinbauverein mit, dessen Vizepräsident er später wurde. Über dieses Forum konnte er seine Fachkenntnisse der interessierten Allgemeinheit zugänglich machen.

Doch was hätte diese geballte ökonomische und önologische Kraft ohne politische Verankerung bewegen können?

Weinpolitik in Berlin und München

In den stürmischen Jahren nach der Französischen Revolution erkämpften sich Parteien Rechte und ertrotzten sich Parlamente Zuständigkeiten. Hier galt es mitzugestalten. Nur wer von Anfang an aktiv teilnahm, konnte später seine Stimme wirkungsvoll erheben.

Die Buhls aus Ettlingen bei Karlsruhe besaßen das badische Bürgerrecht. Viele Jahre war Franz Buhl, der 1806 Barbara Jordan ehelichte, Bürgermeister seiner Vaterstadt.

Der Name Buhl ist eines der großartigen Beispiele dafür, wie drei aufeinanderfolgende Generationen Parlamentsgeschichte schrieben. Er selbst war einer der angesehensten Mitglieder der badischen Abgeordnetenkammer. Sein Sohn

Franz-Peter Buhl heiratete 1836 seine Cousine Josefine Jordan. Er war von 1855 bis zu seinem Tod 1862 badischer Landtagsabgeordneter.

Eugen Buhl, Enkel von Franz Buhl, gab 1849 sein badisches Bürgerrecht auf und wurde bayerischer Bürger in Deidesheim. Als Abgeordneter der Nationalliberalen Partei wurde er 1875 für den Wahlkreis Landstuhl 1 in die bayerische Abgeordnetenkammer gewählt, der er bis 1899 angehörte.

In dieser parlamentarischen Tradition steht auch sein Schwager Ludwig Andreas Jordan, der dem Bayerischen Landtag und dem Reichstag in Berlin angehörte.

Zeitgleich wurde auch der dritte Schwager, Dr. Andreas Friedrich Deinhard, 1880 von der Nationalliberalen Partei für die 2. Kammer des bayerischen Königreiches nominiert. Er vertrat den Wahlkreis Neustadt an der Haardt in München fast ein Vierteljahrhundert bis 1904. Sein besonderes Engagement galt der wirtschaftlichen Entwicklung seiner Heimat unter besonderer Berücksichtigung des Weinbaus. Zum Beispiel kümmerte er sich sehr um die Einführung einer Hagelversicherung für den Weinbau und alle damit zusammenhängenden Fragen (1883). In den Folgejahren widmete er sich der Durchsetzung verkraftbarer Bestimmungen für die dringend notwendige Flurbereinigung (1885). In seiner zweiten Parlamentsperiode lag das Schwergewicht seiner Arbeit auf dem Gebiet der verkehrspolitischen Erschließung der Pfalz.

Die aufstrebende Wirtschaft benötigte ausreichende Transportkapazitäten und schnelle Verkehrsverbindungen. Über große Entfernungen konnte das die Straße nicht mehr bieten. »Entwicklung der Eisenbahn« lautete die Lösung. Deidesheim lag damals an der eingleisigen Strecke Neustadt an der Haardt–Bad Dürkheim–Bingen, die längst nicht mehr dem Verkehr gewachsen war. Der zweigleisige Ausbau Richtung Worms war äußerst dringlich. Mit ganzer Kraft trieb Dr. Deinhard dieses Projekt in den Jahren 1887 bis 1891 voran.

In den Jahren 1898 bis 1903 wirkte er parallel zu seiner Tätigkeit in München auch als Abgeordneter des Reichstages in Berlin. Im Zusammenhang mit den Debatten um die Neufassung des Weingesetzes wurde sein Name 1901 im gesamten Reichsgebiet bekannt. Hintergrund war die damals starke Lobby der Zuckerindustrie in Berlin. Ihr war nur am Absatz ihrer Produkte gelegen. Der Ruf des deutschen Weines, der gefährdete auswärtige Absatz und das bedrohte Renommee waren ihr gleichgültig. Kaiser Wilhelms II. Ausspruch zur deutschen Flottenrüstung »Die Zukunft Deutschlands liegt auf dem Wasser« war in ganz Europa zu einem geflügelten Wort geworden. Dr. Deinhard scheute sich nicht, in einer hitzigen Debatte um das Weingesetz den Verfechtern der Weinzuckerung in Anlehnung an seines Kaisers Wort zuzurufen: »Die Zukunft des Weins liegt nicht im Wasser.« Selten hat ein Satz einen Parlamentarier so populär gemacht wie dieser.

Der damals sehr bekannte Volksdichter Eduard Jost widmete daraufhin Dr. Deinhard eine Homage, die in vielen Zeitungen nachgedruckt wurde:

An den Reichstagsabgeordneten Herrn Dr. Deinhard

„Die Zukunft des Weines liegt nicht im Wasser!"
So sprachst Du mit frischem, fröhlichem Muth
Im Kreise der lauschenden Volksvertreter,
Und dieses heitere Wort war gut!

O Gott, wie freut sich im Pfälzerlande
Der Trinker der solches vernimmt;
Behaglich setzt er das Glas an die Lippen
Und freudig denkt er: „Das stimmt!"

Der Teufel hole die Schmierer alle
Und das „Strecken" nach Regeln der „Kunst"!
Schon Noah war kein Freund von dem Wasser,
Drum fleht' er zum Himmel um Gunst.

Und als ihm nun Gott den Weinstock gegeben,
Da sprach der kein Wort von „wäss'riger Brüh";
Ein reiner Trunk soll verschönern das Leben
Und uns stärken nach Arbeit und Müh'.

Ein Hoch drum dem Mann, der also gesprochen
Das ehrliche Wort von der Zukunft des Wein's;
Das dringt dem Pfälzer bis auf die Knochen
In der Zeit des Schwindels und Scheins.

Neustadt, 6. Mai 1901   Eduard Jost.

Um die strikte Einhaltung hoher Qualitätsnormen im deutschen Weinbau zu garantieren, setzte sich Dr. Deinhard für die Einführung der staatlichen Weinkontrolle ein: »Das dritte und Schwierigste ist die Weinkontrolle. Ohne Kontrolle ist und bleibt alles ein Schlag ins Wasser. Natürlich wollen wir nicht die Kontrolle durch niedere Polizeibeamte. Bei den niederen Beamten, die in den Keller kommen, besteht eben die Gefahr, daß sie den Wein leicht nach ihrem Durst und nicht zur Vermehrung ihrer Wissenschaft probieren.«

Besonders früh erkannte Dr. Deinhard die Gefahren der Reblaus, die 1870 aus Nordamerika eingeschleppt worden war und bis zur Jahrhundertwende im Begriff

stand, ganze Weinbauregionen zu vernichten. Im Reichstag setzte er 1902 die unnachsichtige Vernichtung der Reblausherde unter staatlicher Kontrolle durch. Eine Maßnahme, die in vielen Fällen zu starken, oft existenzbedrohenden Belastungen für die Betriebe führte.

Seine berühmte Schlagfertigkeit bewies er auf dem Weinbau-Kongreß in Neustadt an der Haardt 1905, als die Debatte über das Reblausgesetz anfing, peinlich zu werden. Seinen Kritikern rief er zu: »In Lothringen herrscht nun einmal die Reblaus, bei uns aber Gottlob noch immer das Reblausgesetz!«

Als Dr. Deinhard 1907 starb, hat ihn Friedrich von Bassermann-Jordan, der Historiker des Weinbaus, mit folgenden Worten gewürdigt: »Seine Stimme galt viel, man zollte ihm überall große Achtung und Verehrung. Der Deutsche Weinbau ist ihm für sein uneigennütziges Wirken in allen Fragen überaus dankbar!«

Weinkeller des Weingutes Dr. Deinhard

Hans von Malottki

40 Jahre Großkomturei München der Weinbruderschaft der Pfalz

In der Pfalz, in Neustadt an der Weinstraße, war nach Beendigung des Zweiten Weltkriegs aus einer Journalistenrunde heraus und zusammen mit einem geselligen Kreis, der sich »die Landsknechte der Weinstraße« nannte, eine Weinbruderschaft gegründet worden. Sie richtete sich aus nach gleichartigen Verbrüderungen von Weinfreunden in Burgund und im Bordelais. Wie dort in Frankreich hatte sich diese Gemeinschaft der Verbreitung der Weinkultur und der Kenntnisse um den Wein verschrieben. Sie wurde auch als das »Weingewissen der Pfalz« bezeichnet. Ihr Einsatz galt dem ehrlichen, unverfälschten, naturreinen Schoppen. Die Weinbruderschaft der Pfalz florierte von Beginn an und erhielt Jahr für Jahr großen Zulauf. Sie war die erste im deutschsprachigen Raum und zugleich die Geburtshelferin für weitere derartige Bruderschaften.

Die vielfältigen Aktivitäten der Pfälzer in Bayern waren in der Pfalz nicht unbemerkt geblieben. Und so dachte man in der Weinbruderschaft bald daran, in München einen Ableger, eine Großkomturei, ins Leben zu rufen. Dies geschah am 24. März 1960. Zu dieser Zeit war die Frage des Wiederanschlusses der Pfalz an Bayern trotz des mißglückten Volksbegehrens immer noch aktuell. Man setzte jetzt alle Hoffnungen auf eine generelle Neugliederung des Bundesgebietes. Bayerische Spitzenpolitiker ließen sich daher auch gerne als Weinbrüder in die neue Gemeinschaft von Weinfreun-

»In der Rebe ist das Leben« – Motto der Weinbruderschaft

den in der bayerischen Landeshauptstadt aufnehmen, so Ministerpräsident Dr. Hans Ehard, seine Vorgänger Dr. Wilhelm Hoegner und Dr. Hanns Seidel, Dr. Dr. Alois Hundhammer, der Kultusminister und Landtagspräsident war, etwas später Ministerpräsident Alfons Goppel und Landtagspräsident Rudolf Hanauer, dazu auch die Münchner Oberbürgermeister Thomas Wimmer und Dr. Hans-Jochen Vogel, SKH Prinz Adalbert von Bayern und viele andere Bayern und Pfälzer. Ministerpräsident a. D. Alfons Goppel hielt beim 25jährigen Jubiläum eine fulminante Lobrede auf den Wein.

In den vier Jahrzehnten ihres Bestehens hat sich diese Gemeinschaft weinbegeisterter Männer in München, wie es dem Ziel und Zweck entspricht, erfolgreich der Verbreitung der Weinkultur und des Wissens um den Wein gewidmet. Dies geschah und geschieht durch Studienfahrten in die Weinanbaugebiete, auch im Ausland, durch Weinkonvente, durch Vorträge und Fachreferate und nicht zuletzt durch ausführlich und kenntnisreich besprochene Weinproben. Lebhafter Austausch wird gepflegt mit anderen Weinbruderschaften, auch außerhalb Deutschlands, und mit den Pfälzer Komtureien in Nürnberg und in Berlin. Im Frühjahr 2000 konnte die Großkomturei München in der Residenz ihren 40. Geburtstag feiern. Der Einsäulensaal, die ehemalige Hartschierstube des königlichen Leibregiments, ist zugleich der Ort, an dem die Pfälzer Weinprobierstube 1950 gegründet und auch zehn Jahre später die Großkomturei aus der Taufe gehoben wurde. Ihr Versammlungsraum wurde, nach dem Umzug der Weinstube in die derzeitigen Räume, die nach ihr benannte Komtureistube.

Unter den Gratulanten des Jubiläumskonventes konnte Großkomtur Dr. Emil Kuntz den Ordensmeister der Weinbruderschaft der Pfalz, Professor e. h. Dr. Theo Becker, begrüßen, ferner den 1. Vorsitzenden des Bundes der Pfalzfreunde in Bayern, Landtagspräsident Johann Böhm, den Speyerer Weihbischof Otto Georgens, der über den Speyerer

Kaiserdom als Weltkulturerbe der UNESCO sprach, sowie den ehemaligen Präsidenten der Technischen Universität, Professor Dr. Otto Meitinger. Ordensmeister Professor Becker brachte dabei seine ernste Sorge um das Naturprodukt Wein zum Ausdruck. Der Wein, in der Antike noch als ein Gott verehrt, mutiere in unserer Zeit weltweit immer mehr zum Industrieprodukt, da in anderen Ländern derart strenge Weingesetze wie in Deutschland nicht existierten und damit allen Manipulationen Tür und Tor geöffnet seien, je nachdem, wie der Markt und der erzielbare Gewinn es angeraten sein ließen. Um so wachsamer müßten die Weinbruderschaften sein, um den Wein so zu erhalten, »wie der Herrgott ihn an den Reben wachsen läßt«.

Und so verfolgt die Großkomturei München die gute Sache weiterhin nach dem Bekenntnis der Weinbruderschaft der Pfalz: »Wir wollen den Wein nicht auf unholde Art trinken, nicht trivial und nicht besessen, sondern ehrfürchtig und in besonderer Geistesweise. All seine guten Geister sollen dabei um uns sein. Wir haben uns geschworen, jeder Falschmünzerei auf die Spur zu kommen. Wir sehen uns umringt von neuen Bräuchen, die Mißbräuche sind. Wir wollen eine neue Weingesinnung, ein neues Ideal des Weines, aus dem eine höhere Lebensstimmung kommen soll.«

Die Gründung der Großkomturei München der Weinbruderschaft der Pfalz

Norbert Wingerter
Weinpatenschaften

Bei der Jahresversammlung des »Landesverbandes der Pfälzer im rechtsrheinischen Bayern« am 17. Januar 1952 wurde in München die Idee mit den Weinpatenschaften offiziell aufgegriffen. Bayerische Städte und Gemeinden sollten auf freiwilliger Basis mit Pfälzer Weinorten sogenannte Weinpatenschaften vereinbaren. Weine aus diesen Orten sollten für eine Woche oder ein Wochenende in den Gaststätten des bayerischen Patenortes oder in eigens errichteten Zelten zum Zeichen der inneren Verbundenheit mit der Pfalz und zu deren wirtschaftlicher Unterstützung ausgeschenkt werden.

Aus diesem häufig erstmaligen Kennenlernen von Patenwein und Patengemeinde sollten schließlich dauernde Kontakte auf persönlicher und geschäftlicher Ebene entstehen.

Bei einer Tagung in Haardt an der Weinstraße am 13. März 1952 beteiligten sich 300 Personen, darunter 50 Bürgermeister von potentiellen Patengemeinden aus der Pfalz. Das Interesse war riesengroß.

Im April 1952 berief der Bayerische Gemeindetag – sehr zum Unwillen der Pfälzer Behörden – in Landau in der Pfalz eine Tagung ein, um die Koordination der Städte und Gemeinden links und rechts des Rheins zu gewährleisten. Bei dieser organisatorischen Arbeit kamen der Pfälzer Weinprobierstube und dem Landesverband besondere Aufgaben zu. Denn die Mitglieder des Landesverbandes waren ja Pfälzer und hatten alle gute persönliche Kontakte in ihre Heimatgemeinden, die Weinprobierstube verfügte über Verbindungen zu den Weingütern, den Genossenschaften und zum Weinhandel. All das wurde mobilisiert, um diese Aktion, in die von Pfälzer Seite große Erwartungen gesetzt wurden, zu einem Erfolg werden zu lassen.

Die Pfälzer verpflichteten sich, nur ausgesucht gute Weine zu erschwinglichen Preisen zu liefern. Eine in jedem Patenort gebildete Weinkommission überprüfte die vorgesehenen Weine und verlieh ihnen vor dem Versand nach Bayern das Prädikat »Patenwein«, kenntlich gemacht durch einen Aufkleber auf jeder Flasche.

Gambrinus macht für Bacchus Platz

Die bayerischen Städte und Gemeinden versuchten, sich regelrecht in ihrer Pfalzliebe sprich im Weinverbrauch, zu übertreffen. Die reinsten Bacchanale spielten

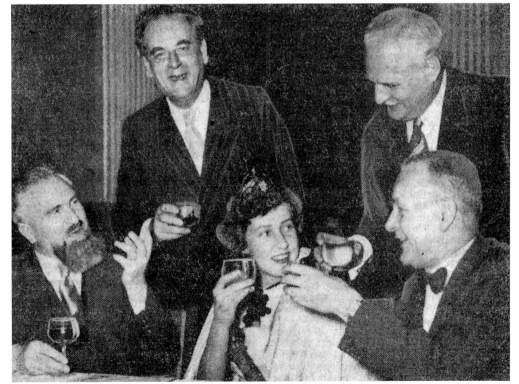

Die Pfälzer Weinkönigin anläßlich einer Treuekundgebung der Pfälzer zu Bayern (1952) mit Ministerpräsident Dr. Ehard (rechts) und Landtagspräsident Dr. Hundhammer (links)

sich ab. In Memmingen bewiesen die wackeren, ansonsten biererprobten Kehlen, daß sie in den wenigen Gaststätten 1952 die Marke für die Konkurrenz hoch legen wollten. In 48 Stunden tranken die Memminger über 8000 Flaschen Patenwein aus der Lage Haardter Herrenletten. Da mußten die Rosenheimer passen. Für den Eröffnungsabend waren gerade mal 5000 Liter von dieser Patenköstlichkeit aus Siebeldingen geliefert worden. Manchem Wirt ging daher schon um halb elf der »Saft« aus.

Die Bamberger dagegen waren besser sortiert. Sie konnten, weil der Vorrat reichte, innerhalb 36 Stunden 11 000 Liter Ungsteiner ihrer Bestimmung zuführen.

Den Rekord in der Patenweinaktion wollte sich jedoch die Landeshauptstadt nicht nehmen lassen. Aus den Weinen der fünf Münchner Patenorte, den renommierten Weinorten Diedesfeld, Bad Dürkheim, Kallstadt, Mußbach und Ungstein, konnten die Oberbayern vom

Karl Graf, der große Pfälzer Maler, war in die Kampagne zur Rückgewinnung der Pfalz sehr eingebunden.

28. Juni bis 6. Juli 1952 auswählen. In über 1000 Münchner Gaststätten vertauschte das Münchner Kindl den Maßkrug mit dem Weinglas. Aus der Pfalz waren Weinköniginnen und andere prominente Weindiplomaten angereist.

Auf dem Gelände der niedergerissenen Maxburg am Lenbachplatz war ein riesiges Patenweinzelt errichtet worden. Zum Eröffnungsfestakt am 28. Juni versammelten sich dort Minister und Staatssekretäre, Landtags- und Regierungspräsidenten, Landtagsabgeordnete, Landräte und Stadträte. Der Münchner Oberbürgermeister Thomas Wimmer rief seine Münchner auf, ja »tüchtige Paten zu sein!«

Die Pfälzer Winzer konnten mit diesen Weinwochen im Sommer 1952 sehr zufrieden sein. In den warmen Monaten waren es 500 000 Liter, im gesamten Jahr betrug der Ausschank 1,2 Millionen Liter – eine erstklassige Werbung für die Pfalz.

Johann Böhm
Der »Bund der Pfalzfreunde«

»Ein bedeutsamer Anlaß hat an dem heutigen Tage an dieser Stätte einen großen Kreis geladener Persönlichkeiten … zusammengeführt. Wir wollen heute in diesem Saal einen Gründungsakt vollziehen, dem wir eine große staatspolitische Reichweite und bayerisch-pfälzische Wirkungskraft beimessen zu können glauben. Wenn die Veranstalter … das Haus der Volksvertretung als Tagungsstätte gewählt haben, so wollen sie damit … zum Ausdruck bringen, daß die Fortsetzung, Vertiefung und Kräftigung der seelischen Verbundenheit zwischen Bayern und Pfalz ein Anliegen des ganzen Volkes ist …« Mit diesen Worten eröffnete der damalige Landtagspräsident Dr. Georg Stang die Gründungsversammlung des Bundes der Pfalzfreunde am 21. März 1950 im Plenarsaal des Maximilianeums. An dieser Veranstaltung nahmen das Präsidium und Abgeordnete des Bayerischen Landtags teil, darunter der Vorsitzende des Pfalz-Ausschusses, Dr. Wilhelm Hoegner, ferner Mitglieder der Bayerischen Staatsregierung, an ihrer Spitze Ministerpräsident Dr. Hans Ehard, sowie der damalige Senatspräsident Dr. Singer, des weiteren Repräsentanten aus den Bereichen Kirche, Kultur, Wirtschaft, Landwirtschaft sowie »Brüder aus der Pfalz, die zu dieser Kundgebung gekommen sind und die vor allem Träger des bayerisch-pfälzischen Gedankens sind«. Der Bund der Pfalzfreunde wurde einstimmig aus der Taufe gehoben. Gleichzeitig wurde

Gründungsversammlung des Bundes der Pfalzfreunde am 21. März 1950 im Plenarsaal des Maximilianeums: Landtagspräsident und 1. Vorsitzender des Bundes der Pfalzfreunde, Dr. Georg Stang (in der Mitte); Dr. Wilhelm Hoegner, Vorsitzender des Pfalzausschusses (rechts); Georg Hagen, 1. Vizepräsident (links), und Ministerpräsident Dr. Hans Ehard (am Rednerpult)

eine Tradition begründet, die bis heute andauert: der jeweilige Landtagspräsident übt in Personalunion das Amt des 1. Vorsitzenden des Bundes der Pfalzfreunde aus. Beide Ämter verkörpern auf ihre Weise das Zusammengehörigkeitsgefühl und das Selbstbewußtsein sowohl der Bayern als auch der Pfälzer in Bayern. Die Reihe der Landtagspräsidenten, die gleichzeitig »parlamentarische Pfalzbeauftragte« waren, beginnt mit Dr. Georg Stang, den die Mitglieder der Gründungsversammlung zum ersten Vorsitzenden wählten. Sie setzt sich fort mit den Landtagspräsidenten Dr. Dr. Alois Hundhammer, Dr. Hans Ehard, Rudolf Hanauer, Dr. Franz Heubl und Dr. Wilhelm Vorndran. In der 13. Wahlperiode habe ich diese Aufgabe übernommen. Als Unterfranke und somit als Nachbar der historischen Pfalz sehe ich darin eine Verpflichtung, die traditio-

Blick in den Plenarsaal am 21. März 1950: Dr. Hans Ehard (1. Reihe rechts), von 1954 bis 1960 Landtagspräsident; Dr. Dr. Alois Hundhammer (links), von 1951 bis 1954 Landtagspräsident

nelle Verbundenheit zwischen Bayern und der Pfalz im Bewußtsein der Bürgerinnen und Bürger lebendig zu erhalten. Aber es existiert nicht nur eine enge personale Verbindung zwischen der bayerischen Volksvertretung und dem Bund der Pfalzfreunde; auch das Maximilianeum als der Ort, an dem in der Regel heute noch die Jahreshauptversammlungen und ein Großteil der von den »Pfalzfreunden« organisierten Veranstaltungen stattfinden, ist bestens geeignet, um die bayerisch-pfälzische Tradition zu pflegen. Die Studienstiftung Maximilianeum – sie ist Eigentümerin des nach König Max II. benannten Gebäudes – schlägt eine Brücke zwischen Bayern und der Pfalz. Sie steht nach dem Willen des Stifters auch hoch-

begabten Pfälzern – seit 1980 gleichermaßen Pfälzerinnen – offen. Ferner ist die Pfalz noch heute im Plenarsaal sinnbildlich vertreten. Der Gobelin an der Stirnseite des Saales zeigt einmal das bayerische Staatswappen, in dem der Pfälzer Löwe den 750jährigen gemeinsamen Weg in der pfälzisch-bayerischen Geschichte verkörpert. Daneben wird unter den Wappen der Hauptstädte der bayerischen Regierungsbezirke auch das von Speyer aufgeführt. Darauf verwies der damalige 1. Vorsitzende des Bundes der Pfalzfreunde, Rudolf Hanauer, auf der Jahreshauptversammlung im Jahr 1971: »Mag da kommen, was da will, das Wappen der Regierungshauptstadt des Regierungsbezirks Pfalz wird immer von rückwärts den Landtagspräsidenten

schützen, und die Pfälzer werden immer eine echte Heimat bei uns hier im altbayerischen Raum finden.« In den Ansprachen, die auf der Gründungsversammlung 1950 gehalten wurden, klang unisono ein Thema an, das in der bayerischen Politik bis zum Scheitern des Volksbegehrens in der Pfalz im Jahr 1956 eine zentrale Rolle spielen sollte: die »Wiedervereinigung« von Pfalz und Bayern. Dazu fand Ministerpräsident Ehard deutliche Worte: »Wir treten weder als Störenfriede in einem Bundesland, noch als Annexionisten, noch als Totengräber auf; aber wir können uns unmöglich das Recht nehmen lassen, uns auf den Tag vorzubereiten, an dem die Pfalzfrage spruchreif wird.« Im Bayerischen Landtag fand die Pfalzpolitik der Staatsregierung eine Mehrheit über die Parteigrenzen hinweg; sie wirkte, so der Historiker Karl-Ulrich Gelberg, »innerbayerisch in jedem Falle integrativ. Sie war ein parteiübergreifendes und Konsens stiftendes Element der bayerischen Politik«.

Am 10. März 1950 beschlossen die Abgeordneten einstimmig die Einsetzung eines Pfalz-Ausschusses. Gemeinsam mit Staatsregierung und Bayerischem Landtag zogen der Bund Bayern und Pfalz, der Landesverband der Pfälzer im rechtsrheinischen Bayern und der Bund der Pfalzfreunde in der Pfälzer Sache an einem Strang. Der 1. Vorsitzende des »Bundes«, Dr. Stang, wandte sich in einem Schreiben vom 6. April 1951 an den damaligen Bundeskanzler Adenauer mit der Bitte, »baldmöglichst die Voraussetzungen für die Erfüllung des Art. 29 des Grundgesetzes zu schaffen«. Damit sollte die rechtliche Grundlage für die

Abstimmung der pfälzischen Bevölkerung über ihre »Landes«-Zugehörigkeit gelegt werden. Der bayerische Landtagspräsident verwies in dem Brief nicht nur auf die rund 700 Jahre alte dynastische und die 130 Jahre dauernde staatliche Verbindung zwischen der Pfalz und Bayern, sondern er sprach auch die tatkräftige »wirtschaftliche Hilfe und kulturelle Unterstützung« von bayerischer Seite für die Pfalz in den Nachkriegsjahren an.

Die Protokolle der Jahreshauptversammlungen des Bundes der Pfalzfreude in den 50er Jahren geben Auskunft über eine breite Palette von kleineren und größeren Aktivitäten, die die Verbundenheit mit den Menschen in der Pfalz sichtbar machen sollten; so ist zum Beispiel von einer Viehspende und einer Büchersammlung für die Gemeinde Büchelberg in der Südpfalz die Rede. Von 1951 bis 1956 brachte die von den »Pfalzfreunden« ins Leben gerufene »Bayerische Pfalz-Jugendhilfe« 3300 pfälzische Kinder in bayerischen Erholungsheimen unter. Ferner waren die Mitglieder des »Bundes« bei der Beschaffung von Arbeitsplätzen für Pfälzer Landsleute bei staatlichen Stellen in Bayern beratend und unterstützend tätig. Außerdem wurde eine große Postkartenaktion mit Motiven Pfälzer Künstler durchgeführt, deren Erlös für das »Bayerische Kinderhilfswerk für die Pfalz« zur Verfügung gestellt wurde. Erwähnenswert ist auch die »Patenweinaktion«: 63 Weinpatenschaften zwischen bayerischen Städten und Pfälzer Kommunen wurden in den Jahren 1950 und 1951 aus der Taufe gehoben. Schließlich sei noch auf die zahlreichen Bürgermeisterfahrten, Pfalz-

Landtagspräsident Rudolf Hanauer (1960–1978)

reisen und Sängerfahrten in die Pfalz verwiesen, die in der Regel zu »weingünstiger« Zeit durchgeführt wurden und die der Festigung von persönlichen Kontakten zwischen Pfälzern und Bayern dienten.

Dieses Netz von »Pro Pfalz«-Aktivitäten war breit angelegt und orientierte sich vorwiegend am staatspolitischen Aufbau Bayerns. Es war ein Hauptziel des Bundes der Pfalzfreunde, seine Organisationsstruktur auf Gemeinde-, Landkreis- und Bezirksebene aufzubauen. Daneben wurde eine enge Zusammenarbeit mit den Pfalzreferenten in der Staatskanzlei, den Ministerien, den Regierungen, Landratsämtern und kommunalen Behörden gepflegt. Das Protokoll der Jahreshauptversammlung vom 26. September 1953 führt über den

Aufgabenbereich eines Pfalzreferenten folgendes aus: »Seiner Fähigkeit, seiner Menschenkenntnis, seiner Persönlichkeit obliegt es, jeweils die richtige Auswahl zu treffen, die Menschen zu finden, die er für die Sammlung der Kräfte innerhalb seines Bereichs benötigt, damit sich dort ein Ortsverband gründen kann, damit dort der Bund der Pfalzfreunde mit seinen Zielen und Ideen in die weitesten Schichten der Bevölkerung hineindringen kann.«

Als das Volksbegehren in der Pfalz im Jahr 1956 scheiterte, war verständlicherweise die Enttäuschung bei bayerischen Politikern und bei den »organisierten Pfälzern« groß. Nur 7,6 Prozent stimmten für die alte Achse Pfalz–Bayern. Damit war die äußere Zusammengehörigkeit der Pfalz und Bayerns endgültig Geschichte. Aber das »klare Bekenntnis zur inneren Zusammengehörigkeit von Pfalz und Bayern«, von der der frühere bayerische Ministerpräsident Dr. Hans Ehard gesprochen hat, ist bis heute lebendig. Daß dieses Bekenntnis im Laufe der Jahrzehnte so »klar« im Bewußtsein geblieben ist, daran haben die »Pfalzfreunde« lebhaften Anteil. Sie halten bis heute die Fahne der bayerisch-pfälzischen Freundschaft hoch – ohne falsche Sentimentalität und ohne jegliche Revanchegelüste. Ihre Arbeit erstreckte sich seit dem Scheitern des Pfalzreferendums im wesentlichen auf rein kulturelle Aufgaben in Bayern und in der Pfalz. Unter der Ägide Rudolf Hanauers (1960 bis 1978) setzten die »Pfalzfreunde« mit der Stiftung der »Hofenfels-Medaille« sowie des »Mannlich-Preises« neue Akzente in den pfälzisch-bayerischen Beziehungen:

• Die »Pfalzfreunde« ergriffen im Jahr 1964 die Gelegenheit, an den bedeutenden Zweibrücker Minister und Staatsmann Johann Christian von Hofenfels zu erinnern und benannten einen bayerisch-pfälzischen Ehrenpreis nach ihm. Der geschickten Verhandlungskunst dieses Staatsmannes war es mit zu verdanken, daß in der zweiten Hälfte des 18. Jahrhunderts die Existenz bayerischer Staatlichkeit gewahrt blieb. Die Hofenfels-Medaille wird seit 1964 an Persönlichkeiten verliehen, die sich im Geiste dieses Diplomaten um die Pflege des gemeinsamen pfälzisch-bayerischen Erbes herausragende Verdienste erworben haben. Zu den Trägern dieser Auszeichnung zählen unter anderen die Landtagspräsidenten Rudolf Hanauer, Dr. Franz Heubl, Dr. Wilhelm Vorndran sowie die ehemaligen Ministerpräsidenten Dr. Wilhelm Hoegner und Dr. Hans Ehard. Der damalige 1. Vorsitzende des Bundes der Pfalzfreunde, Landtagspräsident Rudolf Hanauer, überreichte die Auszeichnung beiden ehemaligen Ministerpräsidenten im Jahr 1967 mit den Worten: »Die Verleihung dieser Medaille mit dem Bildnis des pfälzischen Staatsmannes Johann Christian von Hofenfels ehrt zwei große Freunde der Pfalz, deren staatsmännisches Wirken für unser Land in die Geschichte eingehen wird.«

• Zum 150. Todestag des Pfälzer Malers, Baumeisters und Galeriedirektors Johann Christian von Mannlich im Jahr 1973 stifteten die »Pfalzfreunde« einen nach ihm benannten Förderpreis für junge pfälzische Künstlerinnen und Künstler. Mannlich war es, der im Zweibrücker Kunstkreis und später in

Landtagspräsident Dr. Franz Heubl (1978–1990)

München als erster Galeriedirektor in Bayern maßgeblichen Einfluß auf die Kunstentwicklung in Süddeutschland nahm. Das sollte sich in 200 Jahren auch für die pfälzische Kunst überaus fruchtbar auswirken.

In den 80er Jahren fanden zwei Veranstaltungen der »Pfalzfreunde« besonderes Interesse in der Öffentlichkeit: der Festakt anläßlich des 30jährigen Bestehens des Bundes der Pfalzfreunde im Jahr 1980 und die Festveranstaltung zur 200. Wiederkehr des Fürstenbundes im Jahr 1986.

Beim Festakt am 25. März 1980 betonte Landtagspräsident Dr. Heubl, der von 1978 bis 1990 das Amt des 1. Vorsitzenden des »Bundes« ausübte, daß es »keine Pfalzfrage« mehr gebe, sondern »die Beziehungen zum Lande Rheinland-Pfalz gemeinsam mit der Bayerischen Staatsregierung vornehmlich auf kulturellem Gebiet vom Bund der Pfalzfreunde ausgebaut« würden. In diesem Zusammenhang ist unter anderem die von den »Pfalzfreunden« organisierte Ausstellung über Kurfürst Karl Theodor und seine Zeit zu nennen, die 1978 im Maximilianeum aus Anlaß der 200. Wiederkehr der Übersiedlung des Kurfürsten von Mannheim nach München zu sehen war. Einen weiteren Schwerpunkt seiner Arbeit legte der Bund der Pfalzfreunde damals auf den Ausbau des Mannlich-Wohnhauses in Zweibrücken zu einem künstlerischen Zentrum in der Westpfalz.

Mit der Gedenkveranstaltung »200 Jahre Fürstenbund« wurde 1986 an ein historisches Ereignis in der bayerischen Geschichte erinnert, dem es maßgeblich zu verdanken war, daß die Existenz bayerischer Staatlichkeit gewahrt blieb. Es waren vor allem der Preußenkönig Friedrich II. und – wie bereits ausgeführt – der Diplomat Hofenfels, die die europäische Machtbalance bedroht sahen, wenn Altbayern mit Österreich verschmolzen wäre.

In den über sieben Jahrhunderten, in denen Bayern und die Pfalz durch die Wittelsbacher Dynastie und durch die staatliche Einheit miteinander verbunden waren, wurde auch ein kulinarisches Band zwischen der Pfalz und Bayern geknüpft. Die Ursprünge dafür liegen im Jahr 1214. Damals erhielt der Wittelsbacher-Herzog mit der Würde des Pfalzgrafen bei Rhein auch das Amt des »Erztruchseß«, der die Aufgabe hatte, über

Landtagspräsident Dr. Wilhelm Vorndran (1990–1994)

Landtagspräsident Johann Böhm (ab 1994)

die Vorratskeller und die Tafel des Königs zu wachen. Ein weiterer Beleg für die »Verwandtschaft des Genießens« datiert über 90 Jahre zurück. Damals präsentierten die Winzergenossenschaften der Rheinpfalz zusammen mit den Pfälzer Abgeordneten, die seinerzeit noch im Bayerischen Landtag saßen, ihre edelsten Tropfen im damaligen Parlamentsgebäude in der Prannerstraße. Diese bewährten Traditionen ließen und lassen die »Pfalzfreunde« nicht in Vergessenheit geraten. Eine Pfälzer Weinprobe und ein »Saumagenessen« in den 90er Jahren seien exemplarisch genannt. Der damalige Landtagspräsident und 1. Vorsitzende des Bundes der Pfalzfreunde, Dr. Wilhelm Vorndran, zitierte seinerzeit eine Strophe aus dem »Sauma-

genlied«, um von der grauen Theorie zur deftigen Praxis überzuleiten: »Gut gefüllt, wie sich's gebührt, hergerichtet mit Verstand, ißt ihn froh bei Weib und Kinde jedermann im Land.« Zusammengehörigkeitsgefühl und Selbstbewußtsein der Bayern und der Pfälzer wurden deutlich beim Festakt in der Münchner Residenz, mit welchem im Jahr 1991 das »175jährige Jubiläum der Wiedervereinigung der Pfalz mit Bayern« gefeiert wurde. Das Jahr 1816 ist der Beginn einer 130 Jahre dauernden rechtlichen, wirtschaftlichen und kulturellen Gemeinschaft zwischen der Pfalz und Bayern. Als achter bayerischer Regierungsbezirk konnte die Pfalz damals weitgehend ihre Eigenständigkeit behalten und einem allzu zentralistischen Zugriff aus München widerstehen. Im Jahr 1996 übernahm ich das Amt des 1. Vorsitzenden des Bundes der Pfalzfreunde mit der Verpflichtung, das Meine zu tun, die traditionellen Freundschaftsbande Bayerns mit der Pfalz weiter zu pflegen und zu festigen. Eine meiner ersten Aufgaben als »parlamentarischer Pfalzbeauftragter« war die Verleihung der Hofenfels-Medaille an den »pfälzisch-bayerischen Staatsbürger« und langjährigen Spiritus rector der »Pfalzfreunde«, Carl Schuster. Als einer der Gründerväter der »Stimme der Pfalz«, die heuer ebenfalls ein goldenes Jubiläum feiert, hat er das Profil dieser Zeitschrift maßgeblich mitgeprägt. Seiner journalistischen Sachkunde und seiner Leidenschaft für die »Pfälzerei« ist es mit zu verdanken, daß die »Stimme der Pfalz« als Sprachrohr einer jahrhundertealten Kultur- und Geschichtslandschaft ihr unverwechselbares Gesicht bis

heute behalten hat. Ferner war es für mich eine besonders ehrenvolle Aufgabe, vor einiger Zeit eine Ausstellung mit Nachbildungen der Reichskleinodien im Maximilianeum zu eröffnen. Sie wurde von den bayerischen Pfalzverbänden organisiert. Zu den Aufbewahrungsorten zählten der Trifels in der Pfalz, die Residenzstadt München und das reichsstädtische Nürnberg. Die Reichsinsignien stehen als Symbole für eine gemeinsame Geschichte und Kultur in Europa, die sich regional unterschiedlich entfaltet hat. Die pfälzisch-bayerischen Beziehungen spiegeln das in nuce wider. Sie waren trotz aller inneren Spannungen immer auch ein Stück föderaler Geschichte im Kleinen mit gegenseitiger Achtung und wechselseitigem Leben und

Gobelin im Plenarsaal mit dem Wappen von Speyer (zweites von rechts)

Pfalz, Rainer Rund, gewissermaßen eines »Urenkels« des ersten Regierungspräsidenten der Pfalz, Franz Xaver von Zwackh-Holzhausen, der – ebenso wie Hofenfels und Montgelas – durch die hohe Schule der Diplomatie gegangen war und es geschickt verstanden hatte, auch die liberalen Kräfte in der Pfalz für die bayerische Regierung zu gewinnen.

Der erste bayerische Landtagspräsident nach dem Zweiten Weltkrieg, Dr. Michael Horlacher, schrieb im Jahr 1920 – seinerzeit war er Hauptgeschäftsführer des Zweckverbandes der landwirtschaftlichen Körperschaften Bayerns – in einem Buch über die Pfalz, daß hier eine »lebhafte und schaffensfreudige Bevölkerung tätig sei«. Dieses Kompliment gilt auch für die Gegenwart, ganz besonders für die organisierten Pfälzer und Freunde der Pfalz, die ihr 50jähriges Bestehen feiern. Mein Dank gilt beiden, den Pfälzern und den »Sympathisanten« der Pfalz, die seit 1950 so engagiert und idealistisch für die gemeinsame Sache eingetreten sind. Dabei haben sie die Worte beherzigt, die Landtagspräsident Dr. Georg Stang in der Gründungsversammlung vor 50 Jahren gesprochen hat: »Unser herzliches Verhältnis zur Pfalz ist kein Verhältnis auf Abbau.« Möge auch das nächste halbe Jahrhundert in diesem Sinne eine Zeit des Aufbauens auf den soliden 50jährigen Fundamenten und des herzlichen Zusammenhalts bleiben – getreu unserem alten Motto: »Bayern und die Pfalz – Gott erhalt's«!

Lebenlassen. Vor diesem Hintergrund haben die Reichskleinodien als sinnfällige Zeichen des durch gemeinsame Werte verbundenen Abendlandes eine aktuelle Bedeutung.

Darüber hinaus zählten zu den Aktivitäten der »Pfalzfreunde« unter anderem die Verleihung des Mannlich-Preises an einen jungen Pfälzer Künstler, der seine Kunstwerke im Maximilianeum ausstellte, sowie die Auszeichnung von Pfälzer Persönlichkeiten mit der Hofenfels-Medaille, darunter auch des letzten Regierungspräsidenten von Rheinhessen-

Norbert Wingerter
Weintrinken für einen sozialen Zweck
Die Bayern-Pfalz-Stiftung

Die Pfälzer Weinprobierstube in der Residenz ist eine Institution sui generis. Das hat sie mit anderen gastronomischen Betrieben gemein, die im Laufe ihrer Geschichte über ein halbes Jahrhundert oder länger bestimmte Traditionen entwickelt und bewahrt haben.

Ein einmaliges Kuriosum ist es jedoch, daß vom Gewinn der Weinprobierstube eine Stiftung finanziert wird, die bedürftigen jungen Menschen in Bayern eine Ausbildung ermöglicht. Jeder Gast, der in der »Pfälzer« einen Schoppen trinkt, unterstützt damit dieses gemeinnützige Ziel.

Der Gründungsgedanke des Landesverbandes der Pfälzer in Bayern 1949 und der Weinprobierstube ein Jahr später hatte auch staatspolitische Hintergründe. Die praktische Umsetzung dieser Idee war historisch, kulturell und sozial ausgerichtet. Der Gewinn der Weinprobierstube diente zunächst ausschließlich der Deckung der Unkosten und der Förderung der Bestrebungen zur Rückgewinnung der Pfalz. Viele publizistische, medienwirksame, aber auch karitative Aktionen wurden finanziert. Diese gemeinnützige Motivation wurde 25 Jahre später, am 2. Dezember 1974, mit der Gründung der Bayern-Pfalz-Stiftung erneut bekräftigt.

Die Zielgruppe der Bayern-Pfalz-Stiftung sind junge begabte und bedürftige Menschen beiderlei Geschlechts aus der Pfalz, die in Bayern eine Ausbildung machen, fortsetzen oder beenden wollen, finanziell dazu aber kaum oder gar nicht in der Lage sind. Ein weiterer Grundgedanke der Stifter war, die Bayern-Pfalz-Beziehungen, die bei der nachwachsenden Generation nicht mehr bewußt sind, mit neuem Leben zu erfüllen.

Die »Stiftung Maximilianeum« des Freistaates Bayern ist eine reine Hochbegabtenstiftung. Der soziale Aspekt spielt bei der Vergabe ihrer Stipendien keine Rolle. Deswegen müssen die Bewerber nicht – wie bei der Bayern-Pfalz-Stiftung – die Einkommensverhältnisse des Elternhauses nachweisen. Häufig handelt es sich dabei um Fälle, wo das Einkommen knapp über der Bafög-Bemessungsgrenze liegt (Bafög-Loch), oder sie sind bei der Bafög-Förderung wegen eines Studienfachwechsels, wie es bis vor wenigen Jahren obligatorisch war, rausgefallen.

Gemeinsam ist beiden Stiftungen jedoch, daß die Pfalz in den Grenzen des achten bayerischen Regierungsbezirks von 1918 der Einzugsbereich ist. Das bedeutet, daß sich aus dem heute zum Saarland gehörenden Saar-Pfalz-Kreis mit Homburg und St. Ingbert stammende junge Leute bei einer der beiden Stiftungen bewerben können.

Die Bayern-Pfalz-Stiftung gehört zu den kleineren Einrichtungen ihrer Art. Der Landesverband hat die Stiftung 1974 mit einem Startkapital von 250 000 Mark ausgestattet. Mittlerweile wurde dieser Betrag 1981 und 1987 auf nunmehr fast 700 000 Mark aufgestockt. Damit werden jährlich bis zu 60 000 Mark an Zinserträgen erwirtschaftet. Diese Summe dient der laufenden oder einmaligen Förderung der Stipendiaten.

»Laufende Förderung« heißt, junge Studenten, aber auch Auszubildende mit Stipendien zu unterstützen. Davon profitieren nicht nur angehende Akademiker, sondern zum Beispiel auch Optiker, Fotografen, Grafiker, Maler oder Bildhauer. Sofern weitere Mittel vorhanden sind, können auch wissenschaftliche Arbeiten wie Diplome, Dissertationen, Habilitationsschriften oder Forschungsprojekte über einen längeren Zeitraum finanziert werden. Voraussetzung ist allerdings, daß das bearbeitete Thema die Pfalz oder die bayerisch-pfälzischen Beziehungen behandelt.

Die Stipendiaten müssen in regelmäßigen Abständen über den Fortgang ihrer Arbeiten berichten. Je nach den persönlichen Verhältnissen liegen die monatlichen Förderbeträge zwischen 500 und 900 Mark.

Eine »einmalige Förderung« wird gewährt, wenn beispielsweise zur Publizierung eines Themas mit Pfalzbezug ein Druckkostenzuschuß benötigt wird. Oder wenn ein Pfälzer Künstler in Bayern eine Ausstellung plant und für die Drucklegung des Katalogs die notwendigen Mittel knapp sind. Oder wenn bayerische Studenten eine Exkursion in die Pfalz unternehmen und dazu einen Zuschuß brauchen. Oder wenn zur Vorbereitung einer solchen Fahrt die Literatur fehlt.

In den 25 Jahren ihres Bestehens hat die Bayern-Pfalz-Stiftung 58 jungen Pfälzern und Saarländern ermöglicht, in Bayern eine Ausbildung zu machen. Zu diesem Zweck wurden aus den Zinserträgen des Stiftungskapitals rund 800 000 Mark zur Verfügung gestellt. Hinzuzurechnen sind weitere 60 000 Mark, die als einmalige Leistungen an natürliche oder juristische Personen gegeben wurden.

Die Weinprobierstube in der Residenz ist nicht nur für die Pfälzer Winzer ein Gewinn, sondern auch für Pfälzer Auszubildende und Studenten.

Dem Stiftungsvorstand gehören derzeit an: Norbert Wingerter als Vorsitzender, Erich Kopf als Schatzmeister, Ralph Marthaler als Schriftführer.

Hier zwei Auszüge aus Schreiben von Dr. Bernhard Bonkhoff, einem der ersten Stipendiaten, und Claudia Marthaler, der jüngsten Stipendiatin

Im Herbst 1995 wechselte ich meinen Wohnsitz von Bingen am Rhein nach München, um dort eine Ausbildung als Krankenschwester anzutreten. Im Laufe der Lehrzeit stellte sich heraus, daß über die Kenntnisse hinaus, welche mir vermittelt wurden, mein Interesse an der Medizin noch lange nicht erschöpft war. Daher wuchs immer mehr der Wunsch in mir, nach Beendigung der Ausbildung ein Medizinstudium zu beginnen.

Im Frühjahr 1997 traf unsere Familie ein harter Schicksalsschlag. Mein Vater verstarb, er war erst 54 Jahre alt. Neben dem schmerzlichen Verlust war nun von heute auf morgen auch die Finanzierung des Studiums sehr in Frage gestellt.

Zu diesem Zeitpunkt lernte ich Ralph Marthaler (der weder mit mir verwandt noch verschwägert ist) kennen und durch ihn den Landesverband der Bayern-Pfälzer. Schon bei einem meiner ersten Besuche gefiel mir die aufgeschlossene und herzliche Art der Bayern-Pfälzer und ich entschied mich kurz entschlossen, dem Verband beizutreten.

Ende 1998 beendete ich meine Ausbildung als Krankenschwester und ich bewarb mich, trotz aller Widrigkeiten, um einen Studienplatz an der Ludwig-Maximilians-Universität. Ich bekam einen Studienplatz und zu meiner großen Freude erfuhr ich, daß ich aufgrund meiner pfälzischen Abstammung (mein Vater stammte aus Leimersheim in der Pfalz) evtl. ein Stipendium der Bayern-Pfalz-Stiftung bekommen würde.

Im Mai 1999 begann ein neuer Lebensabschnitt für mich. Fortan war ich Studentin und zog deshalb in ein Studentenwohnheim, welches im Stadtteil Schwabing liegt. Die neuen Lebensumstände bedurften einer Eingewöhnungszeit. Doch mittlerweile fühle ich mich sehr wohl und es macht trotz allem Leistungsdruck auch Freude, immer mehr Wissen und Kenntnisse zu erlangen. Ohne die Unterstützung der Bayern-Pfalz-Stiftung wäre ein Studium für mich in finanzieller Hinsicht gewiß problematisch geworden.

München, im März 2000
Claudia Marthaler

Als Pfälzer in Bayern studieren – Erinnerungen nach 25 Jahren

1953 wurde ich in der saarländischen Kreisstadt Homburg geboren, oder, wie es bis in die zwanziger Jahre hieß, »Homburg/Pfalz«. Durch den Versailler Vertrag war das bayerische Bezirksamtsstädtchen durch die Franzosen dem neugebildeten Saargebiet zugeschlagen werden. Bis zur wirtschaftlichen Rückgliederung des Saarlandes im Sommer 1959 hatten wir französische Währung. Wer in die Pfalz, oder wie die Leute sagten, »ins Reich« wollte, mußte strenge Zollkontrollen über sich ergehen lassen. In dieser Grenzsituation lag die erste Schwierigkeit, Stipendiat der Bayern-Pfalz-Stiftung zu werden. Ich mußte nachweisen, daß ich in einem einst zur bayerischen Pfalz gehörenden Ort geboren war. So, nach Erlangen gehst du? Da kannst du ja als Pfälzer in Bayern ein Stipendium der Bayern-Pfalz-Stiftung erhalten. So wurde mir gesagt. Die Stiftung kannte ich durch die »Stimme der Pfalz«. Aber konnte ich das in Anspruch nehmen, der ich doch im Saarland geboren war? So wies ich den geschichtlichen Verlauf meiner Heimatstadt nach und wurde als Pfälzer anerkannt.

Die Bayern-Pfalz-Stiftung hat mit dazu beigetragen, daß ich mein Studium bestreiten konnte. Zwar gaben mir meine Eltern das Nötige, aber es hat Semester gegeben, in denen ich nach Bezahlen meiner Studentenbude mit 300,– DM im Monat auskommen mußte, für heutige Verhältnisse geradezu unvorstellbar.

In den kirchlichen Auseinandersetzungen der Gegenwart vertrete ich wie seit den Tagen des Studiums das Anliegen derer, die aus der Kirche des Evangeliums keinen Tummelplatz des Zeitgeistes und der Parteipolitik werden lassen wollen.

Meinen Dank an die Bayern-Pfalz-Stiftung verbinde ich mit dem Wunsch, daß sie noch lange zum Wohl des studentischen Nachwuchses tätig sein kann.

Pfr. Dr. Bernhard H. Bonkhoff

Hans-Jörg Habersack

Der Landesverband der Pfälzer am Beginn des neuen Jahrhunderts

Erst vor kurzem haben wir die 9jährige Anja Stewen-Ischep als jüngstes Mitglied in unseren Landesverband der Pfälzer in Bayern aufgenommen. Müssen wir uns da Zukunftssorgen machen? Sorgen wohl weniger, aber doch Gedanken darüber, wie wir lebendig bleiben und den Spagat schaffen, attraktiv zu bleiben für unsere schon etwas älteren Mitglieder; den jüngeren, soweit sie aus der Pfalz kommen und »Pfalz-Erfahrung« mitbringen, das Gefühl mitzugeben, daß Pfalz überall dort ist, wo sich Pfälzer treffen; und die anderen, die die Pfalz nur vom Hörensagen kennen, auf die Pfalz neugierig zu machen.

Wir sind jetzt 50 Jahre alt und haben einen stolzen Mitgliederstand von zirka 420 Pfälzern zuzüglich fördernde Mitglieder, und der Verband ist keineswegs müde. Ganz im Gegenteil entfaltet er Aktivitäten wie nie zuvor in seiner Geschichte gemäß dem Vereinszweck im Bewußtsein gemeinsamer bayerisch-pfälzischer Geschichte, die Verbindung mit der Pfalz unter den in Bayern lebenden Pfälzern zu pflegen und zu fördern. Bei der letzten Vorstandswahl im November 1998 hat sich der Vorstand des Landesverbandes bewußt durch die Hinzuwahl von Ralph Marthaler, 35 Jahre alt, aus Leimersheim, verjüngt und ihm die Aufgabe zugewiesen, seine noch frischen Beziehungen zur Pfalz zu nutzen, die Verbindungen in die Pfalz zu beleben und junge, nach Bayern kommende Pfälzer anzusprechen und für die Mitgestaltung im Landesverband zu gewinnen.

Das Bewußtsein gemeinsamer bayerisch-pfälzischer Geschichte unter seinen Mitgliedern und auch nach außen hin zu heben, hat der Landesverband von seiner Gründung an auf seine Fahnen geschrieben, wobei ursprünglich das Ziel bestand, die 1946 durch die Gründung des Landes Rheinland-Pfalz manifestierte Trennung der Pfalz von Bayern rückgängig zu machen und für die »Wiedervereinigung« von Pfalz und Bayern aktiv einzutreten. Bekanntlich scheiterte dieses Bemühen, als 1956 beim Referendum nicht die erforderlichen 10 Prozent der Stimmen der wahlberechtigten Bürger der Pfalz erreicht wurden.

Das Bewußtsein gemeinsamer bayerisch-pfälzischer Geschichte hält der Landesverband aber weiterhin wach mit seiner seit Gründung des Landesverbandes, das heißt seit 1949, herausgegebenen Vierteljahresschrift »Stimme der Pfalz«. Carl Schuster hat diese Zeitschrift in den Jahrzehnten, in denen die »Stimme der Pfalz« unter seiner Verantwortung erschien, zu einer Plattform gemacht für Politiker, Historiker, Theologen, Künstler und Wirtschaftler, die hier Pfälzer und bayerisch-pfälzische Themen ansprechen und an ihre Leser, unter anderen die Mitglieder des Landesverbandes, weitergeben. Seit 1998 hat Dr. Hans von Malottki, 1. Vorsitzender des Landesverbandes, die Verantwortung für Inhalt und Erscheinungsbild der »Stimme der Pfalz« übernommen. Aufgewachsen in der Trifelsstadt Annweiler, als Sohn des bekannten »Rheinpfalz«-Redakteurs Hans von Malottki und als promovierter Historiker hat er nicht nur Pfälzer Lebensart und Sprache von Kindheit an in sich aufgenommen, sondern ist auch aufgrund seiner profunden Kenntnisse der Pfalz und ihrer Geschichte und wegen seiner langjährig erworbenen und gepflegten Verbindungen in die Pfalz prädestiniert, der »Stimme der Pfalz« nun seinen Stempel aufzuprägen und sie zu verjüngen.

Auch wenn die Zeiten längst vorüber sind, wo die »Stimme der Pfalz« sich als ein »Kampfblatt« für den Zusammenschluß von Bayern und Pfalz verstand, so bilden dennoch getreu ihrem Titel »Stimme der Pfalz – Zeitschrift für Politik, Kultur und Wirtschaft« Pfälzer Themen und bayerisch-pfälzische Themen einen Schwerpunkt.

Die Pfalz war schon aufgrund ihrer geographischen Lage stets ein offenes Land, wo meist früh Umbrüche und Geistesströmungen von gesamteuropäischem Rang ihren Einzug fanden, wie beispielsweise der Protestantismus oder die Ideen der Französischen Revolution, leider aber auch, und das sei nicht verschwiegen, nationalsozialistisches Gedankengut. Auch die Freiheit Amerikas lockte im 19. Jahrhundert unzählige Pfälzer in das Abenteuer, in der Neuen Welt ihr Glück zu versuchen und eine neue Existenz aufzubauen, wenn auch oft geboren aus großer wirtschaftlicher Not oder politischer Verfolgung. Dementsprechend versteht sich die Pfalz als weltoffen und aufgeschlossen für alles Neue – ohne deswegen die tiefe Liebe zur Heimat über Bord zu werfen und uninteressiert an der eigenen Geschichte zu sein. Dies alles soll sich in der »Stimme der Pfalz« wiederfinden:

- Aufgeschlossenheit für neue Entwicklungen in Politik, Kultur und Wirtschaft,
- Heimatliches verbunden mit Pfälzer Spurensuche, das heißt, wie, wann und wo haben Pfälzer ihre Spuren in der Pfalz, in Bayern, in Europa und sogar in der ganzen Welt hinterlassen.

Die Themenliste von Heft Nr. 1, erstes Quartal 2000, spiegelt diese Vielfalt beispielhaft wieder:

»Zum Machtfaktor in Europa geworden – das Europäische Parlament am Beginn des Jahres 2000« vom bayerischen Europaminister Reinhold Bocklet,
»Die Speyerer Erklärung – vor 50 Jahren einigten sich prominente deutsche und französische Protestanten auf ein Programm zur Annäherung« von Christophe Baginski,
»Die Rettung der Schraudolph-Fresken – Wiederherstellung im Zuge der gegenwärtigen Speyerer Domrestaurierung« von Dirk Klose,
»Die Regierungspräsidenten der Pfalz – eine kleine pfälzische Verwaltungsgeschichte (Teil I)« von Werner Schineller,
»Wieder heimisch geworden im Wasgau – Den Wanderfalken gefährden aber immer noch illegale Nachstellungen« von Oskar Kröher,
»Auch in der Kunst erste Liga – 125

Jahre Pfalzgalerie und Meisterschule für Handwerker in Kaiserslautern« von Sigrid Feeser,
»Lebenslust und Frömmigkeit – Mannheim feiert den Kurfürsten Karl Theodor mit einer großen Ausstellung« von Sigrid Feeser,
»Die Freiheit darf nicht sterben! (II) – Pfälzer Achtundvierziger in den USA« von Roland Paul,
»Partnerschaft für den Pfälzerwald – Die Bayerische Versicherungskammer finanziert Projekte zu seiner Erhaltung« von Rudolf Bamberger.

Dr. Dirk Klose, ein junger Kunsthistoriker aus Speyer, konnte jüngst als weiteres Redaktionsmitglied für die »Stimme der Pfalz« gewonnen werden. Mit ihm sind die Weichen für die Zukunft gestellt, da er nicht nur frisches Pfälzer Blut mitbringt, sondern in idealer Weise Engagement und Interesse an der Aufgabenstellung mit Fachkompetenz verbindet.

Die Pflege des Bewußtseins gemeinsamer bayerisch-pfälzischer Geschichte kommt auch durch die Gründung der Bayern-Pfalz-Stiftung vor nunmehr 25 Jahren zum Ausdruck. Zweck dieser Stiftung ist die Förderung begabter und bedürftiger junger Menschen aus der Pfalz für die Fortsetzung oder den Abschluß einer Ausbildung an bayerischen Bildungseinrichtungen, unter anderem für die Anfertigung wissenschaftlicher Arbeiten wie Diplomarbeiten, Dissertationen oder Habilitationsschriften und die Durchführung von Forschungsprojekten. Soweit die Mittel reichen, können auch andere natürliche oder juristische Personen für Arbeiten

oder Vorhaben, welche die Beziehungen zwischen Bayern und der Pfalz oder ein pfälzisches Thema zum Gegenstand haben, mit einmaligen oder laufenden Zuwendungen oder mittels Verleihung von Preisen gefördert werden.

Im allgemeinen kommen die Zuwendungen der Bayern-Pfalz-Stiftung satzungsgemäß jungen Pfälzern zugute, die zwar häufig nach Beendigung ihrer Ausbildung in Bayern wieder in die Pfalz zurückkehren, nicht selten aber ihre Liebe zu Bayern, einem Bayern oder einer Bayerin entdecken und in Bayern bleiben. Nicht zuletzt durch diese Verbindung über die Bayern-Pfalz-Stiftung mit jungen Pfälzer Stipendiaten behält der Landesverband ständig Kontakt mit jungen Pfälzern, die nach Bayern kommen. Einmal im Jahr, meist im Januar, treffen sich der Vorstand des Landesverbandes und die Stipendiaten mit den Pfälzer Maximilianeern, das heißt den Pfälzer Studentinnen und Studenten, die in den Genuß der vom Bayerischen Landtag betreuten Maximiliansstiftung gekommen sind, in der Pfälzer Weinprobierstube, um die Kontakte zu vertiefen und lebendig zu erhalten. Es gelingt dadurch, Stipendiaten oder junge Pfälzer aus deren Freundeskreis nicht nur auf den Landesverband aufmerksam zu machen, sondern auch für dessen Ziele und Aktivitäten zu interessieren und sie als Mitglieder in den Landesverband aufzunehmen. Ralph Marthaler und Dr. Dirk Klose stießen auf diese Weise zum Landesverband und bekleiden dort nach Beendigung ihrer Ausbildung heute verantwortliche Positionen.

Im Bewußtsein gemeinsamer bayerisch-pfälzischer Geschichte die Verbindung der Pfalz unter den in Bayern lebenden Pfälzern und auch mit den Bayern zu pflegen und zu fördern, kann auch auf die Weise erfolgen, wie es der Landesverband seit nunmehr 50 Jahren mit großem Erfolg praktiziert: durch den Ausschank von Pfälzer Wein. Was anfänglich nur für einen Sommer im Jahre 1949 geplant war – nämlich der Ausschank von Pfälzer Wein in der Neuen Sammlung des Bayerischen Nationalmuseums im Rahmen einer bayerischen Exportausstellung landwirtschaftlicher, handwerklicher und industrieller Produkte – erwies sich rasch als zu erfolgreich, um ihn wieder einzustellen.

Die Bedeutung des Weinausschanks ist nicht nur für die Pfälzer Winzer, sondern auch für die Arbeit und das Fortbestehen des Landesverbandes groß, ermöglichen doch die Erlöse aus dem Weinausschank vieles, was sonst nicht möglich wäre: einerseits die Herausgabe der »Stimme der Pfalz« und andererseits die Begründung der Bayern-Pfalz-Stiftung. Nach wie vor bildet die Pfälzer Weinprobierstube das finanzielle Rückgrat des Landesverbandes und erlaubt manche Vereinsaktivitäten, die sonst nur mit wesentlich höherer Eigenleistung der Mitglieder möglich wären.

Es versteht sich, daß deshalb die Fortentwicklung der Pfälzer Weinprobierstube der besonderen Aufmerksamkeit des Vorstandes des Landesverbandes unterliegt. Ein Betrieb mit rund 60 Mitarbeitern kann selbstverständlich nicht sozusagen nebenbei von einem Vereinsvorstand geleitet werden, dessen Mitglieder anderen Berufen nachgehen. Das

Tagesgeschäft obliegt deshalb der eingesetzten Geschäftsführung, wobei es Aufgabe des Vorstandes des Landesverbandes ist, Impulse zu setzen und insbesondere für die hohe Qualität der ausgeschenkten Pfälzer Weine zu sorgen. Es schwingt schon eine Portion »Regionalstolz« mit, wenn wir in der Pfälzer Weinprobierstube zeigen wollen, daß der Pfälzer Wein keinen Vergleich zu scheuen hat und auch in der Pfalz Weine hoher Qualitäten bis zu Spitzenweinen erzeugt werden. Um dem selbstgesetzten hohen Qualitätsanspruch zu genügen, werden deshalb die zum Ausschank kommenden Weine vom Vorstand selbst in Zusammenarbeit mit dem langjährig für den Landesverband tätigen Weinkommissionär Franz Bibus in Maikammer im Rahmen einer Frühjahrs- und einer Herbstweineinkaufsreise verkostet und ausgesucht. In jahrzehntelanger Tätigkeit hat sich ein Stamm von Qualitätsweingütern herauskristallisiert, die im Turnus zum Zuge kommen, wobei aber auch neue Weingüter ausgewählt werden, um Weine aus der gesamten Pfalz von Schweigen im Süden bis zum Zellertal im Norden zu präsentieren.

Auch wenn in der Pfälzer Weinprobierstube Tradition großgeschrieben ist, was schon durch die Unterbringung in historischen Räumen der Münchner Residenz bedingt ist, so muß dennoch Raum sein für Neues. Einen Quantensprung in der Weiterentwicklung gab es 1970, als die Weinprobierstube innerhalb der Residenz vom sogenannten Einsäulensaal oder Hartschierstube in den heute noch bewirtschafteten Viersäulen- oder Pfalzgrafensaal samt Nebenräumen umzog und sie damit mit einem Schlag ihr

Platzangebot verdoppelte. Endlich kamen nun auch die Weinliebhaber zum Zuge, die im Einsäulensaal keinen Platz gefunden hatten. Dank dem attraktiven Weinangebot – es stehen etwa 20 Weine im offenen Ausschank und rund 50 Weine in Flaschen auf der Karte – und das bei hoher Qualität und moderaten Preisen, dauerte es nicht lange, daß es auch im neuen Viersäulensaal, zumindest in den Wintermonaten, wie zuvor im Einsäulensaal »brummte«. Sorgenkind waren aber die Sommermonate, wo es die Münchner und auch die Pfälzer Münchner traditionell in die Biergärten zieht, einen nur mäßig besetzten Viersäulensaal zurücklassend, der aber gerade dadurch und im Licht der einfallenden Nachmittagssonne einen majestätischen Glanz gewinnt und Ruhe ausstrahlt, die wiederum ihre Genießer findet.

Dieses »Sommerloch« auszufüllen und die Bedenken der Denkmalschützer auszuräumen, war das jahrzehntelange Bestreben des Vorstandes des Landesverbandes und endlich konnten 1998 die Genehmigung einer Freischankfläche längs der Fassade am Odeonsplatz und 1999 die Genehmigung eines Wirtsgartens im Kaiserhof der Residenz als weitere Meilensteine in der Geschichte der Pfälzer Weinprobierstube mit Erfolg verbucht werden.

Auch inhaltlich bedarf es der Fortentwicklung in der Pfälzer Weinprobierstube. Dazu zwei Beispiele:
1. Während es bis in die 90er Jahre Tradition war, für jeden Wochentag gleichbleibend nur eine bestimmte Pfälzer Spezialität wie Creppenetz, Surhaxe, Saumagen, Bratwurst oder Leberknödel als Tagesgericht anzubieten, wird heute

*Festredner Dr. Bernhard Vogel (dritter von links) freut sich mit dem Mitherausgeber Dr. Theo Schwarz-
müller, Münchens Erzbischof Kardinal Prof. Dr. Friedrich Wetter, »Rheinpfalz«-Chefredakteur Michael
Garthe, Bayerns Landtagspräsident Johann Böhm und Dr. Hans von Malottki (von links) über das neuer-
schienene Buch »Die Pfalz«.*

mehr experimentiert und eine Tageskarte
mit einer Vielzahl von Vorspeisen, warmen Gerichten und Nachspeisen angeboten.

2. Bei seinen Herbstweineinkaufsreisen
wurden dem Vorstand zum Abschluß und
zur Krönung der Reise der Wein des
neuen Jahrgangs zum Verkosten angeboten, bereits durchgegoren, aber noch so,
wie er im Faß auf der Hefe liegt, das
heißt hefetrüb und ungeklärt und mit
allen Extraktstoffen. Unter dem Motto
»Trinken wie der Winzer« wurde den
Gästen der Pfälzer Weinprobierstube
erstmals im November/Dezember 1999
dieser noch alle Geschmackselemente
enthaltende neue Wein unter der für die
Pfälzer Weinprobierstube geschützten
Bezeichnung »Trübeur« ausgeschenkt.

Die Gäste sind sehr schnell auf den
Geschmack gekommen und an eine
Fortsetzung ist gedacht.

Um die Verbindung mit der Pfalz »unter
den in Bayern lebenden Pfälzern zu
pflegen und zu fördern«, wie es Para-
graph 1 der Satzung des Landesverbandes postuliert, bedarf es nicht zuletzt
eines lebendigen Vereinslebens. Dabei
war es nie das Ziel des Landesverbandes,
etwa »pfälzisches Brauchtum« zu pflegen, wobei man provokanterweise fragen
könnte: Gibt es ein solches überhaupt?
Allenfalls wäre das ein Thema für die
»Stimme der Pfalz«. Von Beginn an hat
sich der Landesverband vielmehr als ein
Dach verstanden, unter dem Pfälzer in
Bayern andere Pfälzer in Bayern treffen,

Freundschaften knüpfen oder einfach
gesellig beieinander sein können, allerdings mit einem geistig-kulturellen Über-
bau, den die »Stimme der Pfalz« liefert,
die jedes Mitglied vierteljährlich zuge-
sandt erhält.
Geselliges Beieinandersein findet in
erster Linie statt beim großen Pfälzer
Weinabend jährlich im November, alle
zwei Jahre in Verbindung mit einer Mitgliederversammlung, bis Anfang der 80er
Jahre in den Räumen des Akademischen
Gesangvereins Scholastika, später in den
Räumen der Bayerischen Versicherungskammer und heute im Festsaal des
Künstlerhauses. Nicht zuletzt dank des
generösen Wein- und Speisenangebots
aus der Pfälzer Weinprobierstube, dank
einer zum Tanz aufspielenden Band und
dank musikalischer Darbietungen wie die
der Pfälzer Weinkehlchen waren und sind
diese großen Pfälzer Weinabende Höhepunkt des Vereinslebens.
Ab Mitte der 80er Jahre gesellte sich als
weiterer fester Programmpunkt der jährliche Sommerausflug hinzu, wenn möglich an Orte mit »Pfälzer Bezug«. Aus-
flugziele waren beispielsweise: Neuburg
an der Donau, das Donaumoos, Großkarolinenfeld, Allershausen, Amberg sowie
Mannheim/Schwetzingen anläßlich des
200. Todestages von Karl Theodor. Diese
Ausflüge erfreuen sich großer Beliebt-
heit. Bis zu 200 Personen sind dabei auf
den Beinen.
Schließlich etablierte sich seit den 90er
Jahren jeweils im Mai/Juni als dritter
jährlicher Programmpunkt eine Vortrags-
veranstaltung zu Pfälzer oder pfälzisch-
bayerischen Themen, anfangs in den
Räumen des Kardinal-Wendel-Hauses
der Katholischen Akademie und später

dann im Max-Joseph-Saal der Münchner Residenz, jeweils mit anschließendem Umtrunk. Themen und ihre Referenten waren: »Der Speyerer Dom«, gehalten von Kardinal Friedrich Wetter, »Vom Conseil Général zum Bezirkstag der Pfalz« von Fritz Scherer, »Herzog Max – der Zither-Maxl« von Ernst Schusser, »Die Pfälzer Abgeordneten im Bayerischen Landtag« von Leonhard Lenk. Der Zuspruch bei den Mitgliedern und Gästen ist überwältigend.

Nicht zuletzt steht der Landesverband mit dem Bund der Pfalzfreunde, dessen Vorsitzender traditionell der Präsident des Bayerischen Landtages ist, in fruchtbarem Austausch, was unter anderem in gemeinsamen Veranstaltungen zum Ausdruck kommt – wie in den Ausstellungen über Kurfürst Karl Theodor, dem Pfälzer Beitrag zur amerikanischen Unabhängigkeit oder der Nachbildungen der Reichskleinodien vom Trifels, der Verleihung der Hofenfels-Medaille und des Mannlich-Preises, in Vorträgen und Jubiläumsveranstaltungen.

Ausblick: »Im Bewußtsein gemeinsamer bayerisch-pfälzischer Geschichte die Verbindung mit der Pfalz unter den in Bayern lebenden Pfälzern zu pflegen und zu fördern« als Satzungszweck hört sich zugegebenermaßen spröde und antiquiert an. Der Bogen der Aktivitäten, die sich dahinter verbergen und die der Landesverband durchführt, ist weitgespannt und reicht von der Herausgabe der »Stimme der Pfalz« über den Weinausschank in der Pfälzer Weinprobierstube, die Förderung junger Pfälzer in Bayern, Vortragsveranstaltungen, die Pflege der Verbindung zum Bund der Pfalzfreunde bis zu gesellig-kulturellen Veranstaltungen wie dem großen Pfälzer Weinabend und den Sommerausflügen. Bei soviel Lebendigkeit – soll man da Angst vor der Zukunft haben, zumal man erst 50 Jahre alt ist? Die wöchentlichen Neuaufnahmen in den Landesverband zeigen, daß der Landesverband auch bei jüngeren Pfälzern in Bayern ankommt. Wir stehen zur gemeinsamen bayerisch-pfälzischen Geschichte, aber wir streben keine Wiedervereinigung von Bayern und Pfalz an, wünschen uns aber: Bayern und Pfalz – Gott erhalt's.

Zu den Autoren

Johann Böhm
Präsident des bayerischen Landtags,
1. Vorsitzender des Bundes der Pfalzfreunde in Bayern

Hans-Jörg Habersack
Patentanwalt, Vorstandsmitglied des
Landesverbandes der Pfälzer in Bayern

Harald Hoegner
Ltd. Regierungsdirektor i. R., Sohn des
ehemaligen bayerischen Ministerpräsidenten Dr. Wilhelm Hoegner

Dr. Dirk Klose
Kunsthistoriker und Kunsterzieher, Leiter
der Geschäftsstelle des Landesverbandes
der Pfälzer in Bayern

Dr. Hans von Malottki
Journalist, 1. Vorsitzender des Landesverbandes der Pfälzer in Bayern

Ralph Marthaler
Leiter der Filmstelle München der
Landesmediendienste Bayern, Vorstands-
mitglied des Landesverbandes der
Pfälzer in Bayern

Thomas Münster
Journalist, Süddeutsche Zeitung

Dr. Rudolf Reiser
Schriftsteller, Historiker

Dr. Berthold Roland
Ltd. Museumsdirektor i. R., Direktor des
Landesmuseums Mainz und von Schloß
Villa Ludwigshöhe bei Edenkoben in der
Pfalz

Adolf Schicker
Ministerialrat, Pfalzreferent in der
Bayerischen Staatskanzlei

Norbert Wingerter
Ltd. Regierungsdirektor i. R., Vorstandsmitglied des Landesverbandes der
Pfälzer in Bayern, Vorstandsvorsitzender
der Bayern-Pfalz-Stiftung

Landesverband der Pfälzer
in Bayern e. V.
Wagmüllerstraße 18
80538 München
Tel. + Fax 0 89/29 46 10

Bayern-Pfalz-Stiftung
Wagmüllerstraße 18
80538 München
Tel. + Fax 0 89/29 46 10

Bildnachweis

Archiv Bayerischer Landtag, München:
Seite 155–160

Peter Bornemann, München:
Seite 49, 62, 80, 81, 84, 86, 87, 91, 96,
107, 110, 111, 114, 115, 117 links, 118,
119, 122, 123, 126, 127, 130, 131, 145,
146, 147

Archiv Harald Hoegner, München:
Seite 45

Dirk Klose, München:
Seite 50, 113, 117 Mitte, 117 rechts, 120,
121 (3 Fotos), 151

Norbert Wingerter, Dorfen:
Seite 63, 103, 104

Agentur Kunz, Mutterstadt:
Seite 166

Rudolf Reiser, Ismaning:
Seite 10–41 (alle Fotos und Repros)

Archiv Weingut Dr. Deinhard, Deidesheim: Seite 148, 150

Alle übrigen Aufnahmen stammen aus
dem Archiv des Landesverbandes der
Pfälzer in Bayern e. V.